国家社会科学基金项目资助

国防需求波动、投入滚动规划与预算跨期平衡机制研究

毛 飞 ◎ 著

中国财经出版传媒集团
经济科学出版社
Economic Science Press

图书在版编目（CIP）数据

国防需求波动、投入滚动规划与预算跨期平衡机制研究/毛飞著.—北京：经济科学出版社，2021.11
ISBN 978-7-5218-3040-8

Ⅰ.①国… Ⅱ.①毛… Ⅲ.①国防预算-研究 Ⅳ.①F810.454

中国版本图书馆CIP数据核字（2021）第239319号

责任编辑：孙丽丽　撒晓宇
责任校对：齐　杰
责任印制：范　艳

国防需求波动、投入滚动规划与预算跨期平衡机制研究
毛　飞　著
经济科学出版社出版、发行　新华书店经销
社址：北京市海淀区阜成路甲28号　邮编：100142
总编部电话：010-88191217　发行部电话：010-88191522
网址：www.esp.com.cn
电子邮箱：esp@esp.com.cn
天猫网店：经济科学出版社旗舰店
网址：http://jjkxcbs.tmall.com
北京季蜂印刷有限公司印装
710×1000　16开　14.75印张　230000字
2021年12月第1版　2021年12月第1次印刷
ISBN 978-7-5218-3040-8　定价：66.00元
（图书出现印装问题，本社负责调换。电话：010-88191510）
（版权所有　侵权必究　打击盗版　举报热线：010-88191661
QQ：2242791300　营销中心电话：010-88191537
电子邮箱：dbts@esp.com.cn）

序 // PROLOGUE

这是毛飞博士关于国防费课题研究的重要成果。该成果以国防费为研究对象，以解决国防供求矛盾为逻辑线索，探索建立了具有中国特色的国防预算制度。研究从历史观察到现实判断、从逻辑思辨到数学建模、从理论分析到制度设计，有思想、有创新，充分展示了国防经济领域年轻一代学者对现实敏锐的洞察力、严密的逻辑思维分析能力和扎实的经济学理论功底。可以说，该成果是新时代中国国防经济理论具有突破意义的创新发展。毛飞博士邀请我为该书作序，我欣然应允。

"问题"是科学研究之"始"，也是理论创新之"源"。本书开篇就提出了这样一个有趣的问题：一方面，党和国家高度重视国防投入，近年来国防费年均增长率维持在10%以上。即使2014年以后，国内经济结构调整、外部发展环境严峻，财政出现一定困难，中央仍然优先保障国防费。这充分说明，"钱不足"是中央决策层对国防建设的一个基本判断。但我们也看到，在现实中，国防预算执行率不高，大量资金沉淀下来形成"家底"，一个普遍的感觉就是"不差钱"。这一矛盾现象如何解释？国防建设到底"差不差钱"？应当说，作者所提出的问题是一个好问题，而这一好问题的提出，意味着课题研究成功了一半。

作者在书中研究认为，"差不差钱"的问题，其本质仍然是国防费供求矛盾问题。只不过是供求矛盾的现象形态发生变化了。从宏观上看，以国家安全为衡量标准，国防费供求总量存在缺口，但在微观层面，军事经济环境发生了根本变化：一方面得益于加强了支出监管，以前的"乱花钱"变成了"不敢花""不必花"，另一方面由于新体制下的新的战斗力生成模式尚未完全建立起来，因为循着旧的生成模式，大量资金就这样沉淀下来了。究其根本，这是传统的国家安全产品生产难以满足国家安全需求的矛盾，也就是国防（安全产品）供给（能力）不足。因为在旧的战斗力生成模式下只能吸纳既定的资源，国防投入过多，就会消化不良，造成"积食"产生"剩余"。正是基于这一立论假设，本书开展了后续研究。

研究首先针对"差不差钱"，即"国防投入过多、还是投入不足"的问题，建立国防投入适度规模模型，作为客观判据；其次，依据适度规模评判当前中国国防投入状况；最后根据判断结果确定政策制度改革方向：如果投入多了，表明决策出了问题，如果投入少了，表明需要推进国防供给侧改革。

为确立国防投入适度规模，本书在对国防需求进行系统阐述的基础上，建立了军事需求模型（单变量法）和国防费适度规模参照系（多变量法）。两个模型角度不同、参量不一、各有特色，但结论都是一致的：即当前中国国防投入总体不足，既不与国际地位相称，也不适应未来安全威胁需要。也就是说，宏观决策层面没有问题，加大国防投入的政策没有错。国防费供求矛盾的根源则在于国防产品供给能力不足。为此，需要升级战斗力生成模式、推进国防产品供给侧结构性改革。这也从另一个角度解释了，为什么要推进国防和军队改革、为什么要重塑体制机制、为什么要推进军事管理革命。至此，课题的立论假设得以证明。

本书进一步研究表明，"差不差钱"矛盾的本质是基于国家安全需求的国防投入相对于基于落后战斗力生成模式的军事需求"过多"，关键在于传统预算模式下国防投入与军事支出"两张皮"，推进国防预算改革成了解决问题的突破口。

为此，本书建立了一套国防预算适配理论，即国防预算的相关制度安排应当适应相应的国防投入方式。其中，国防投入供给驱动机制与供应控制型预算相匹配，国防投入需求牵引机制与结果导向型预算相匹配。目前，中国的国防投入是供给驱动型，国防预算是供应控制型。这在一个相当长的历史时期对于促进国防和军队建设发挥了重要作用。但当前制度环境发生了重大变化，如果不改革国防预算，当初促进国防建设的一系列制度安排反而会成为影响甚至阻碍国防建设的制度安排。据此，应当建立以国防投入滚动规划管理和国防预算跨期平衡机制为重点内容、具有中国特色的结果导向型国防预算制度。

总之，这是一本具有开拓和创新意义的专著。全书行文流畅、逻辑严密，理论观点有着可靠的数据与材料支撑，具有较强的可读性和说服力。特别是，本书通过将以往研究中的国防预算制度外生变量内生化，以国防费供求矛盾为切入点考查国防预算制度问题，从资源配置优化问题延展到资源配置管理问题，通过统筹考虑国防投入方式与国防预算安排匹配模式，创造性地提出了国防预算适配理论，并据此构建了具有中国特色的结果导向型国防预算制度。这不仅是国防预算制度理论的拓展，更是对传统研究思路的重要突破。

国防费问题，因其管理的战略性和综合性、改革的牵引性和导向性，以及高度的政治性敏感性，一直以来不仅是学术研究的热点，更重要的，也是国家安全和战略管理关注的重点。党的十八届三中全会提出，推进国防和军队改革，要"建立需求牵引规划、规划主导资源配置机制"；党的十九大进一步明确，要"继续深化国防和军队改革""推进军事管理革命"。在党的纲领性文件中如此明确地就国防和军队改革作出专门部署，并赋予国防资源配置机制改革任务，这在我党我军的历史上都是不多见的。作者对国防费问题的研究，紧扣时代发展脉搏，着眼解决困扰国防和军队建设的现实难题，勇于做推动国防现代化发展的理论探索者开拓者。本书反映的不仅仅是作者较强的学术能力和创新能力，更重要的是体现了一个真正学者所必须具备的社会责任感与历史使命感！

毛飞博士是我的学生。作为一个国防经济学领域年轻学者，他始终坚守理想、面对现实，对国防科研事业葆有中国梦强军梦情怀，视野开阔、锐意创新。国防经济学是一个新兴的交叉学科，其建设与发展面临诸多突出矛盾与问题。但相信在毛飞博士等众多学者共同努力之下，国防经济学一定能够蓬勃发展、大有可为！

卢周来
中国人民解放军军事科学院

前言 // PREFACE

与世界发达国家相比,当前我国国防实力还有较大差距,国防投入明显"不足"。为实现强国梦强军梦,近年来我国国防投入保持了高速增长,未来这一趋势不应减缓。但另一方面,目前我国国防预算效率相对低下,存在大量资金沉淀与资源浪费,一个普遍的感觉是"不差钱"。到底"差不差钱"?

对这一问题的"判断",即国防费规模的适度性,其实是一个"老"问题。我们的研究表明,中国的国防投入是不足的,既不与国际地位相称,也不适应未来安全需要。

但对这一问题如何"解释"和"解决",却是一个"新"的问题。我们的研究认为,问题的根源出在国防资源配置机制上。一方面,现行国防预算制度是供给驱动型,国防投入多少主要与经济发展规模密切相关,经济发展速度决定了国防和军队建设的快慢。另一方面,国防安全需求形成链路没有打通,从而造成基层端产生的低维度需求(如军事力量如何使用),与战略决策层基于国家安全利益提出的军事改革类的高维需求,两者之间存在梗阻。大量资源涌入国防领域以后,就产生了一个反差,与基层的低维需求相比,国防投入"多"了,而与战略决策层的高维需求相比,却又远远不够。资源投入与战场需求无法直接对接,经逐层配置后,一部分用于满足滞后于战场变化的建设需求,一部分资源"沉淀"了下来,造成了闲置与浪费。正是由于国防需求在资源配置中的作用没有完全"立"起来,造成了国防供给与国防需求"两张皮",成为"投入饥渴"和"消化不良"现象共存的矛盾根源。

问题来源于现实,必须回到现实中去解决。党的十八届三中全会对国防和军队改革作出专门部署,提出要"建立需求牵引规划、规划主导资源配置机制"。党的十九大进一步明确,要"继续深化国防和军队改革""推进军事管理革命"。在党的纲领性文件中如此明确地赋予国防资源配置机制改革任务，这在我党我军的历史上都是不多见的。这不仅表明，国防需求在资源配置中"立"起来的重大战略意义，同时也表明以需求牵引国防资源配置的制度机制将成为未来国防和军队改革的主要趋势。顺应时代发展，为深入研究并从理论上更好地解决上述问题，我们以"国防需求波动、投入滚动规划与预算跨期平衡机制研究"为题，申请了国家社会科学基金项目并获得资助，本书以该课题为基础编著而成。

  本书立足国家安全环境及国防和军队政策制度的深刻变化，以国防需求为理论逻辑起点，以国防预算制度设计为主要内容，从动态变化的视角，系统研究国防资源配置问题，探索建立需求牵引、规划主导的资源配置机制，试图打通"需求—规划—预算—执行—评估"的战略管理链路。本书的研究，将有助于搭建国防需求与国防投入之间的对接机制、寻找国防与经济协调发展新的均衡点、促进国防投入与经济建设的良性互动、实现国防预算改革与国家发展的同频共振。

  本书研究表明，我国国防需求呈现在适度区间、不同阶梯上的周期性循环波动特征，具有长期增长趋势。根据国防投入驱动机制与国防预算制度相匹配理论，以及国防投入不连续区间适度增长理论，基于需求波动科学设计国防预算制度，国防需求管理是核心、投入滚动规划是关键、预算跨期平衡是保障。改革的目标模式，是建立具有中国特色的结果导向型国防预算制度，重点内容是实行国防投入滚动规划管理和建立预算跨期平衡机制，制度实施的前提与基础包括预算管理组织体制、收支分类科目体系以及资源配置基线筹划方法。其中，预算管理组织体制提供预算运行的组织框架，收支分类科目体系提供预算资源的配置框架，资源配置基线筹划方法是编制中期国防预算的核心技术方法。改革的基本步骤是自上而下、分类解决、统筹兼顾、协调推进。

  本书由毛飞同志负责总体设计和撰写工作。原军事经济学院副教授王梅博士为课题研究提供了宝贵的参考意见，使本书大为增色；陆军勤务学院博士研究生张子清，硕士研究生葛祥、魏泽宇、韩露、王德强、李航进行了部分资料收集和调查研究工作，并做了有效的整理工作。没有他们的辛勤劳动，本书是难以完成的。本书从立项到结题、从修改到出版，之间经历许多波折，能够呈现到读者面前实属不易。感谢军委机关、陆军机关和陆军勤务学院各级领导、专家对课题研究和本书编写出版给予的悉心指导和大力支持。感谢责任编辑为本书编校和出版所付出的艰辛努力。

由于国防安全和军事领域的高度敏感性，许多资料都难以获取，本书的研究仅限于公开文献，一些研究结论是否准确还有待现实的进一步验证。同时，由于自身研究能力和时间等方面限制，缺点错误在所难免，恳请读者批评指正。

目录 // CONTENTS

第一章 国防需求波动及其主要特征 ··· 1
    第一节 国防需求波动相关概念界定 ····································· 1
    第二节 国防需求影响因素及其作用机理 ································ 6
    第三节 国防需求波动的主要特征 ······································ 38

第二章 基于需求波动的国防预算制度设计理论 ······················· 47
    第一节 国防投入驱动机制与预算制度适配理论 ························ 47
    第二节 国防投入不连续区间适度增长理论 ···························· 57
    第三节 基于需求波动的国防预算制度设计要点 ························ 62

第三章 中国国防预算制度基本特征及其历史适应性 ················· 70
    第一节 我国国防预算制度的历史变迁 ································ 70
    第二节 当前国防预算制度的基本特征 ································ 73
    第三节 当前国防预算制度环境适应性 ································ 82

第四章 社会历史环境变化与国防预算制度改革取向 ················· 87
    第一节 当前社会历史环境发生的深刻变化 ···························· 87
    第二节 当前国防预算制度存在的主要问题 ···························· 95
    第三节 推进国防预算制度改革的矛盾障碍 ··························· 100
    第四节 美国国防预算基本情况与经验借鉴 ··························· 104
    第五节 深化国防预算制度改革的总体思路 ··························· 116

第五章　实行国防投入滚动规划管理·················121
第一节　国防投入滚动规划的基本框架··············121
第二节　国防需求分析评估····················129
第三节　三年国防支出框架····················135
第四节　国防投入政策评估····················156
第五节　年度国防费总预算····················179
第六节　国防费预算审核·····················183

第六章　建立国防预算跨期平衡机制···············189
第一节　国防预算跨期平衡机制的内涵特征············189
第二节　国防预算跨期平衡机制的目标功能············193
第三节　国防预算跨期平衡机制的主要内容············196
第四节　机制运行过程中应当把握的几个问题···········205

第七章　推进国防预算改革相关制度建设·············209
第一节　建立健全集中统一、分权制衡的管理组织体制······209
第二节　实行功能与经济分类相结合的收支分类体系·······211
第三节　搞好其他相关制度的配套完善··············217

参考文献·································220
后记···································223

第一章

国防需求波动及其主要特征

人类一切社会制度安排必须以现实活动为基础。只有符合社会发展规律的制度安排才具有持续的生命力。国防投入的相关政策与制度设计，必须以国防经济现实活动为基础，符合国防经济运行规律。国防需求是国防经济活动的逻辑起点，国防需求波动是国防经济运行常态。只有准确把握国防需求内涵，深入剖析影响国防需求的因素及其作用机制，掌握国防需求波动的基本特征，才能为构建符合国防经济本质特征及其运行规律的国防投入政策制度提供坚实的前提基础。

第一节 国防需求波动相关概念界定

概念是构筑理论体系的基本要素，是研究分析理论问题的基本框架。系统研究国防需求波动理论，必须首先科学界定国防需求波动相关概念。

一、国防需求的内涵与外延

（一）国防需求的内涵

需求，通常指的是一定时期给定价格水平下，消费者愿意并且能够购买的商品数量。其核心内涵有二：一是愿意购买的商品的消费预算支出量必须在消费者预算约束曲线以内；二是愿意购买的商品数量是与其他需要购买商品进行对比后的一种主观选择结果，当然，这种选择结果可以是理性的，也可以是非理性的。根据这一概念延伸，国防需求是在中央财政预算约束下，面对教育、卫生医疗、外交等多种公共需求，需要而且可能提供的国家安全产品数量。既定的预算约束下，民众的国家安全效用偏好越大，国防需求越大；在国家安全效用偏好既定的情况下，财政收入越多，国防需求也越大。显然，这里的国防需求实质上是国家安全产品需求。根据公共经济学理论，国家安全产品需求属于公共需求，与私人产品需求不同，后者属微观范畴，具有可分割性，即使有总需求之说，理论上讲也是微观个体需求经加总形成的消费产品总需求；而前者属于宏观范畴，因为只有既定水平的安全产出才能获得安全保障，产品无法切割，国防需求不可能由个人需求汇总而成。需要注意的是，在国防经济领域，国防需求除了国家安全产品需求这一层含义以外，还有国防生产需求或者说是国家安全生产需求。国防需求是指为实现既定的国家安全，需要并且可能配置于国防和军队建设领域的经济资源量。由于国家安全产品生产涉及多个系统、多个领域、多个环节，由多部门共同生产，每个部门和单位都属于国防中间产品的提供者，因此从微观层面看，各个部门、各个单位所提出的国防需求，其内涵是生产建设需求，而非安全产品效用需求。当然，从总需求层面上讲，国家安全产品需求与国家安全生产需求两者虽然内涵上不尽相同，但在货币价值量上却是相等的，因此在称谓上有时我们往往不作过细区分。本书主要是从经济资源需求，即国家安全生产需求的角度来使用这一概念。

（二）国防需求的外延

从表现形式上看，国防需求包括国防人力资源需求、国防物资资源需求、国防财力资源需求和国防科技力资源需求，等等。在市场经济条件下，如果所有经济资源都可以用货币衡量，那么国防需求就会表现为一定的货币价值量。这一货币价值量，我们通常用国防费表示。从这个角度上讲，国防需求又可称为国防费需求。

从需求的性质来看，国防需求可以划分为维持性需求与建设性需求。其中前者是指保持国家安全水平不下降的保障维持性需求，包括人员物质生活保障性需求，办公差旅行政运转等消耗性需求，以及教育训练、装备设施维修等事业维持性需求等；后者主要是指提高部队战斗力、提升国防实力和国家安全水平的建设发展性需求，包括武器装备物资器材等设施设备的购置需求、国防洞库机场码头等基本建设需求、科学研究开发条件建设需求等。

从需求的主体来看，宏观上，国防总需求的主体是国家，由政府作为代表；按照军种划分，国防需求包括陆军建设发展需求、海军建设发展需求、空军建设发展需求等；按照事业部门划分，国防需求包括军事作战部门需求、政治工作部门需求、后勤保障部门需求等。

从需求的地理空间形态来看，国防需求划分为陆上安全需求、海洋安全需求、领空安全需求、空间安全需求、网络安全需求、非传统安全需求等。

从需求的状态来看，国防需求分为平时国防建设需求、应急状态下的保障需求和战争保障需求。本书主要讨论平时国防建设需求。

二、国防需求波动概念及分类

（一）国防需求波动的概念

理论上讲，国防需求存在一个最佳均衡点。这一均衡点，从局部均衡的角度看，是国防需求自身需要与可能的均衡，即国防建设发展对经济资源量的需要与资源投入之间的均衡；从最优均衡的角度看，是国防需求与其他公共需求之间的均衡，即在财政预算约束下，实现国防建设与其他各项经济建设的协调发展。这一均衡点在加入时间因素后，从长期来看，表现为一条最优趋势线。但在经济活动中，波动即对经济运行均衡状态的偏离，往往被视为是经济增长过程中的一种常态。国防需求也是如此。因为受各种主客观因素影响，国防需求不可能总是处于最佳均衡点，国防需求增长不可能总是沿着最优趋势线滑动。现实中，国防建设对经济资源的需求的增长曲线表现为一条围绕最优趋势线上下波动的波形曲线。这种在国防经济系统运行过程中，国防建设与发展对经济资源的需求发生偏离其目标均衡态而呈现的起伏状态，我们把它称作国防需求波动。

（二）国防需求波动的分类

1. 正常波动与超常波动

一般而言，只要国防建设对经济资源需求的增长曲线偏离理想增长曲线的程度在合理的范围以内，仍然能够保障国防建设均衡发展。我们把这种需求波动称作国防需求正常波动，即国防需求波动在国防建设与经济建设协调发展区间，国防需求波动的上限不超过国民经济承受能力，国防需求波动的下限不会影响国家安全目标的实现。但如果实际增长曲线过度偏离理想增长曲线，那么国防建设将难以实现均衡发展。我们把后者称作国防需求的超常波动，即国防需求超出了国防建设与经济建设协调发展区间。这里有两种情况，一种是国防需求规模过大，超出了国民经济承受力；另一种是国防投入过小，国防需求规模难以保障既定的国家安全目标的实现。本书主要研究的是国防需求正常波动。

2. 收敛波动、发散波动与循环波动

理论上讲，国防需求波动一般可以呈现三种趋势：一是波动的收敛趋势。即国防需求随着时间的推移朝着某一值靠近，随着对该值的不断逼近，曲线波幅逐渐减少，如图1-1所示。二是波动的发散趋势。与收敛趋势相反，国防需求随着时间的推移逐渐远离平衡态，并且波动幅度愈益增大的一种波动趋势，如图1-2所示。三是循环波动。即国防需求随着时间的推移，既不收敛于某一值，也不远离平衡态，而是呈现对平衡状态值的有规律的上下波动、波动幅度维持恒定的一种波动状态，如图1-3所示。一般而言，国防经济运行的现实环境中，国防需求的循环波动较为常见，并且只要波动处于合理范围即为国防需求正常波动；但国防需求大起大落甚至趋于失控，以及国防需求波动逐渐减少最终趋于不变的两种极端情况较为少见，属于国防需求超常波动。

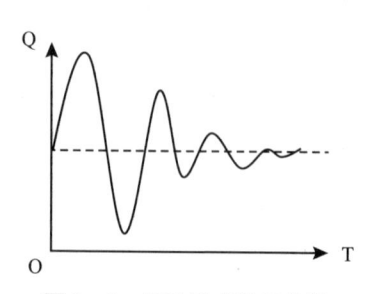

图1-1 国防需求波动收敛

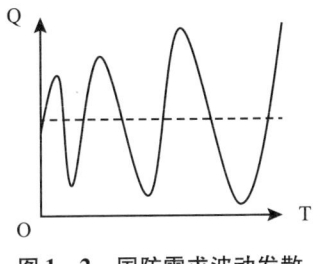

图 1-2　国防需求波动发散

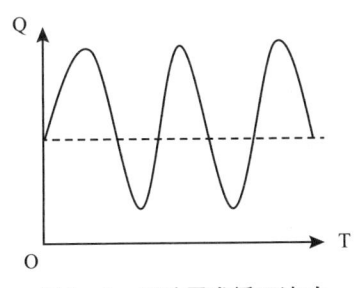

图 1-3　国防需求循环波动

3. 需求旺盛、需求上升、需求下降与需求萎缩

从具体的现象形态看，国防需求一般有四种波动状态：一是国防需求旺盛时期。这一时期，国防建设整体又好又快发展，人力资源、武器装备、军事设施等各方面建设都处于一个较高水平，国防投入规模较大，在整个财政预算中的比重较高。在波动曲线上，国防需求处于一个波峰位置。二是国防需求上升时期。此时国防投入显著增加，并维持一段时期的高水平增长，各方面国防建设显著加快；在曲线上表现为需求的向上波动，且有一定斜率、波幅较大。这一状态一般出现在军备扩充等国防经济扩张时期。三是国防需求下降时期。此时，国防投入不再显著增加，国防投入水平也不处于一个高位水平，国防建设明显回落；在曲线上表现为需求的向下波动。这一状态一般出现在裁减军备等国防经济收缩时期。四是国防需求萎缩。此时，国防建设处于一个较为缓慢发展的阶段，国防投入不足，占整个财政支出的比重明显较低。在波动曲线上，国防需求处于一个波谷位置。

第二节　国防需求影响因素及其作用机理

国防需求的影响因素较多，比较重要的主要有以下四个方面：国家利益拓展、军事战略调整、安全威胁形态以及军事技术变革等。影响因素不同，对国防需求的作用大小及其作用机理也不一样。为便于分析，本书的研究过程中，将用国防费来表示和衡量国防需求。

一、国家利益拓展与国防需求上升

从大国崛起的历史经验看，国家利益的范围拓展总是伴随着国防预算的不断上扬。国家利益延伸到哪里，军事力量就保障到哪里，国防资源也就跟进配置到哪里。一部国家利益拓展史就是一部国防预算制度的演进发展史。

国家利益是一个主权国家在国际社会中生存需求与发展需求的总和[1]，随着国家的产生而产生，随着国家的发展而发展。中世纪以前的奴隶社会、封建社会时期，科学技术水平低下、生产力水平不高，受此限制，人们对国家利益的认识比较简单、视野不甚开阔。对国家利益的认知局限于本民族赖以繁衍生息的本土利益，国家利益争夺的空间集中在以陆地为主的平面战场，以攻城略地、打败敌人、扩大国家生存空间为根本目的。保障国家利益的军事力量主要是步兵、骑兵和车兵等武器装备简单的兵种。国防需求的主要内容是薪饷、粮秣运送、被服购置等，武器装备需求在整个国防预算中所占比例不超过25%，国防开支规模相对较小[2]、变化不大。中世纪后期开始，尤其是随着资本主义的诞生、航海业的发展和国际新航路的开辟，将国家利益由本土向海外扩展。以马汉的"海权论"、杜黑的"空权论"、鲁登道夫的"总体战论"等经典著述相继问世为标志，国家利益的时空认知从陆地到海洋、从海上到空中不断突

---

[1] 军事科学院战略研究部：《战略学》，军事科学出版社2001年版，第40页；齐生平、臧士明：《国家利益与军事战略》，载《国防大学学报》1989年第5期。

[2] 刘洋：《军事战略与军费管理》，国防大学出版社2005年版，第100页。

破，军事力量的较量由一维陆地转向多维海天。侵占海外殖民地、夺取海外市场成为战场厮杀的最终目的。国防费除继续维持陆军以外，海军、空军、装甲兵等新式军兵种的保障成为国防费规模的新的增长点。据有关资料统计，第一次世界大战四年时间，以保障诸军兵种联合作战为主要特征的交战国直接军费支出总额超过 2 000 亿美元，是过去 100 多年战争消耗经费的 10 倍[①]。"二战"以后，特别是世界新军事变革以来，国家利益逐渐由近海向深海、由天空向太空、由地理空间向网络空间拓展。军事战略视野的不断扩展和战略活动空间的不断扩大，使军事力量的对抗从一维平面向着多维空间、由有形战场向着无形战场延伸。夺取陆、海、空、天、电全维空间优势的战略需求，对国防投入提出了新的更高要求，成为世界国防费增长的动力核。"二战"以来世界国防支出总额及其增长情况如表 1-1 所示。不难发现，除 20 世纪 90 年代因冷战结束带来的和平红利导致世界国防支出有所降低外，其余年代国防支出总额均大幅攀升，尤以 20 世纪 70 年代和 21 世纪头十年为最，增长率均超过了 100%。

表 1-1　　　　　世界国防费增长情况（1950~2012 年）

年份	国防费总额（亿美元）	国防费增长额（亿美元）	国防费增长率（%）
1950	735.00	—	—
1960	1 297.63	562.63	76.55
1970	2 509.07	1 211.44	93.36
1980	8 870.00	6 360.93	253.52
1990	12 706.00	3 836.00	43.25
2000	7 980.00	-4 726.00	-37.20
2010	16 300.00	8 320.00	104.26
2012	16 965.81	665.81	4.08

注：1950 年、1960 年的数据采用 1970 年不变美元价格计算，1970 年、1980 年和 1990 年的数据分别采用 1973 年、1989 年和 1995 年不变美元价格计算，2000 年和 2010 年的数据采用当年美元价格计算。

资料来源：1950 年、1960 年、1970 年、2000 年和 2010 年的资料根据斯德哥尔摩国际和平研究所：《SIPRI 年鉴》各年度整理，世界知识出版社，中国军控与裁军协会译。1980 年、1990 年资料分别来自：U. S. Arms Control and Disarmament Agency, World Military Expenditures and Arms Transfers 1989, U. S. Government Printing Office, 1990; World Military Expenditures and Arms Transfers 1996, U. S. Government Printing Office, 1997.

---

① 后勤学院学术研究部编译：《苏军论现代战争中的经济问题》，解放军出版社 1985 年版，第 15 页；张海麟、韩高润、吴广权：《第二次世界大战经验与教训》，世界知识出版社 1987 年版，第 123 页。

以美国为例。1865年内战结束后，美国国内发展障碍基本清除，社会发展进入快车道，经济实力获得显著跃升。"到1885年，美国超过英国，成为占世界制造业份额最大的国家。一年之后，美国取代英国成为世界上最大的钢铁生产国。美国在1890年超过了英国；到1900年，其能源消耗超过德国、法国、奥匈帝国、沙皇俄国、日本和意大利的总和"①。尽管国内市场巨大，但仍然无法吸收大量的工农业剩余产品。"棉花、烟草和小麦的生产者都指望国外市场。每年棉花收成的一半以上是出口的，1873~1882年，小麦生产者每年总收入中有1/3来自出口"②。从表1-2可以发现，1865年美国出口还只有2.81亿美元，到了1898年，出口达到12.3亿美元，增加了3.3倍。同时，为维持生产，获得更多的原料及销售市场，美国海外投资需求也日益旺盛。如表1-2所示，1898年的投资总额达到30.26亿美元，是1865年6.63亿美元的4.6倍。从历史发展的角度看，美国经济利益的对外拓展需求空前迫切，社会发展步入一个关键时期。然而，与经济利益对外拓展的迫切需求相比，美国的军事实力却极不相称，与其他西方大国相比更是相去甚远。1890年美军现役部队只有2.5万人，位居世界第十四位，还排在保加利亚之后③。海军力量更为薄弱，在世界上的排名大约是第17~20名之间④。据钢铁大王安德鲁卡内基当时的统计，美国有军舰81艘，英国有581艘、法国有403艘，沙俄有286艘，德国和日本都在200艘以上⑤。甚至与欧洲最小的部队——意大利军队相比，海军数量也仅为其1/8，而论工业实力，美国却是意大利的13倍⑥。卡内基曾嘲讽道："它的陆军和海军只能做一件事——占点小便宜或是被任何一个列强轻而易举地击垮"⑦。显然，如此不相称的军事实力难以为国家利益拓展，进而为经济社会的发展提供有力支撑。1890年，美国著名扩张主义军事理论家，艾尔弗雷德·塞耶·马汉出版《海权对历史的影响1660~1783》，提出海权论，指出海权是世界历史发展的决定性因素，控制海洋，特别是在与国家利

---

① 法利德·扎卡利亚：《从财富到权力》，门洪华、孙英春译，新华出版社2001年版，第66页。
② 托马斯·G.帕特森：《美国外交政策》，李庆余译，中国社会科学出版社1989年版，第206页。
③ 法利德·扎卡利亚：《从财富到权力》，门洪华、孙英春译，新华出版社2001年版，第69页。
④ 法利德·扎卡利亚：《从财富到权力》，门洪华、孙英春译，新华出版社2001年版，第193页。
⑤ 张啸天：《国家利益拓展与军事战略》，时事出版社2010年版，第117页。
⑥ 法利德·扎卡利亚：《从财富到权力》，门洪华、孙英春译，新华出版社2001年版，第68页。
⑦ 赵丕、李效东：《大国崛起与国家安全战略选择》，军事科学出版社2008年版，第58页。

益和贸易有关的主要交通线上控制海洋，是国家强盛和繁荣的首要因素，美国应建设一支强大的海军。在这一思潮影响下，美国政府开始意识到必须筹建一支强大的海军才能在全世界范围内吸引投资保证经济利益，因此逐渐加大国防投入，尤其是加大海军建设投入①。如图1-4所示，1890年前后，美国海军支出有显著区别，1898年与1890年相比，投入扩大了近1.7倍，年均增长率13.1%，而1890年与1882年相比，投入仅扩大了0.4倍，年均增长仅为4.5%。在这一国防费规模扩张的支持下，美国迅速走上了扩军之路。1891~1919年近20年间，美国建造了52艘战列舰。1890年战舰总吨位还排在英、法、俄、意、德之后，1914年达到98.5万吨，跳升至第3位，位居英、德之后。到1919年，美国的联合舰队共有29艘战列舰、15艘巡洋舰以及354艘辅助舰，战舰总数超过法、意、日舰队总和②。军事力量的迅猛发展直接成就了美国崛起之路上具有里程碑意义的1898年美西战争胜利，为美国国家利益的拓展提供了坚实支撑，对美国的社会历史发展产生了重大而深远的影响，从而为后来美国在世界上的大国地位奠定了坚实基础。

表1-2　　美国商品出口总额与国际投资总额（1865~1898年）　　单位：亿美元

年份	国际贸易额（商品出口）				国际投资额
	出口总额	出口美洲总额	出口欧洲总额	出口亚洲总额	
1865	281	110	158	4	663
1866	479	80	386	4	758
1867	398	77	307	5	903
1868	383	81	287	5	976
1869	382	74	291	6	1 152
1870	471	79	381	7	1 252
1871	493	89	394	4	1 353
1872	492	89	393	3	1 595

① 莫里斯：《美国海军史》，勒绮雯译，湖南人民出版社2010年版，第69页。
② 武希志、张洋：《从国家的兴衰看富国与强军的统一》，引自陈波：《中国国防经济学(2007)》，中国财政经济出版社2008年版，第326页。

续表

年份	国际贸易额（商品出口）				国际投资额
	出口总额	出口美洲总额	出口欧洲总额	出口亚洲总额	
1873	594	102	479	4	1 762
1874	651	90	528	5	1 844
1875	574	100	459	5	1 931
1876	610	96	497	7	1 933
1877	645	99	525	8	1 876
1878	710	100	584	10	1 714
1879	712	91	594	12	1 554
1880	836	93	719	12	1 584
1881	902	108	766	13	1 543
1882	751	113	600	19	1 653
1883	824	129	660	17	1 704
1884	741	123	584	17	1 809
1885	742	104	599	21	1 846
1886	680	98	541	23	1 980
1887	716	104	575	20	2 211
1888	696	110	549	20	2 498
1889	742	125	579	19	2 700
1890	858	133	684	20	2 894
1891	884	131	705	26	3 030
1892	1 030	139	851	20	3 071
1893	848	152	662	17	3 217
1894	892	153	701	22	3 151
1895	808	143	628	18	3 288
1896	883	153	673	26	3 328
1897	1 051	159	813	39	3 305
1898	1 231	174	974	45	3 026

资料来源：*The Historical Statistics of the United States*. Volume V，Cambridge University Press，2006：466，535－536。

(万美元)

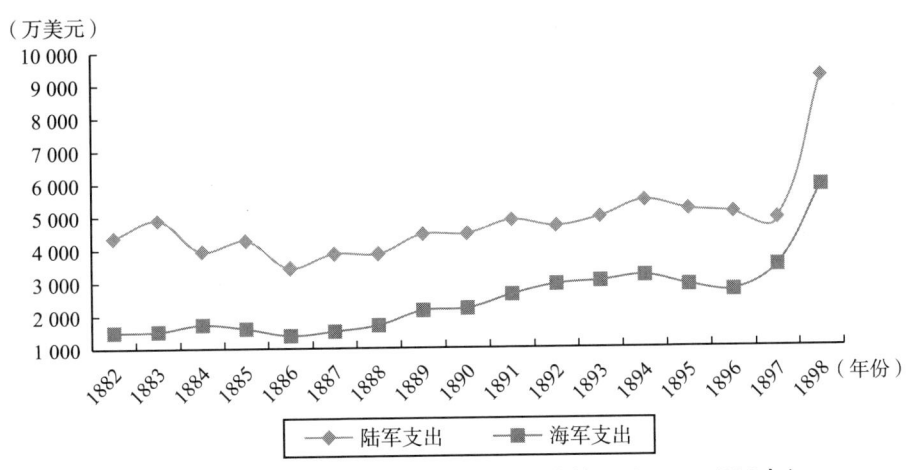

图 1-4　美国联邦政府陆军支出与海军支出情况（1882~1898年）

资料来源：*The Historical Statistics of the United States*. Volume V, Cambridge University Press, 2006: 92.

二、军事战略调整与国防需求变动

"战略就是使用预算或资源以达到军事目的的方式"[①]。一方面，不同的军事战略方针决定了不同的国防需求，进而需要不同规模的国防投入；而另一方面，不同的国防费资源配置格局反映着不同的军事战略方针。

国防费是达成军事目的的物质基础。军事战略是为维护国家主权与安全而对遏制战争、准备战争和打赢战争实施的全局、全过程的运筹与指导。一方面，军事战略通过对战略目标、战略方针与战略规划等内容的确定为国防费资源配置提供基本依据。因此，不同的军事战略对应着不同的国防费规模。根据军事斗争方式的不同，军事战略可以划分为独立自主型军事战略、依附发展型军事战略和联盟合作型军事战略。独立自主型军事战略，主要强调依靠自身力量，独立自主推进国防和军队建设与发展。依附发展型军事战略，主要强调借助别国军事力量巩固国防。联盟合作型军事战略，主要是通过结盟加强军事合作来维护联盟的安全与发展，从而保障本国安全。从理论上讲，不同的军事战略对应的国防费规模是不同的，独立自主型军事战略最高，联盟合作型军事战

---

① 查尔斯·J. 希奇、罗兰·N. 麦基恩：《核时代的国防经济学》，北京理工大学出版社2007年版，第5页。

略次之,依附发展型军事战略最低。因为,如果把国家安全作为一种公共产品来看,在安全产出与技术函数既定的情况下,成本独立承担显然会比成本分担或是成本转嫁的国防投入要高得多。另一方面,根据军事斗争性质的不同,军事战略可以划分为扩张型军事战略、收缩型军事战略和维持防御型军事战略。扩张型军事战略,主要强调通过军事扩张、武力占领、经济掠夺等方式发展军事力量扩大国家生存发展空间。与扩张型军事战略相反,收缩型军事战略主要是裁减军备、缩小军事占领区,维持核心或最低限度的军事力量,以保证国家基本生存与发展空间。维持防御型军事战略,从军事力量的发展方向看,居于扩张型军事战略与收缩型军事战略之间,既不扩张,也不收缩,而是保持现有军事力量或维护国家生存与发展的既得利益不受损害。从理论上讲,扩张型军事战略、维持防御型军事战略和收缩型军事战略对应的国防投入,其规模大小是由高到低的:扩张型最高,维持型次之,收缩型最低。加入时间维度分析,不难发现,战略扩张期,国防费规模是不断增长的;战略收缩期,国防费规模将会减小;实施维持防御型军事战略的国家对应的国防投入规模,也会随着周边环境等因素的发展变化而增长,但与战略扩张或是战略收缩对应的国防投入规模变动相比则要小得多。

以西方几个主要大国为例进行说明。第一次世界大战之前,从19世纪下半叶开始,英、法、美、德、奥、意等几个西方大国开始奉行进攻扩张型军事战略,导致世界国防支出规模呈几何级数增长[①]。这一时期,英国军事战略的主要特征是"竭力维护三百年来形成的主义遗产"[②];俄国最关心的是如何"维护在周边地区的扩张成果和对异族的统治"[③];法国最感迫切的问题是"借助于英、俄的力量打败德国,收复阿尔萨斯和洛林,夺占德国的鲁尔工业区,还指望从德国手里得到其非洲殖民地"[④];德国制定了野心勃勃的"世界政策",要建立"大德意志帝国","还企图夺取西欧国家的殖民地,以及向亚洲、太平洋和南美地区扩张"[⑤];日本完成国内的资本主义变革后,实行疯狂的军事侵略;美国按照"门罗主义"政策确定的军事扩张其首要问题就是确

---

① 恩格斯:《卡尔·马克思〈1848年至1850年的法兰西阶级斗争〉一书导言》,引自《马克思恩格斯全集》(第22卷),人民出版社1965年版,第600页。
② 王辉青:《二十世纪西方大国战争计划研究》,国防大学出版社1997年版,第21页。
③④⑤ 王辉青:《二十世纪西方大国战争计划研究》,国防大学出版社1997年版,第22页。

立在北美和南美的绝对优势，进而转向亚太地区，从而控制全世界。相应的，这一时期，各国国防支出规模呈现出较快增长。如表1-3所示，1890~1914年西方几个主要大国的国防支出规模平均增长了188%，人均国防支出增长了117%，其中美国增幅最大，国防支出规模增长了3.7倍，人均国防支出增长了2倍。国防支出的急剧增长在战前表现得更为明显。据统计，"一战"前5年间，欧洲各国军费开支总额增加了49.6%，年均增长达到9.92%[①]。

表1-3　　　1890年与1914年西方主要大国国防支出情况

国别	年份	陆军支出规模（亿美元）	海军支出规模（亿美元）	国防费规模（亿美元）	人均国防负担（美元）
德国	1890	1.21	0.23	1.44	2.95
	1914	4.42	1.12	5.54	8.52
奥匈	1890	0.58	0.06	0.64	1.56
	1914	1.43	0.38	1.82	3.48
意大利	1890	0.56	0.23	0.79	2.63
	1914	0.92	0.49	1.41	3.81
英国	1890	0.88	0.69	1.57	4.03
	1914	1.47	2.37	3.84	8.53
法国	1890	1.42	0.44	1.86	4.87
	1914	1.97	0.90	2.87	7.33
俄国	1890	1.23	0.22	1.45	1.32
	1914	3.24	1.18	4.41	2.58
美国	1890	0.45	0.22	0.67	1.06
	1914	—	—	3.14	3.2

注：这一时期，德国、奥匈和意大利属于同盟国，英国、法国和俄国属于协约国。
资料来源：龚泽琪、徐茂林、王孝贵：《世界军事经济史》，海潮出版社2001年版，第184~185页；The Historical Statistics of the United States. Volume V, Cambridge University Press, 2006：92.

第二次世界大战前后，德国和日本的军事战略由进攻扩张转向收缩防御，

[①] И. И. 罗斯图诺夫：《第一次世界大战史》（上册），钟石译，上海译文出版社1982年版，第76页。

相应的国防开支也经历了由急剧膨胀到急剧缩小的过程。日本战前以明治维新以来形成的"大陆政策"为指导，奉行侵略扩张的军事战略，为实现其霸占全中国继而征服世界的野心，开始逐年增加国防投入以最大限度地扩张军事实力。如表1-4所示，1931~1936年日本国防支出共计50.65亿日元，而1937年一年国防开支就达32.7亿日元，年均增长率达139%。1944年，日本年度国防开支曾一路追高至735亿日元，达到国民生产总值的98.5%、国家预算的78.8%[①]。战后，日本战败，战略目标全面收缩，开始奉行依附美国军事保护的联合防卫战略，国防费规模急剧减少。1945年日本战败，国防开支由1944年的735.51亿日元急剧下降到170.76亿日元，从占国家预算的78.8%下降到44.8%。此后，国防开支占国内生产总值与财政预算的比例也不断下降，如图1-5所示。1951年日本国防支出占国民生产总值的比率和财政预算的比率分别是2.44%和16.85%，到1970年和1981年分别降到最低点，其中，1970年达到GNP的0.79%，1981年达到财政预算的5.13%。法西斯德国的总方针是以战争手段夺取"生存空间"，在希特勒的主导下，采取分阶段实现霸权的军事战略，即先统治欧洲再征服世界。在这一军事战略指导下，"二战"爆发以前，德国军备急剧扩张。1936~1937年，国家财政支出188亿马克，国防支出就占到2/3，达到126亿马克；1937~1938年国防支出增长19%，净增24亿马克[②]；1939年国防支出达到300亿马克，占到国民收入的30.6%[③]。据有关资料统计，1933~1939年德国用于发展军备的国防支出总额达到900亿马克，占同期德国财政支出的60%，这一庞大的备战费用比"一战"后德国的战争赔款还高出2倍[④]。"二战"爆发后，德国国防支出持续高涨，1939~1940年德国军备总额占美、苏军备总额的70%左右，1941~1944年军备总额占美、英、苏军备总额的50%左右[⑤]，在战争最为激烈时期，德国年度国防费曾一度达到1 120亿马克，占整个国民收入的83%[⑥]。国防支出暴涨趋势随着

---

① 杨少俊：《浅谈第二次世界大战战争经济的两个问题》，引自《第二次世界大战史论文集》，国防大学出版社1986年版，第196页；张海麟、韩高润、吴广权：《第二次世界大战经验与教训》，世界知识出版社1987年版，第196页。
②⑤ 龚泽琪、徐茂林、王孝贵：《世界军事经济史》，海潮出版社2001年版，第271页。
③⑥ 刘洋：《军事战略与军费管理》，国防大学出版社2005年版，第99页。
④ 龚泽琪、徐茂林、王孝贵：《世界军事经济史》，海潮出版社2001年版，第261页。

1945年德国的战败戛然而止,1945~1955年德国奉行依附发展型军事战略,国防安全完全依赖美国来维持,国防开支一直为零。

表1-4　　　　　　日本国防支出情况（1931~1937年）

年份	国家预算（亿日元）	国防费（亿日元）	国防费/国家预算（%）	指数
1931	14.8	4.54	30.68	100
1932	19.5	6.87	35.23	151
1933	22.5	8.73	38.80	127
1934	21.6	9.41	43.56	108
1935	22.1	10.32	46.70	110
1936	22.8	10.78	47.28	104
1937	47.4	32.7	68.99	303

资料来源：中原茂敏：《大东亚补给线》，解放军出版社1984年版。

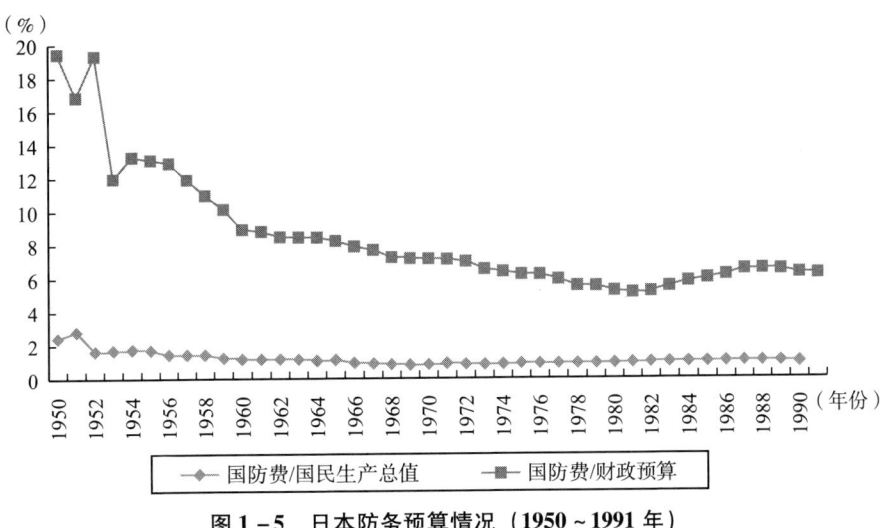

图1-5　日本防务预算情况（1950~1991年）

资料来源：曲阜来：《外军财务研究》，中国财政经济出版社1990年版；军事科学院外国军事研究部：《日本军事基本情况》，军事科学出版社1992年版。

三、安全威胁形态与国防需求维度

国家安全需要军事力量维护。不同的安全威胁形态决定了不同的军事能力需求，不同的军事能力需求决定了不同维度的国防需求，从而决定了相应维度的国防费需求规模。

自维斯特伐利亚体系建立以来至冷战结束前期，世界各国主要处于一种以军事安全威胁与政治安全威胁为基本表现形式的传统安全威胁环境。进入后冷战时代，特别是近年来，世界新军事变革浪潮激涌、高新技术发展日新月异，国际安全环境发生了重大变化。一方面，传统安全威胁虽仍以军事与政治安全威胁为主要特征，但安全威胁的现象形态不断丰富、安全威胁的外延范围不断拓展，不仅来自陆地、海洋、天空的威胁领域进一步扩大和加深，对抗亦日趋激烈，而且安全威胁开始由陆海空三维实物空间快速扩展到电磁、信息、网络等多维虚拟空间。另一方面，以恐怖主义、地质灾害、流行病疫等为主要表现的非传统安全威胁日趋严重，且数量呈不断上升趋势。国际社会进入了一种传统安全与非传统安全并存为主要特征的多种安全威胁环境。在这一新的安全环境下，为保障国家安全，需要多样化的军事能力。然而，无论安全威胁如何多元化，军事能力如何多样化，由安全威胁的性质决定，传统安全威胁仍然是基本的和主要的威胁，应对传统安全威胁的军事能力仍然是核心军事能力。

核心军事能力的构建，各国各不相同。这是由某一国所面临的安全威胁形态所决定的。安全威胁形态是安全威胁的种类及其程度的总称。不同安全威胁来源、威胁种类构成以及不同来源威胁的程度大小，这些因素共同决定了一个国家所面临的安全威胁形态。比如，内陆国家面临的传统安全威胁主要是陆地和空中，海洋国家面临的传统安全威胁主要是空中和海上。一方面，从理论上讲，不同安全威胁来源，需要相应的军事力量与之相对抗，比如面对空中威胁需要投入空军力量，面对海上威胁需要建设海军。另一方面，即使是同一威胁源，如果其威胁程度不一样，对应的军事力量建设力度也应该不同。假设两国同样面临着陆地和海上威胁，其中一国海上威胁要大于陆地威胁，而另一国家面临的陆地威胁要大于海上威胁，那么后者将更加重视陆军力量建设，而前者则会更加注重海军力量建设。由此产生不同的军事建设需求，在资源条件的基础上将沿着这一建设路径最终形成不同的核心军事能力。从现实来看，由地理环境所决定，各国（或地区）所面临的安全威胁存在较大差异，比如日本是岛国，属于海洋国家，蒙古国没有海岸线属于内陆国家，这两个国家所面临的安全威胁就不一样，蒙古国主要面临的是陆地和空中威胁，日本的威胁则主要来自空中和海上，相应的日本建成了海上自卫队，而蒙古国则没有海军。

不同的核心军事能力需求，决定着不同维度的国防费规模。这里有必要解释一下国防需求维度。根据安全威胁形态的不同，国防需求呈现不同维度。安全威胁主要来自陆地的，国防需求主要是陆上防御需求；安全威胁来自海洋的，国防需求主要是海洋防御需求；安全威胁既有来自海洋的，也有来自陆上的，国防需求则是陆海防御需求。一般而言，本书将单一的威胁形态引致的防御需求称为一维国防需求，比如陆上威胁、海上威胁、空中威胁称为一维国防需求；对于多重的威胁形态引致的防御需求，称为多维国防需求，比如既有陆上威胁，也有空中威胁的，称作二维国防需求；既有陆上威胁、空中威胁，也有海上威胁的，称作三维国防需求；既有陆上威胁、空中威胁、海上威胁，还有空间威胁、网络威胁的，称作多维国防需求。威胁来源越多，威胁形态越复杂，引致的需求维数越多，国防需求维度也越高。比如陆海空三维国防需求其维度就比陆海二维国防需求要高。一般而言，高维度的国防需求要比低维度的国防需求大。这主要是因为，多种威胁形态对应的核心军事能力建设成本要比单一的威胁形态对应的军事能力建设成本要高。其主要机理在于军事能力的建设投入成本存在显著差异。一般而言，军事能力的技术要求越高，其建设投入成本也越大。比如海军和空军相对陆军属于高技术军种，其投入成本要高于陆军。以美军为例，如表1-5所示。海军和空军，军人人均国防费分别为32.42万美元和32.71万美元，大致相当；陆军军人人均国防费是24.08万美元。海军和空军单位建设成本平均要高出陆军33%左右。显然，以海、空军为主要力量的军事能力建设需求，要远高于以陆军，由此形成不同的国防费规模。

以技术军种结构比0.4，即海军实力与空军实力之和与陆军实力的比值，作为世界各国响应安全威胁，并据此构建具有高技术军事能力的军种的分界点，据此测算不同安全威胁形态和核心军事能力需求下的国防费规模。也就是

表1-5　美军各军种实力及其国防费配置情况（1998~2006年）

军种实力		1998年	1999年	2000年	2001年	2002年	2003年	2004年	2005年	2006年	军人人均国防费（万美元）
陆军	现役军人（万人）	47.94	48	47.17	48.85	47.78	48.5	50.2	50.2	59.5946	24.08
	国防开支（亿美元）	835	863.4	894.3	917.1	988.4	1 351.9	1 656.8	1 606.1	1 788.8	
海军	现役军人（万人）	38.06	37.23	37.07	38.54	36.61	40	37.675	37.675	37.675	32.42
	国防开支（亿美元）	1 025.1	1 050.4	1 078.7	1 124.5	1 172.6	1 387.8	1 349.4	1 384.2	1 470.3	
空军	现役军人（万人）	37.03	36.59	35.36	35.97	35.25	36.76	37.95	37.95	34.615	32.71
	国防开支（亿美元）	965.7	1 013.3	1 005.4	1 048.8	1 145	1 400.8	1 364.6	1 312.8	1 448.5	

资料来源：国防开支数据来源于财政部国防司、中国国防科技信息中心：《美国国防概算》，国防工业出版社2002~2008年版，并按2007财年不变美元价格计算。1998年、2002年军事人力数据来源于1998~1999年和2002年伦敦国际战略研究所 The Military Balance，1999~2001年军事人力数据来源于《世界军事年鉴》（2000、2001、2003）；2003~2006年军事人力数据来源于《世界军事年鉴》（2004~2007）。

说，技术军种结构比值高于0.4，意味着该国存在着海上与空中威胁，并注重维护海洋利益，对海上和空中威胁作出积极反应，在军事能力建设过程中注重发展海军和空军力量；技术军种结构比值低于0.4，意味着该国不存在海上威胁，比如内陆国家，或者存在海上威胁但并未作出积极反应，在军事能力建设过程中没有注重发展海军或空军力量。如果把技术军种结构不低于0.4的称作海权国家，把技术军种结构低于0.4的称作陆权国家，对世界各国进行分类，根据表1-6数据进行方差分析（Anova）和雪菲（Scheffe）事后比较，运用Stata软件可以得到分析结果，如表1-7中所示，F值较大，P值为0，表明陆权国家与海权国家在国防投入上存在显著差异，且海权国家军人人均国防投入为9.88万美元，陆权国家1.98万美元，海权国家军人人均国防费规模比陆权国家高7.9万美元。也就是说，陆上威胁一维国防需求比陆海威胁二维国防需求要小。

第一章 国防需求波动及其主要特征

表1-6 世界各国军人人均国防费、边境线与各军种实力情况

序号	国家	洲别	国防费/武装力量(2001~2010年平均,万美元/人)	国境线(千米)	海岸线(千米)	海岸线/国境线	有无海军	总兵力(万人)	海军(万人)	陆军(万人)	空军(万人)	技术军种结构比(海军+空军)/陆军
1	阿富汗	亚洲	0.37	5 510	0	0.00	无	13.61	0.00	13.19	0.42	0.03
2	奥地利	欧洲	9.74	2 582	0	0.00	无	3.46	0.00	2.81	0.65	0.23
3	玻利维亚	南美洲	0.39	6 083	0	0.00	有	3.15	0.35	2.50	0.30	0.26
4	博茨瓦纳	非洲	3.49	3 774	0	0.00	无	0.90	0.00	0.85	0.05	0.06
5	布隆迪	非洲	0.12	974	0	0.00	无	2.00	0.00	2.00	0.02	0.01
6	中非	非洲	0.91	4 981	0	0.00	无	0.22	0.00	0.20	0.02	0.08
7	乍得	非洲	0.63	5 987	0	0.00	无	2.54	0.00	2.00	0.04	0.02
8	埃塞俄比亚	非洲	0.24	5 198	0	0.00	无	13.80	0.00	13.50	0.30	0.02
9	匈牙利	欧洲	4.31	2 245	0	0.00	无	3.38	0.00	1.32	0.75	0.57
10	吉尔吉斯斯坦	亚洲	0.67	4 170	0	0.00	无	0.90	0.00	0.66	0.24	0.36
11	老挝	亚洲	0.02	5 053	0	0.00	无	2.91	0.00	2.56	0.35	0.14
12	莱索托	非洲	2.41	805	0	0.00	无	0.20	0.00	0.20	0.00	0.00
13	卢森堡	欧洲	18.67	356	0	0.00	无	0.09	0.00	0.09	0.00	0.00
14	马拉维	非洲	0.45	2 881	0	0.00	无	0.53	0.00	0.53	0.00	0.00
15	马里	非洲	1.19	7 459	0	0.00	无	0.74	0.00	0.74	0.00	0.00
16	蒙古国	亚洲	0.31	8 000	0	0.00	无	0.91	0.00	0.75	0.80	1.07
17	尼泊尔	亚洲	0.17	2 400	0	0.00	无	4.60	0.00	4.60	0.02	0.00
18	巴拉圭	南美洲	0.43	3 444	0	0.00	有	1.86	0.20	1.49	0.17	0.25

续表

序号	国家	洲别	国防费/武装力量（2001~2010年平均，万美元/人）	国境线（千米）	海岸线（千米）	海岸线/国境线	有无海军	总兵力（万人）	海军（万人）	陆军（万人）	空军（万人）	技术军种结构比（海军+空军）/陆军
19	卢旺达	非洲	0.16	877	0	0.00	无	3.30	0.00	3.20	0.10	0.03
20	赞比亚	非洲	1.45	6 003	0	0.00	无	1.51	0.00	1.35	0.16	0.12
21	津巴布韦	非洲	0.23	3 017	0	0.00	无	2.90	0.00	2.50	0.40	0.16
22	约旦	亚洲	0.94	1 796	26	0.01	有	10.02	0.05	8.47	1.50	0.18
23	伊拉克	亚洲	0.66	3 728	60	0.02	有	42.40	0.20	37.50	3.00	0.09
24	刚果共和国	非洲	0.94	4 664	150	0.03	有	1.00	0.08	0.80	0.12	0.25
25	多哥	非洲	0.49	1 702	56	0.03	有	0.86	0.02	0.81	0.03	0.06
26	比利时	欧洲	13.72	1 444	67	0.05	有	3.94	0.26	2.64	0.86	0.42
27	立陶宛	欧洲	2.06	1 644	90	0.05	有	1.06	0.05	0.82	0.10	0.18
28	贝宁	非洲	0.70	2 088	125	0.06	有	0.73	0.02	0.43	0.03	0.10
29	喀麦隆	非洲	1.17	4 914	360	0.07	有	1.41	0.13	1.25	0.35	0.38
30	罗马尼亚	欧洲	1.41	3 214	245	0.08	有	10.30	1.02	5.29	1.89	0.55
31	叙利亚	亚洲	0.53	2 379	183	0.08	有	32.10	0.60	21.50	4.00	0.21
32	苏丹	非洲	1.25	8 525	720	0.08	有	12.68	0.13	10.50	0.30	0.04
33	几内亚	非洲	0.80	3 828	352	0.09	有	1.23	0.04	0.85	0.08	0.14
34	毛里塔尼亚	非洲	0.46	5 785	667	0.12	有	1.59	0.05	1.50	0.03	0.05
35	肯尼亚	非洲	1.89	3 904	536	0.14	有	2.41	0.16	2.00	0.25	0.21
36	巴基斯坦	亚洲	0.58	6 880	980	0.14	有	62.00	2.50	55.00	4.50	0.13

续表

序号	国家	洲别	国防费/武装力量（2001~2010年平均，万美元/人）	国境线（千米）	海岸线（千米）	海岸线/国境线	有无海军	总兵力（万人）	海军（万人）	陆军（万人）	空军（万人）	技术军种结构比（海军+空军）/陆军
37	圭亚那	南美洲	0.83	3 034	459	0.15	有	0.11	0.00	0.09	0.01	0.12
38	柬埔寨	亚洲	0.06	2 898	460	0.16	有	14.00	0.30	9.00	0.20	0.06
39	阿尔及利亚	非洲	1.23	7 443	1 183	0.16	有	12.40	0.70	10.70	0.10	0.07
40	以色列	亚洲	8.42	1 234	198	0.16	有	16.35	6.50	12.00	3.70	0.85
41	塞内加尔	非洲	0.90	3 211	531	0.17	有	1.36	0.10	1.19	0.08	0.14
42	尼日利亚	非洲	0.84	4 835	800	0.17	有	8.00	0.80	6.20	1.00	0.29
43	保加利亚	欧洲	1.25	2 261	378	0.17	有	7.73	0.53	4.24	1.83	0.56
44	孟加拉国	亚洲	0.45	3 085	550	0.18	有	13.70	1.05	12.00	0.65	0.14
45	加纳	非洲	0.93	2 847	562	0.20	有	1.55	0.20	1.15	0.20	0.35
46	波兰	欧洲	4.94	3 860	770	0.20	有	20.60	0.17	12.03	4.37	0.38
47	危地马拉	北美洲	0.47	2 125	500	0.24	有	3.14	0.15	2.92	0.07	0.08
48	安哥拉	非洲	2.04	6 720	1 650	0.25	有	10.70	0.10	10.00	0.60	0.07
49	加蓬	非洲	2.18	3 222	800	0.25	有	0.47	0.05	0.32	0.10	0.47
50	乌克兰	欧洲	1.23	7 590	1 959	0.26	有	30.38	1.30	15.12	9.60	0.72
51	拉脱维亚	欧洲	5.25	1 862	496	0.27	有	0.65	0.08	0.31	0.02	0.34
52	坦桑尼亚	非洲	0.66	5 307	1 424	0.27	有	2.70	0.10	2.30	0.00	0.04
53	秘鲁	南美洲	0.85	8 385	2 254	0.27	有	10.00	2.50	6.00	1.50	0.67
54	几内亚比绍	非洲	0.11	1 014	274	0.27	有	0.45	0.04	0.40	0.01	0.11

续表

序号	国家	洲别	国防费/武装力量（2001~2010年平均，万美元/人）	国境线（千米）	海岸线（千米）	海岸线/国境线	有无海军	总兵力（万人）	海军（万人）	陆军（万人）	空军（万人）	技术军种结构比（海军+空军）/陆军
55	利比里亚	非洲	0.22	1 873	537	0.29	有	7.60	0.80	5.00	1.80	0.52
56	黎巴嫩	亚洲	1.62	751	220	0.29	有	7.18	0.10	7.00	0.10	0.03
57	纳米比亚	非洲	1.78	5 398	1 600	0.30	有	0.92	0.02	0.90	0.00	0.02
58	文莱	亚洲	3.52	543	162	0.30	有	0.70	0.10	0.49	0.11	0.43
59	芬兰	欧洲	10.21	3 634	1 100	0.30	有	3.23	0.50	2.46	0.27	0.31
60	利比亚	非洲	1.00	6 245	1 900	0.30	有	7.60	0.80	4.50	2.30	0.69
61	印度	亚洲	1.34	18 260	5 560	0.30	有	126.30	5.30	110.00	11.00	0.15
62	哥伦比亚	南美洲	2.29	8 935	2 900	0.32	有	15.80	1.50	13.60	0.70	0.16
63	厄瓜多尔	南美洲	2.30	2 861	930	0.33	有	5.85	0.73	4.65	0.42	0.25
64	乌拉圭	南美洲	2.75	2 012	660	0.33	有	2.39	0.57	1.52	0.30	0.57
65	萨尔瓦多	北美洲	0.86	771	256	0.33	有	1.55	0.07	1.50	0.11	0.12
66	阿根廷	南美洲	2.22	14 139	4 725	0.33	有	7.01	1.62	4.10	1.25	0.70
67	伊朗	亚洲	1.75	8 018	2 700	0.34	有	51.30	1.80	32.50	4.50	0.19
68	塞拉利昂	非洲	0.29	1 418	485	0.34	有	1.05	0.02	1.05	0.00	0.02
69	沙特阿拉伯	亚洲	15.06	6 974	2 437	0.35	有	12.65	1.55	7.00	2.00	0.51
70	莫桑比克	非洲	0.70	7 257	2 630	0.36	有	1.12	0.02	1.00	0.10	0.12
71	巴西	南美洲	3.79	20 567	7 491	0.36	有	28.76	4.86	18.90	5.00	0.52
72	科威特	亚洲	20.32	749	290	0.39	有	1.55	0.20	1.10	0.25	0.41

第一章 国防需求波动及其主要特征

续表

序号	国家	洲别	国防费/武装力量（2001~2010年平均，万美元/人）	国境线（千米）	海岸线（千米）	海岸线/国境线	有无海军	总兵力（万人）	海军（万人）	陆军（万人）	空军（万人）	技术军种结构比（海军+空军）/陆军
73	德国	欧洲	16.72	6 146	2 389	0.39	有	30.84	2.61	21.18	7.06	0.46
74	阿尔巴尼亚	欧洲	0.92	1 188	472	0.40	有	2.70	0.25	2.00	0.45	0.35
75	泰国	亚洲	0.88	8 087	3 219	0.40	有	30.60	6.80	19.00	4.80	0.61
76	阿联酋	亚洲	23.72	1 828	734	0.40	有	6.50	0.20	5.90	0.40	0.10
77	尼加拉瓜	北美洲	0.34	2 040	820	0.40	有	1.60	0.08	1.40	0.12	0.14
78	委内瑞拉	南美洲	3.92	6 994	2 813	0.40	有	8.23	1.83	3.40	0.70	0.74
79	洪都拉斯	北美洲	0.64	2 563	1 033	0.40	有	0.83	0.10	0.55	0.18	0.51
80	葡萄牙	欧洲	4.89	2 039	832	0.41	有	4.36	1.08	2.54	0.74	0.72
81	越南	亚洲	0.40	7 822	3 260	0.42	有	48.40	4.20	41.20	3.00	0.17
82	吉布提	非洲	0.38	889	372	0.42	有	1.30	0.02	0.08	0.03	0.56
83	伯利兹	北美洲	1.28	901	386	0.43	无	0.11	0.00	0.11	0.00	0.00
84	摩洛哥	非洲	1.03	3 696	1 700	0.46	有	19.85	1.00	17.50	1.35	0.13
85	突尼斯	非洲	1.07	2 708	1 300	0.48	有	3.50	0.45	2.70	0.35	0.30
86	法国	欧洲	17.05	5 500	2 700	0.49	有	27.37	4.56	15.00	6.30	0.72
87	瑞典	欧洲	21.72	4 386	2 181	0.50	有	3.39	0.71	1.91	0.77	0.77
88	荷兰	欧洲	22.79	2 097	1 075	0.51	有	5.04	1.21	2.31	1.00	0.96
89	埃及	非洲	0.57	5 427	2 900	0.53	有	44.30	1.90	32.00	2.90	0.15
90	阿曼	亚洲	9.39	3 084	1 700	0.55	有	4.34	0.42	2.50	0.41	0.33
91	南非	非洲	6.69	5 044	3 000	0.59	有	6.21	0.62	3.71	1.07	0.45

续表

序号	国家	洲别	国防费/武装力量（2001~2010年平均，万美元/人）	国境线（千米）	海岸线（千米）	海岸线/国境线	有无海军	总兵力（万人）	海军（万人）	陆军（万人）	空军（万人）	技术军种结构比（海军+空军）/陆军
92	智利	南美洲	4.98	16 325	10 000	0.61	有	8.75	2.40	5.10	1.35	0.74
93	俄罗斯	欧洲	3.20	54 426	33 807	0.62	有	99.71	17.15	31.10	18.46	1.15
94	马来西亚	亚洲	3.05	6 487	4 192	0.65	有	10.05	1.25	8.00	0.80	0.26
95	美国	北美洲	36.72	34 682	22 680	0.65	有	136.77	36.61	47.78	35.25	1.50
96	爱沙尼亚	欧洲	5.13	5 239	3 794	0.72	有	0.45	0.03	0.40	0.01	0.10
97	墨西哥	北美洲	1.72	15 342	11 122	0.72	有	19.28	3.70	14.40	1.18	0.34
98	土耳其	欧洲	2.87	9 848	7 200	0.73	有	51.51	5.30	40.25	6.01	0.28
99	多米尼加共和国	北美洲	0.76	1 649	1 288	0.78	有	2.45	0.40	1.50	0.55	0.63
100	西班牙	欧洲	6.75	9 699	7 800	0.80	有	14.35	2.70	9.20	2.45	0.56
101	意大利	欧洲	9.07	8 902	7 200	0.81	有	23.04	3.80	13.70	5.54	0.68
102	挪威	欧洲	25.56	23 771	21 192	0.89	有	2.67	0.61	1.47	0.50	0.76
103	韩国	亚洲	3.40	2 654	2 413	0.91	有	68.30	6.00	56.00	6.30	0.22
104	卡塔尔	亚洲	13.64	619	563	0.91	有	1.23	0.17	0.85	0.21	0.45
105	加拿大	北美洲	27.45	99 918	90 908	0.91	有	5.68	0.90	1.86	1.35	1.21
106	希腊	欧洲	5.41	16 212	15 021	0.93	有	15.92	1.90	11.00	3.02	0.45
107	印度尼西亚	亚洲	0.63	57 452	54 716	0.95	有	29.70	4.00	23.00	2.70	0.29
108	英国	欧洲	28.83	11 810	11 450	0.97	有	21.14	4.35	11.40	5.40	0.86
109	丹麦	欧洲	19.05	7 382	7 314	0.99	有	2.14	0.40	1.29	4.50	3.80
110	澳大利亚	大洋洲	36.08	36 735	36 735	1.00	有	5.07	1.25	2.42	1.41	1.10

续表

序号	国家	洲别	国防费/武装力量（2001~2010年平均，万美元/人）	国境线（千米）	海岸线（千米）	海岸线/国境线	有无海军	总兵力（万人）	海军（万人）	陆军（万人）	空军（万人）	技术军种结构比（海军+空军）/陆军
111	巴林	亚洲	3.03	161	161	1.00	有	1.10	0.10	0.85	0.15	0.29
112	斐济	大洋洲	1.50	1 129	1 129	1.00	有	0.35	0.03	0.32	0.00	0.09
113	爱尔兰	欧洲	12.86	3 169	3 169	1.00	有	1.05	0.11	0.85	0.86	1.14
114	牙买加	北美洲	3.34	1 220	1 220	1.00	有	0.33	0.02	0.25	0.01	0.13
115	日本	亚洲	21.66	12 705	12 705	1.00	有	23.98	4.42	14.87	4.54	0.60
116	马达加斯加	非洲	0.40	4 828	4 828	1.00	有	1.35	0.05	1.25	0.05	0.08
117	黑山	欧洲	0.52	293	293	1.00	有	0.31	0.04	0.25	0.02	0.25
118	新西兰	大洋洲	15.59	15 131	15 131	1.00	有	0.92	0.20	0.45	0.28	1.07
119	菲律宾	亚洲	1.48	18 533	18 533	1.00	有	10.70	2.40	6.70	1.60	0.60
120	新加坡	亚洲	4.70	193	193	1.00	有	6.05	0.45	5.00	0.60	0.21
121	斯里兰卡	亚洲	0.57	1 340	1 340	1.00	有	11.8–12.3	1.80	9.50	1.00	0.29
122	东帝汶	亚洲	2.20	735	735	1.00	有	0.13	0.01	0.13	0.00	0.07
123	亚美尼亚	欧洲	0.54	*	0	—	无	4.21	0.00	3.89	0.32	0.08
124	阿塞拜疆	欧洲	1.15	*	456	—	有	7.21	0.22	6.20	0.79	0.16
125	白俄罗斯	欧洲	0.30	*	0	—	无	8.29	0.00	4.36	1.20	0.28
126	波黑	欧洲	1.98	*	22	—	无	1.06	0.00	0.92	0.09	0.09
127	布基纳法索	非洲	0.73	*	0	—	无	1.12	0.00	0.64	0.06	0.09
128	佛得角	非洲	0.74	*	913	—	有	20.18	0.01	20.00	0.04	0.00

续表

序号	国家	洲别	国防费/武装力量（2001~2010年平均，万美元/人）	国境线（千米）	海岸线（千米）	海岸线/国境线	有无海军	总兵力（万人）	海军（万人）	陆军（万人）	空军（万人）	技术军种结构比（海军+空军）/陆军
129	科特迪瓦	非洲	1.83	*	550	—	有	1.41	0.09	0.65	0.07	0.25
130	克罗地亚	欧洲	3.85	*	1 778	—	有	5.83	0.30	5.07	0.46	0.15
131	古巴	北美洲	0.10	*	5 746	—	有	4.60	0.30	3.50	0.80	0.31
132	捷克	欧洲	9.35	*	*	—	无	5.38	0.00	2.38	1.16	0.49
133	厄立特里亚	非洲	0.30	*	1 350	—	有	20.18	0.14	20.00	0.04	0.01
134	格鲁吉亚	欧洲	1.37	*	309	—	有	1.68	0.10	0.86	0.13	0.27
135	塞尔维亚	欧洲	2.13	*	0	—	无	2.91	0.00	1.23	0.00	0.00
136	斯洛伐克	欧洲	6.38	*	*	—	无	3.30	0.00	1.98	1.02	0.52
137	斯洛文尼亚	欧洲	5.69	*	48	—	有	0.76	0.01	0.76	0.01	0.03
138	塔吉克斯坦	亚洲	0.47	*	0	—	无	0.60	0.00	0.60	0.00	0.00
139	乌兹别克斯坦	亚洲	0.10	*	0	—	无	5.50	0.00	4.00	1.50	0.38
140	也门	亚洲	0.91	*	1 906	—	有	5.40	0.15	4.90	0.35	0.10
141	哈萨克斯坦	亚洲	1.16	*	*	—	无	6.40	0.00	4.50	1.90	0.42
142	摩尔多瓦	欧洲	0.24	*	0	—	无	0.80	0.00	0.80	0.00	0.00
143	尼日尔	非洲	0.42	*	0	—	无	0.53	0.00	0.52	0.01	0.02
144	巴布亚新几内亚	大洋洲	1.38	*	8 300	—	有	0.31	0.04	0.25	0.02	0.24

注：军人人均国防费按照表1-6中数据计算得到。标"*"号的，是未采集到的数据；标"—"号的，是无法计算的。
资料来源：乔治·托马斯·库里安：《世界知识参考手册》（上册），中南财经大学图书馆1986年版；英国伦敦国际战略研究所：《军事力量对比》（2011），国防大学出版社2002年版；军事科学院：《世界军事年鉴》（2011），解放军出版社2012年版。

第一章　国防需求波动及其主要特征

表1-7　不同威胁形态与核心军事能力需求对应的国防费规模及显著性检验

	样本数	均值	F值	P值
陆权国家（技术军种结构<0.4）	97	1.9801031	48.41	0.00
海权国家（技术军种结构≥0.4）	47	9.8770213		

上述分析表明，不同安全威胁形态决定不同核心军事能力需求，从而决定了不同维度的国防费规模。但这里需要说明的是，这一决定机制存在两个前提，如图1-6所示。

```
安全威胁形态 ──军事响应──> 核心军事能力 ──资源配置机制──> 国防费规模
```

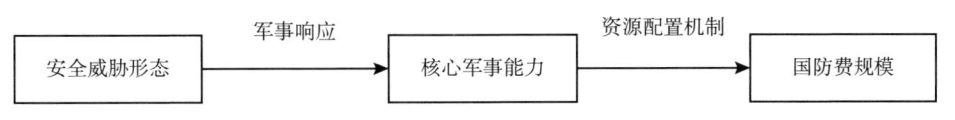

图1-6　安全威胁由军事能力向国防费的传导机制

其一，存在对安全威胁形态的军事响应。也就是说，在军事能力建设中会对安全威胁形态给予充分关注，并据此建设相应的军事力量，这样安全威胁形态才能决定核心军事能力建设需求。然而，当前世界各国并不普遍存在这一响应机制，如图1-7所示。我们通常认为，随着海岸线占国境线的比重上升，意味着国家来自海上威胁的程度会逐渐加大，据此会不断增强海军力量。但图1-7表明，两者并不存在正向相关性：随着海岸线占国境线的比重上升，技术军种结构比重没有呈现预期的平滑上升趋势，而是忽上忽下。这一现象至少说明，目前一些国家的大陆防御思想依然严重。再比如，一些国家没有海岸线，却建立或保留了海军，如巴拉圭和玻利维亚。这也从另一个方面说明，这些国家没有根据威胁形态构建科学的军事能力体系。我们的分析之所以没有用海岸线占国境线的比重作为区分海权国家与陆权国家的标志，其主要考虑也在这里。

其二，存在由核心军事能力需求到国防费规模的资源配置机制。国防预算是进行国防费资源配置的主要制度安排。目前关于国防预算主要有两种类型，一类是产出型，一类是投入型。产出型以美军的PPBS（Planning Programming and Budgeting System，现在改革为Planning Programming Budgeting and Execution

System，PPBES）为代表，通过将国防和军队建设规划逐层分解为年度计划任务和项目，从而形成预算。这是典型的将核心军事能力需求分解为国防费规模的制度机制。目前，世界上大部分国家是采用这一类型的制度安排来确定国防费规模的。还有一种是投入型，以苏联为代表，即以上年预算为基数来编制当年经费分配方案，这一类型国防预算制度安排已经较难适应世界新军事变革，目前正逐步淘汰。

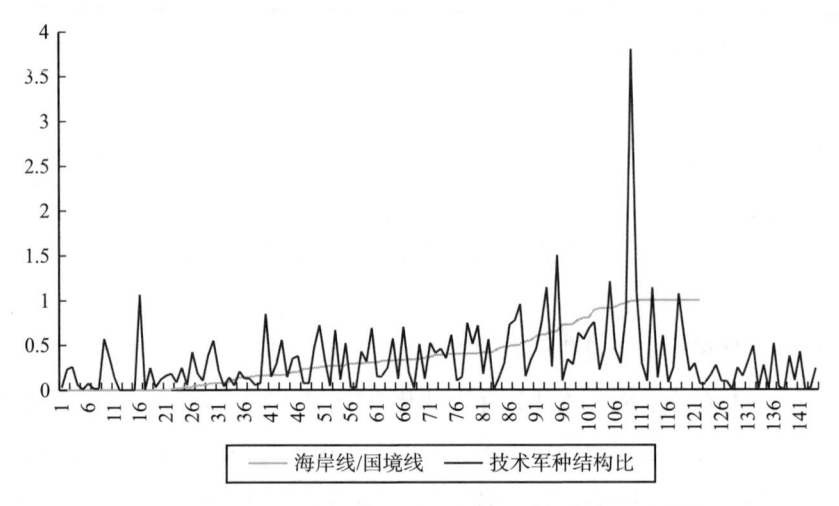

图 1-7 世界各国海岸线占国境线的比重与技术军种结构比

注：横轴代表国家序号，纵轴代表比值。
资料来源：根据表 1-6 数据整理。

四、军事技术变革与国防需求成长

恩格斯曾深刻指出："一旦技术上的进步可以用于军事目的并且已经用于军事目的，它们便立刻几乎强制地，而且往往是违反指挥官的意志而引起作战方式上的改变甚至变革"[①]。从人类历史发展进程看，每一次重大的科技革命，都给军事领域带来了前所未有的冲击，引起了武器装备的更新，以及战术打法与作战体制编制的改变，在引起战争形态的质的变化的同时，也带动了国防费

---

① 《马克思恩格斯全集》第 20 卷，人民出版社 1971 年版，第 187 页。

结构的升级，从而推动国防需求以及国防费规模的不断成长。

20世纪以前，冷兵器与热兵器时代，国防开支以保障军队人员生活为主，国防费规模相对较低。从最初的徒手战争，到有了冶炼技术出现冷兵器战争，再到火炸药的发明出现热兵器战争，军事技术不断发展，战争形态几经改变，但总体而言，当时的科学技术水平还较为低下，社会生产十分落后，既缺乏武器制造的专门技术，也没有从事武器制造的社会分工，军队所配备的武器装备还十分简陋，大多直接由生产工具转化而来，比如平时用于狩猎捕鱼的弓箭棍棒或者犁地种植的镰刀锄头。"剥林木以战""以玉为兵"描述的就是这种情况。这一时期，武器装备科技含量少，战场争夺虽然激烈，但战争并不复杂，通常是以角力斗勇决胜负，因此"体力和动作的敏捷最为重要，通常以此决定战斗的命运"①。因此，专门用于武器制造的国防开支很少甚至为零，而保障军事人员生活的维持性费用，比如用于部队的薪饷、粮秣采购和运送、被服购置等开支则成为国防支出的主要内容。事实上，由于战争持续时间不长，维持性费用数额通常也不是很大。据有关资料统计，20世纪以前国防开支用于人员生活的费用至少占到75%以上②。比如清朝同治五年（1866年）至光绪六年（公元1880年），左宗棠西征甘陕，收复新疆，运用的兵力主要是内地的淮军。淮军在14年中，共报销过四次西征费用约白银9 251万两，年均支出白银660万两，主要是兵勇的口粮，约白银5 437万两，占58.8%；加之物资要从中原运去，所以运费还占了非常大的比重，约19.6%。14年中，9 251万两白银军费支出用于军装军火的有512.13万两白银，只占总支出的5.5%。再比如德国在1870~1871年的战争费用中包括轻武器、弹药、运输工具等军械费不超过13%~15%；俄国在彼得大帝一世时期，各次战争中的军械费只占战争费用总数的11%~12%；在1812~1814年同拿破仑一世为首的欧洲联盟进行的战争中，军械费用也仅为战争费用的14%；在1904~1905年的日俄战争中，军械费用也只占到国防费的25%。由于武器装备开支较低，上述战争中的国防支出相对较低，一般只占到国民收入的8%~10%，虽然在现在看来

---

① 亚当·斯密：《国民财富的性质和原因的研究》，商务印书馆2003年版，第262页。
② 张海麟、韩高润、吴广权：《第二次世界大战经验与教训》，世界知识出版社1987年版，第122页。

相对规模较大，但相比于第一次世界大战因军械费的急剧膨胀占到战争费用的60%从而导致战费开支达到国家预算的40%~45%，以及第二次世界大战占国民收入总和的60%~70%，显然还是小很多[①]。

20世纪初直至下半叶，自从人类进入机械化战争时代，国防开支由平面结构逐渐转变为立体结构，经费保障重点由人员生活转向了武器装备，并且随着机械化程度的升高，国防费规模相较前一个历史阶段有了较大增长。冷兵器和热兵器时代，国防费呈现出的是一种平面结构，它以陆军为基本保障单元。随着科学技术的进步，人类战争进入了机械化时代，飞机的问世与空军的出现，打破了国防费的传统平面结构，将国防费保障单元延伸到空中；蒸汽机的发明与战舰的出现，使得国防费的陆地保障单元向着海上保障单元延伸；潜艇的发明与潜艇部队的出现，使得海平面上的国防费保障单元向深海挺进了一大步；坦克与装甲兵愈来愈广泛地装备与使用，使得陆战的运动与机动速度超过了以往任何时候，国防费保障单元覆盖的地理范围也更加广阔。这样国防开支就基本形成了适应机械化战争形态下的以陆、海、空三军为主的立体保障结构。表1-8、表1-9分别列出了发达国家（以美国为典型代表）与发展中国家（以印度为典型代表）在机械化战争时代下的国防开支的军种结构。在这种立体式的国防费结构中，经费开支项目将随着各保障单元本身机械化程度的提高而增大，从而导致国防费规模的不断提高。表1-10列出了冷兵器与热兵器时代和机械化战争条件下兵器的杀伤力。显然，机械化战争时代的兵器杀伤力，有的甚至上升了数百万倍。不难想见，为追求战争的胜利，各国都竭尽全力想方设法追求武器装备的比较优势。然而，武器装备的杀伤力与其造价呈正相关关系，也就是说，随着杀伤力的提高，武器的成本也越高。这是因为机械化战争条件下，各个保障单元所使用的武器装备彻底改变了过去火器通过火药的化学能转化为军事能来获取杀伤力的传统模式，而是通过火药力、钢铁坚固力与机械动力三者（甚至包括核裂变爆炸力）的紧密结合并高度集约化、自动化与智能化，来获取更大的杀伤力。而这一结合的过程，正是机械化程度的提高过程，也是制造工艺的复杂化过程，由此导致了成本的不断提升。表1-11

---

① 张海麟、韩高润、吴广权：《第二次世界大战经验与教训》，世界知识出版社1987年版，第123页。

说明，随着机械化程度的提高，武器装备的造价成本也在不断上升。虽然军事人员的生活待遇会随着国民经济的发展有所上升，但其上升速度远不及武器装备价值量的上升速度（见图1-8）。图1-9表明，从20世纪70年代到80年代，美军武器装备开支占国防费的比例不断上升，并且到20世纪80年代中期武器装备费一跃成为国防费开支中比重最大的一块内容，维持费、生活费次之，科研费比重最低。作为国防费保障的重点，武器装备开支的快速增长也成为国防费增长的主要引擎，推动着国防费规模不断成长。美军1951年国防费只有197.65亿美元，1966年超过500亿美元，到了1977年突破1000亿美元，1982年上到2000亿美元台阶，1985年达到3000亿美元，国防费增长在武器装备开支的推动下加速增长（见图1-8）。

表1-8　　　　　机械化战争时代美国国防费军种结构　　　　单位：%

年份	陆军	海军	空军	其他
1950	34.0	34.3	30.0	1.6
1957	20.9	24.6	42.3	12.2
1964	24.8	29.3	40.4	5.5
1967	30.7	28.2	33.5	7.6
1970	31.7	30.2	32.2	5.9
1972	28.8	31.5	31.0	8.8
1974	26.4	32.9	30.2	10.5
1976	24.8	32.8	29.8	12.7
1977	25.6	33.0	29.9	11.5
1980	24.1	33.1	29.3	13.7
1982	24.7	32.5	30.7	12.1
1983	24.0	34.2	30.9	10.9
1985	25.9	34.5	34.7	4.9
1987	26.2	33.5	33.8	6.5

资料来源：美国国防部各财政年度国防报告。转引自蒋宝祺：《中国国防经济发展战略研究》，国防大学出版社1990年版，第46页；张振龙：《国防经济学》，中国财政经济出版社2000年版，第408页。

表1-9　　　　　　　机械化战争时代印度国防费军种结构

年份	军费总额（亿卢布）	陆军（亿卢布）	占比（%）	海军（亿卢布）	占比（%）	空军（亿卢布）	占比（%）	国防生产供应（亿卢布）	占比（%）	国防科研（亿卢布）	占比（%）
1980	360.4	157	43.56	34.2	9.49	95.4	26.47	66.1	18.34	7.6	2.11
1981	433.4	188.6	43.52	53.1	12.25	105.3	24.30	76.8	17.72	9.6	2.22
1982	502.6	227.5	45.26	56.6	11.26	127.9	25.45	78.7	15.66	11.9	2.37
1983	583.1	269.6	46.24	75.0	12.86	135.9	23.31	86.2	14.78	16.4	2.81
1984	666.1	321.6	48.25	81.3	12.21	150.9	22.65	91.2	13.69	21.3	3.20
1985	798.7	370.8	46.43	100.1	12.53	186.1	23.30	110.2	13.80	31.5	3.94
1986	1 019.4	503.6	49.40	118.4	11.61	219.8	21.56	135.6	13.30	42	4.12
1987	1 251.2	678.1	54.20	153.6	12.28	277.5	22.18	76.7	6.13	65.3	5.22
1988	1 334.1	751.3	56.32	179.8	13.48	300.3	22.51	44.9	3.37	57.8	4.33
1989	1 450	806.2	55.60	194.45	13.41	328.80	22.68	58.34	4.02	62.23	4.29

资料来源：印度《1986~1987年度国防报告》，第8页；印度《1987~1988年度军事年鉴》，第167页；印度《1990~1991年度军事年鉴》，第202页。转引自蒋一国、杨会春、于秀清：《印度国防经济研究》，解放军出版社2002年版，第92页。

表1-10　　　　　　　各时代兵器杀伤力理论指数

冷兵器与热兵器时代		机械化战争时代	
兵器名称	指数	兵器名称	指数
白刃战兵器（剑长矛等）	23	斯普林菲尔德1903型步枪	495
标枪	19	第一次世界大战时的机枪	3 463
普通弓	21	第二次世界大战时的机枪	4 973
长弓	36	格里比弗尔12磅炮弹火炮	940
十字弓	33	法国75毫米火炮	386 530
火绳枪	10	155毫米通用引信火炮	912 428
17世纪滑膛枪	19	105毫米榴弹炮	637 215
18世纪燧发枪	43	155毫米军舰中央主炮	1 180 681
19世纪来复枪	36	第一次世界大战时的坦克	34 636
19世纪中叶来复枪（圆锥形子弹）	102	第二次世界大战时的中型坦克	935 458
19世纪末叶后膛来复枪	153	第一次世界大战时战斗轰炸机	31 909

续表

冷兵器与热兵器时代		机械化战争时代	
兵器名称	指数	兵器名称	指数
斯普林菲尔德1903型来复枪	495	第二次世界大战的战斗轰炸机	1 245 789
16世纪12磅炮弹加农炮	43	V-2弹道导弹	3 338 370
17世纪12磅炮弹加农炮	224	两万吨级空中核爆炸	49 086 000
18世纪格里比尤伏尔12磅炮弹农炮	940	一百万吨级空中核爆炸	695 385 000

注：兵器杀伤力的理论指数，指的是"各种兵器的相对杀伤效能，系根据兵器的射程、发射速率、精确度、可靠性及杀伤半径等性能计算所得到的结果"。

资料来源：T.N.杜普伊：《武器和战争的演变》，军事科学出版社1985年版，第116、382页。

表1-11　　20世纪80年代武器装备价格

品种类别	价格（万美元）	报价时间
9mm CZ75 手枪	0.0029	1988年
M-16A₂型5.56mm步枪	0.0690	1988年
AUG-1突击步枪	0.0806	1987年
AN/SPS-52C雷达系统	870	1986年
AN/TPQ-37雷达系统	1 200	1985年
AR-3D防空雷达	5 717	1986年
V150S"康曼多"装甲车	62	1986年
EE-9/25"响尾蛇"装甲车	120	1986年
M1A1坦克	360	1988年
S-70"黑鹰"直升机	800	1987年
空中加油机（波音707飞机改装）	1 500	1988年
F-16A/B战斗机	1 667	1986年
幻影2000飞机	6 500	1988年
ULA级潜舰	1 110	1986年
护卫舰	7 667	1986年
"竞技神"航空母舰	8 400	1986年

资料来源：王帆等：《国际军火交易》，经济日报出版社1993年版，第371~398页。

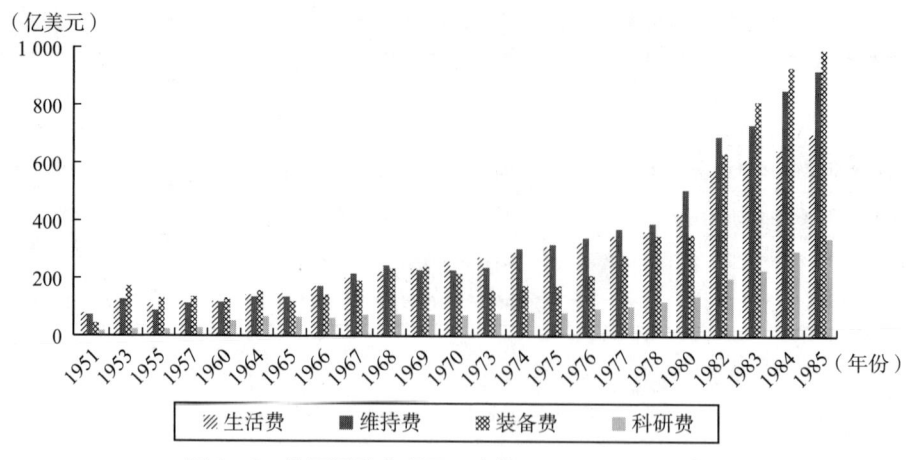

国防需求波动、投入滚动规划与预算跨期平衡机制研究

（亿美元）

图 1-8　美军国防费项目开支情况（1951~1985 年）

注：生活费主要由"军事人员费"组成；维持费主要包括"活动保养费""军事建筑费""家属安置费"以及"其他开支"；装备费主要是"武器装备采购费"；科研费主要是"研究、发展试验鉴定费"。

资料来源：R. A. 法拉马江：《美国军国主义与经济》，商务印书馆 1977 年版；美国 1976、1978、1984、1985 财年《国防报告》。转引自宋振铎、库桂生：《国防经济学概论》，湖南人民出版社 1986 年版，第 133 页。

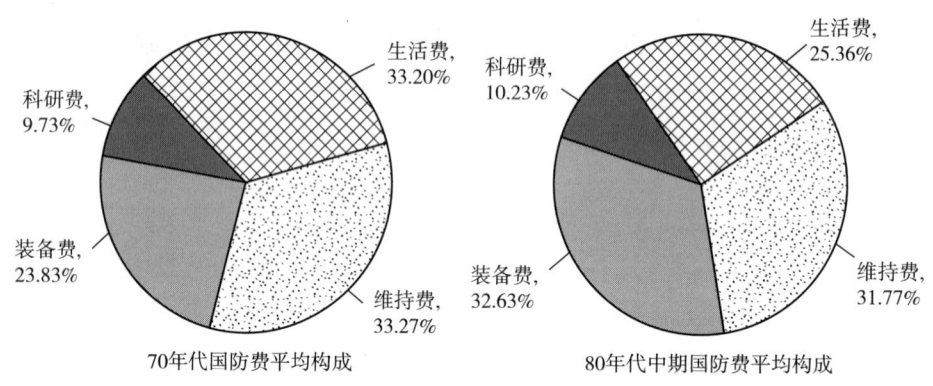

70 年代国防费平均构成　　　　　80 年代中期国防费平均构成

图 1-9　美军 20 世纪 70 年代、80 年代中期期间项目开支占国防费的平均比例

资料来源：根据图 1-8 数据整理计算。

20 世纪末，尤其是进入 21 世纪以来，随着一大批以信息技术为核心的高新技术群不断涌现，现代科技革命不断深入，这不仅将导致人类社会整个生产体系组织结构和经济结构的一次大的飞跃，而且也给军事领域带来了极其深刻的影响，人类进入了信息化战争时代。在这一历史阶段，高技术武器装备开支成为推动国防费规模成长的重要引擎，并且带动了其他项目经费开支，促进了国防费结构关联效应，这是国防费增长的又一重要源泉。信息化战场上，高科技武器，尤其是信息化武器在战争中显示出了巨大威力。世界各国普遍认识到，哪一个国家装备的新式高科技武器或者信息化武器装备越多，就意味着这个国家具有的军事优势越明显。可以想见，为保持防务均势，世界其他国必然纷纷效仿，甚至展开高技术武器装备竞争，最终必将导致武器装备的高级化与普及化。比如俄罗斯军队2019年划拨1.5万亿卢布，其中70%用于大批量采购现代化武器和军事技术装备，到2019年底，现代化高技术装备列装比例已高达68%。① 因此，信息化时代的武器装备开支的总体内容将显示出信息化、智能化、集约化等高技术特征。同时，就武器装备的开支规模而言，一方面，机械化时代的普通武器，经过加装包括电子技术、隐形技术、制导技术、红外遥感技术以及卫星侦察技术等在内的高技术装备，成为信息化战争时代的信息化作战平台以后，其价值便增加数十倍甚至数百倍；另一方面，高技术的研发需要消耗巨额资源，势必加大武器装备的生产成本，因此武器装备价格将大幅度上升。比如战斗机、主战坦克、航母的单价成本，第二次世界大战末分别为10万美元、5万美元和700万美元，20世纪60年代初分别为100万美元、10万~20万美元和2 000万美元，而到了20世纪80年代初则上升到1 000万美元、100万美元和数亿美元。② 据专家测算，由于信息技术含量的不断上升和研发投入的不断加大，战斗机价格每20年上涨10倍，坦克和航空母舰的价格每30年上涨10倍。③ 由于高技术武器装备的价格昂贵，同时信息化时代高技术武器获得普遍装备，因此，武器装备开支的规模越来越大，并随着信息化程度的加深呈现出上升趋势（见图1-10）。另一方面，高技术武器装备开支的加大产生了国防费结构关联效应，引起了人员保障经费开支的增加。正如恩格斯所言："枪自己是不会动的，需要有勇敢的心和强有力的手来使用它们"④。先进的武器装备必须与高素质的军人结合起来才能形成强大的战斗力。机械化时代以前，武器装备并未对军人提出必须具备复杂性知识的要求，只要具备一定体能、掌握了武器的操作技能，任何人都可以胜任。进入信息化时代以后，

---

① 远望智库：《远望周刊》2019年第44期，第2页。
② 王朝才、刘尚希：《战时财政动员论》，中国财政经济出版社2007年版，第7页。
③ 姜鲁鸣：《国防费的变动趋势及其战略选择》，载《军事经济研究》1995年第1期。
④ 《马克思恩格斯全集》第16卷，人民出版社1965年版，第211页。

高科技武器装备要求军人具备计算、通信、实时侦察、计算机模拟与训练、电子战等综合能力。因此，培养并保障适应信息化时代的知识型军事人才将成为人员经费保障的主要内容。比如美军近年来把"征召、保留和训练高素质的人才"作为"头等大事"，为吸引高素质人才进入军事部门，一方面提供保障资金，重点招募那些高学历和有创新才能的人；另一方面提高军人工资及其家庭福利保障水平，以保留高科技人才为军队服务。通过这些举措，海湾战争中，参战的美军军官98%以上达到了大学本科学历，仅直接操纵"爱国者"导弹的人员就有1/3是白领专家。[①] 据此，国防开支中的另一个重要内容——军事人员保障经费也不断增长。如表1-12所示，虽然美军不断压缩部队人员数量，但军事人员保障经费的规模总体来看却是在增长的。正是在武器装备开支和人员经费开支两项重要经费增长的共同驱动下，这一历史阶段的国防费规模较以往有了较大增长。如图1-11所示，美国1994～2013年间国防费的平均值为4 327.27亿美元，而1974～1993年的国防费平均值为1 891.47亿美元，高出128%。

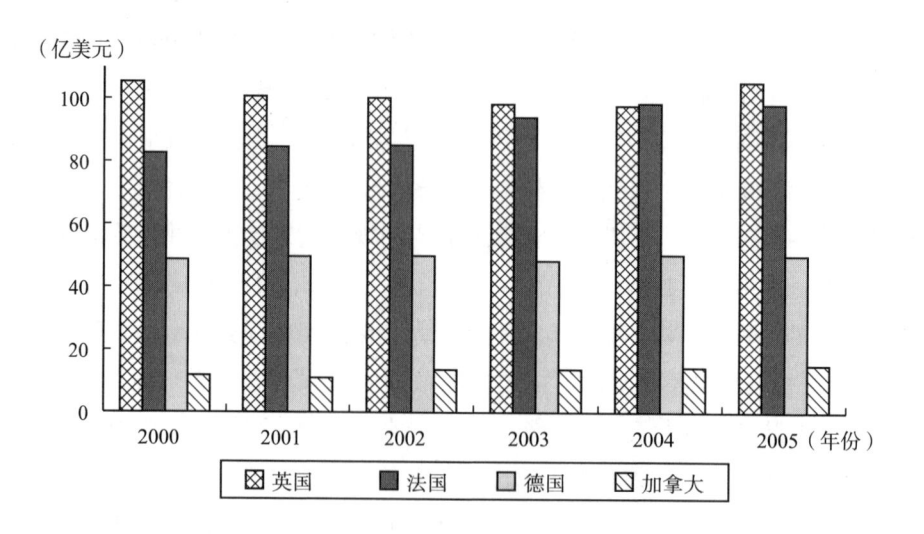

---

① 夏仲银：《提高干部科学文化素质是刻不容缓的大事》，载《西安陆军学院学报》2000年第3期。

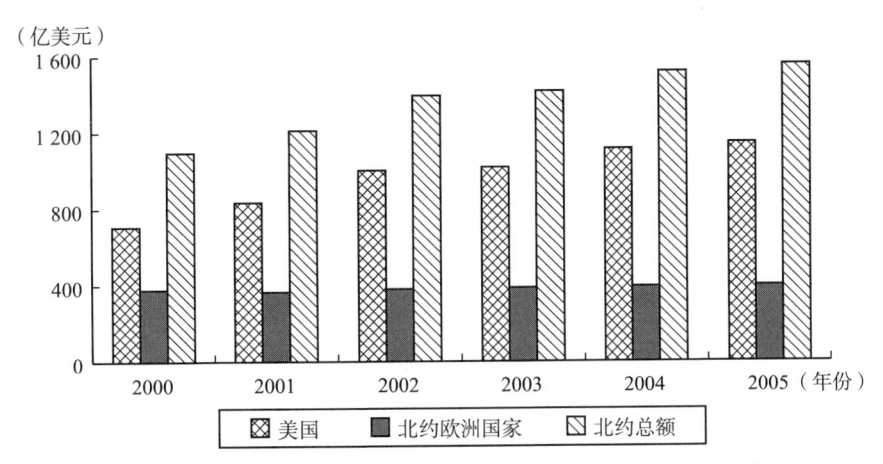

图 1-10　21世纪初部分北约国家武器装备开支变化（2000~2005）

资料来源：《SIPRI年鉴2006》，时事出版社2007年版，第450~457页。

表 1-12　　　　美军军事人员费开支情况（1990~2003年）

类别	1990年	1994年	2003年
人员数量（万人）	206.94	161.12	142.7
经费规模（亿美元）	788.76	707.73	1 498.96
单位人员经费（万美元）	3.81	4.39	10.50

资料来源：《SIPRI年鉴2006》，时事出版社2007年版，第451页；美国国防部长1995财政年度《国防报告》，军事科学院外国军事研究部译，军事科学出版社，第371、375页。

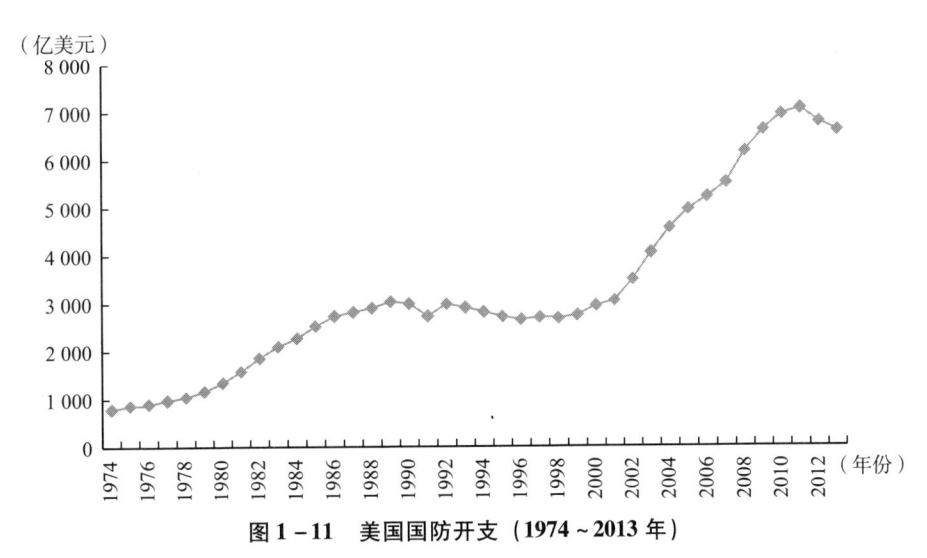

图 1-11　美国国防开支（1974~2013年）

资料来源：美国白宫网站：《总统预算历史表6.1——国防预算支出的组成》。

第三节 国防需求波动的主要特征

对任何一个正常国家而言,受各种因素影响,国防需求都是波动的①。比如大多数国家国防支出占国内生产总值(GDP)的比重或者国防支出的增长比率都不是恒定不变的。无论是来自切身感受的现象观察,还是理性的数据分析,都支持这一观点。波动是动态视角下国防需求运动的基本特征。

一、周期循环波动

随着战争形态与作战样式的深刻变化,国防需求有着本质差别。传统战争形态下,以单兵武器为主,合成化程度不高,需求的离散性特征明显;机械化半机械化武器装备的生产周期不长,科技含量不高,需求的保障成本较低。信息化战争条件下,强调多军兵种集成、联合化作战,作战平台由陆地一维平面转向陆海空三维空间甚至信息网络的虚拟空间,基于信息系统的体系化作战成为基本作战样式,武器装备生产研制周期长、投入成本高、信息技术含量大幅提升,人力资本因素凸显,人机磨合与战斗力生成周期延长。因此,现代战争形态下的国防需求跨系统、跨部门、跨领域特征明显,投入巨大,保障周期长,并因高技术武器装备研制风险而呈现出一定的不确定性,因巨型项目的上马与完结而呈现较大波动特征,而且国防需求的上述变化还随着现代武器装备代差的扩大而有加重趋势。

事实上,从数据统计分析的角度看,国防需求不仅是波动的,还呈现出一定的周期性。就世界范围而言,国防总需求呈现出明确的阶段性波动特征。比如"二战"以来,世界国防支出规模变动呈现明显的三个阶段,如图 1-12 所示,第一阶段,从 20 世纪 50 年代初到 80 年代末,世界国防费呈上升态势,并在冷战时期达到高峰。国防费迅猛增长的主要动因如下:一是朝鲜战争、越

---

① 日本是特例,"二战"以后迄今为止,根据《日本国宪法》(又称"和平宪法"),日本的防卫支出不超过 GDP 的 1%,因此日本国防支出一直维持在接近 1%,国防支出占 GDP 的比重几乎是恒定的。

南战争等作战需求，二是冷战引起的备战需求。第二阶段，从20世纪90年代，世界国防费规模大幅度下降，降幅达到1/3。下降的主要原因是冷战结束导致备战需求急剧下降。这被经济学界称之为"和平红利"。第三阶段，主要是21世纪最初十年，世界国防费规模又一次加速膨胀，主要原因是以信息技术为主要特征的世界新一轮军事变革引致的军事需求增长。

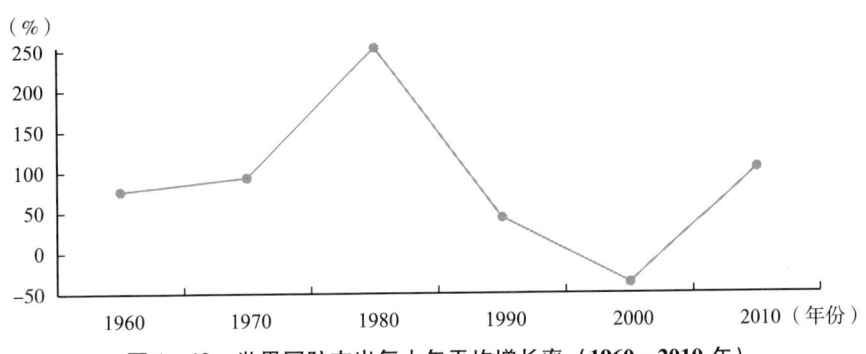

图1-12　世界国防支出每十年平均增长率（1960~2010年）

资料来源：根据表1-1数据绘制。

从我国情况看，国防需求波动呈现出明确的周期性特征。除"文化大革命"时期（1966~1976年），以及1979年前后发生的较大规模的战争（对越自卫反击作战）以外，我国国防需求波动（见图1-13）可以分为两个历史阶段。第一个阶段，从新中国成立之初，国防建设进入正常轨道开始，一直到"文化大革命"开始以前，时间跨度为1955~1966年。这一历史阶段，国防需求波动大起大落，波幅较大，波峰接近35%，波谷接近-25%；国防需求波动周期按照"峰—峰"法测定，主要有三个，分别是1955~1959年（5年）[1]、1959~1963年（5年）、1963~1966年（4年），周期时间为4~5年左右。第二个历史阶段，从改革开放以后至2016年，时间从1982年开始。这一历史阶段，国防需求波动幅度较上一阶段要小，波峰（除个别时期外）最高20%，波谷接近0；这一历史时期，同样按照"峰—峰"法测定，主要有十个国防需求波动周期，分别是1982~1985年（4年），1985~1989年（5年），

---

[1] 括号内的数字表示周期时长，下同。

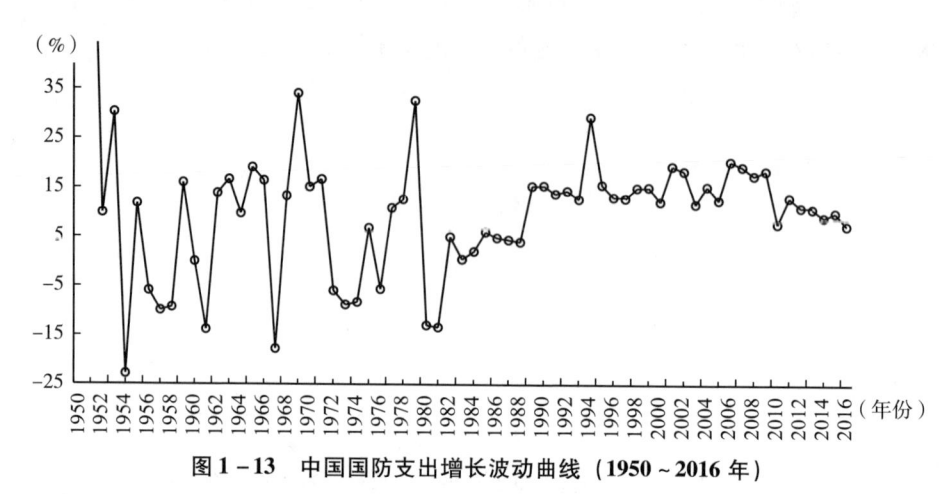

1989~1994年（6年），1994~1998年（5年），1998~2001年（4年），2001~2004年（4年），2004~2006年（3年），2006~2009年（4年），2009~2011年（3年），2011~2015年（5年）。显然，我国国防需求波动周期大致为3~5年。

图1-13 中国国防支出增长波动曲线（1950~2016年）

资料来源：根据历年《中国统计年鉴》有关数据绘制。

就国防需求的重要组成部分而言，也会呈现出一定的周期性波动特征。以美军装备费投入为例。如图1-14所示，"二战"以后，美军装备费投入占国防费的比重呈现出三个明显的周期性波动：第一阶段是1951~1963年，第二

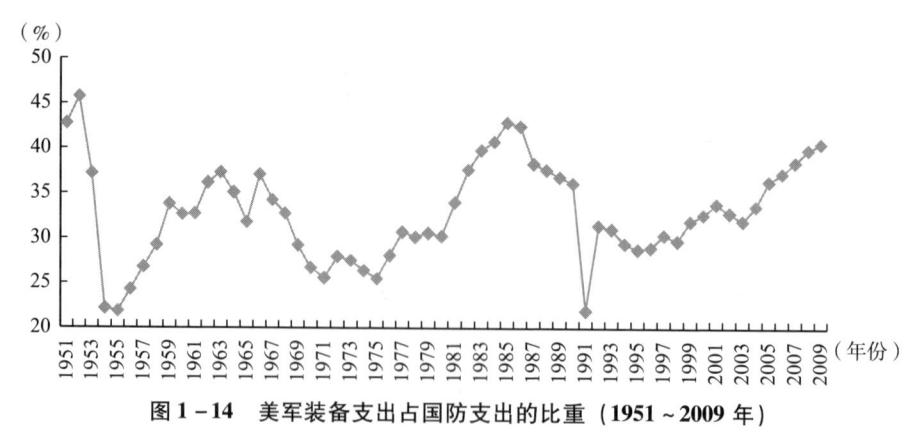

图1-14 美军装备支出占国防支出的比重（1951~2009年）

资料来源：财政部国防司、中国国防科技信息中心：《美国国防概算（2007财年）》，国防工业出版社2007年版。

阶段是 1964~1985 年，第三阶段是 1986 年至今。这主要是与美军武器装备的更新换代有着高度相关性。因为装备费投入会随着武器装备从研制、购置到保养、维修、报废等不同阶段的生命周期变化而呈现出周期性波动特征，配置阶段装备费投入较大，使用阶段投入较少，武器装备更新换代后，装备费投入又开始由上而下波动。

二、适度区间波动

国防需求波动理论上有发散波动、收敛波动和循环波动三种趋势。通常一个国家为统筹国防建设与经济发展，会在国防需求与其他公共需求之间寻找一个平衡，保持国防投入的适度规模，将国防需求波动控制在一个合理范围，这一合理范围即国防需求波动的适度区间。从现实来看，根据有关统计，国防开支占 GDP 比重位于 0.5%~2.5% 范围内的国家最多。根据斯德哥尔摩国际和平研究所《SIRPI 年鉴》，在 1996 年统计的 147 个国家、2001 年统计的 144 个国家、2005 年的 143 个国家以及 2009 年的 132 个国家中，国防开支占 GDP 比重在 1%~2% 的国家占 1/3 以上，1996 年、2001 年、2005 年以及 2009 年分别为 36.73%、38.2%、41.26% 和 42.42%。国防开支占 GDP 比重在 0.5%~2.5% 之间的国家占 2/3 以上，四个统计年度分别为 63.95%、61.8%、62.2% 和 65.15%。国防开支占 GDP 比重小于 0.5% 和大于 2% 的国家随着比重增加或减少，国家数量也急剧相应减少。也就是说，从现实来看，国防需求波动一般处在一个较为适度的区间，超过这一区间范围的情况较少，属于非常态。

三、不同阶梯波动

从低维度向高维度的国防需求满足过程，事实上就形成了国防建设过程。国防需求在由低维向高维运动过程中，国防投入将呈现出不同的阶梯规模。这里选取军人人均国防费作为衡量指标。通过这一指标结果可以显示国防需求所处的阶梯维度。其主要原因在于国防费资源配置领域中存在的一个经验规律：

军事恩格尔定律①，即随着国防费投入的不断增长，人员生活费占国防费的比重将逐渐降低，而装备训练经费比重会逐渐升高。这一定律的内在机理是，人员生活费用是用于维持军人生存与发展需要的，对国防支出变动的弹性较小，存在一定支出刚性，因此国防费规模越小，生活费占的比重就会越大，反之，国防费规模越大，生活费占的比重则越小。根据这一定律，可以将军人人均国防费划分为两个部分，一部分用于军人生活维持，一部分用于军人武器装备。显然，从世界范围看，在同一历史时期，人的生存发展需要大体相同，不同国家维持军人生活的基本开支亦大体相当，从量上看，这部分费用变动范围较小。引起军人人均国防费出现国与国之间较大差异的主要因素，还是军人武器装备的费用。也就是说，军人人均国防费越高，用于武器装备的发展性费用比例就会越大，该国军队建设的发展性特征就会更为明显；反之，军人人均国防费越低，军人生活的维持性费用比例将越高，该国军队建设的维持性特征就越明显。简言之，军人人均国防费指标的大小可以表明国防需求的维度高低。

根据表 1-6 计算，近十年军人人均国防费平均 5.02 万美元，最高的是美国，最少的是老挝，分别为 36.72 万美元和 200 美元。将各国军人人均国防费十年均值绘制如图 1-15 所示，纵轴表示军人人均国防费十年均值数，横轴代表按军人人均国防费数值大小排序的国家序数。进一步观察后不难发现，图形主要分布在 5 个区域，除军人人均国防费最高的两个样本点美国和澳大利亚以外，其余 4 个区域样本点均呈现出朝区域中心收敛趋势。根据这一共同特征，描绘函数曲线模拟图（见图 1-16）。显然，可以考虑这四组样本服从正态分布。

将表 1-6 序号的第 3 个国家至第 23 个国家，共 21 个国家，分在第一组；第 24 至第 51 个国家，共 28 个国家，分在第二组；第 52 至第 71 个国家，共 20 个国家，分在第三组；第 72 至第 122 个国家，共 51 个国家，分在第四组。暂不考虑排名第 1 和第 2 的美国和澳大利亚，将这两个国家分为一组，称作特

---

① 军事恩格尔定理由恩格尔定理推演而来（具体参见毛飞、王梅、王斌：《军费结构演变规律及对我国军费结构状态的判定》，载《军事经济研究》2015 年第 3 期）。恩格尔定律是消费经济学中用于反映居民消费结构变化规律的一个著名定律，即一个家庭收入越少，家庭收入中用于购买食物的支出比重越大，随着收入增加，家庭收入中用来购买食物的支出比重则会下降。

殊组。运用 Eviews 统计分析软件进行正态分布检验，结果如表 1-13 所示。综合四组样本的密度函数曲线，S（偏度）、K（峰度），Jarque-Bera 统计量，以及 Lilliefors（D）、Cramer-von Mises（W2）、Watson（U2）、Anderson-Darling（A2）检验方法的检验结果，可以认定四组样本统计量近似正态分布，可以用正态分布来拟合函数曲线。对 μ 和 δ 两个主要参数进行估计。表 1-13 结果显示，参数估计值具有较高可信度，接受该估计值作为正态分布函数参数值。

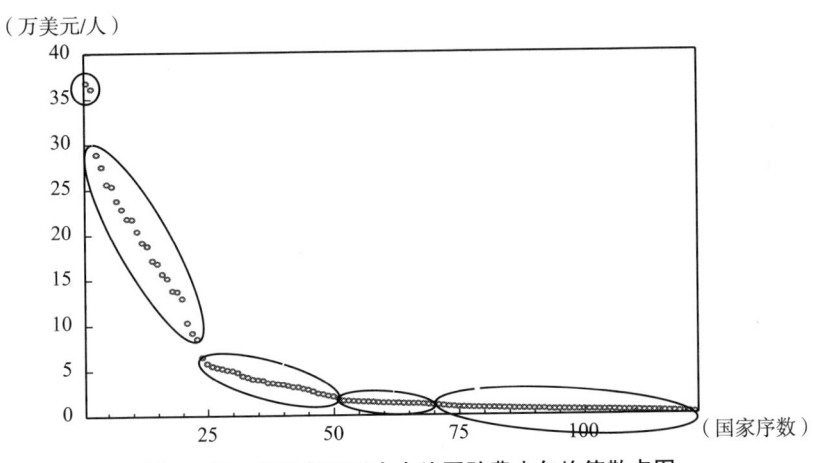

图 1-15　世界各国军人人均国防费十年均值散点图

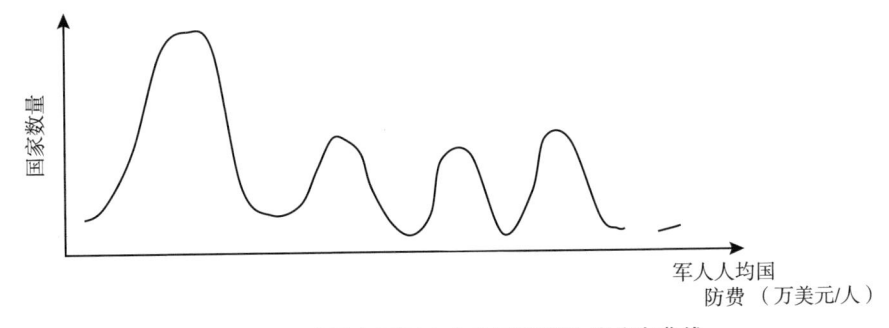

图 1-16　世界各国军人人均国防费均值分布曲线

表1–13　　　　四组样本的正态分布检验与参数估计结果

样本容量		第一组	第二组	第三组	第四组
		21	28	20	51
密度函数曲线		8–28	1.5–6.5	1–1.5	0.1–1
Jarque–Bera	Value	0.859883	1.195627	0.790110	0.886516
	Prob.	0.650547	0.550013	0.673643	0.641942
Lilliefors（D）	Value	0.085306	0.097756	0.106765	0.062502
	Prob.	>0.1	>0.1	>0.1	>0.1
Cramer-von Mises（W2）	Value	0.021305	0.040629	0.030209	0.018700
	Prob.	0.9505	0.6568	0.8341	0.9772
Watson（U2）	Value	0.021305	0.037763	0.029975	0.018674
	Prob.	0.9417	0.6580	0.8078	0.9730
Anderson–Darling（A2）	Value	0.161726	0.264739	0.197866	0.134159
	Prob.	0.9361	0.6691	0.8698	0.9778
Skewness		−0.004936	0.312533	0.069922	0.038584
Kurtosis		2.008725	2.203687	2.036374	2.358729
μ	Value	18.44810	3.712857	1.252500	0.455882
	Prob.	0.0000	0.0000	0.0000	0.0000
δ	Value	5.981615	1.235088	0.147430	0.217791
	Prob.	0.0000	0.0000	0.0000	0.0000

以正态分布曲线下75%的面积作为军人人均国防费适度规模的价值判断依据。根据这一判据，测定四组国家近十年来军人人均国防费的适度规模结果如下：

第一组：115 692～253 270美元，均值184 481美元；

第二组：22 925～51 332美元，均值37 129美元；

第三组：10 830～14 220美元，均值12 525美元；

第四组：2 054～7 063美元，均值4 559美元。

上述结果表明,近十年来国防需求波动处于由低维向高维运动的四个阶梯。每一阶梯对应的国防费适度规模是一组国家国防需求波动的正常范围。

四、长期增长趋势

国防需求虽然会出现上下波动,但从长期来看,波动是向上的,也就是说国防需求围之波动的长期趋势线是向上增长的。以美国为例,其国防需求在长期中呈现上升趋势。如图1-17所示,虽然国防费绝对规模有几次明显的负增长,国防需求起起伏伏,但长期趋势线是向上的。

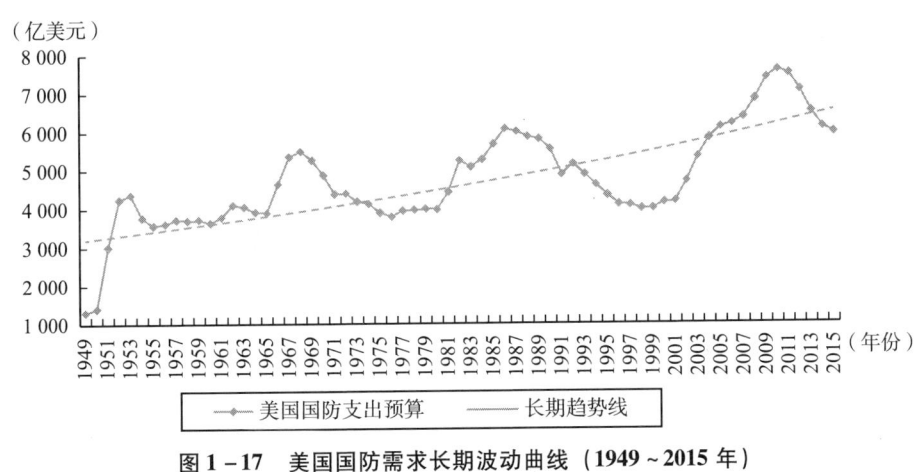

图1-17 美国国防需求长期波动曲线(1949~2015年)

资料来源:SIPRI统计数据库。

我国国防需求不仅在长期中呈现增长趋势,而且随着时间的推移,国防需求增长呈加速态势。如图1-18所示,1950年我国国防支出不到30亿元,十六年后到1966年国防需求突破100亿元,十三年后即1979年国防需求翻一番,又一个十三年国防支出又增长一倍,此后国防支出增长不断加速,1995~2014年,四个五年的时间中,国防费增长分别突破1 000亿元、2 000亿元、4 000亿元和8 000亿元,翻了四番,到2015年更是上一台阶,接近9 000亿元,2017年国防支出超过1万亿元。即使扣除物价因素,从国防费的实际增长情况看,近年来增长也呈加速态势,2001年国防费实际规模约为1985年的

2.26 倍，2006 年约为 1985 年的 4.33 倍，2011 年约为 1985 年的 7.29 倍，2016 年约为 1985 年的 10.65 倍，几乎每五年翻一番①。

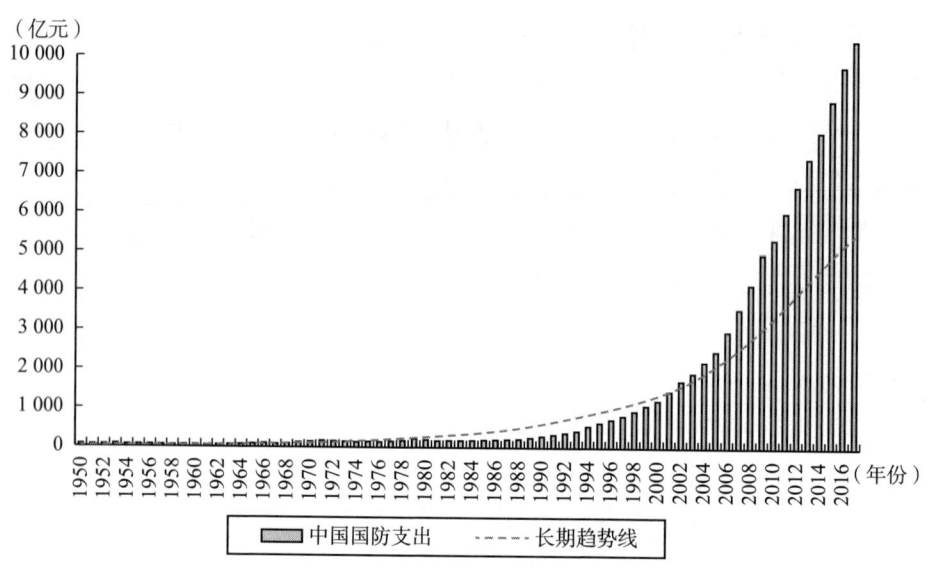

图 1-18　中国国防需求长期波动曲线（1950~2017 年）

资料来源：历年《中国统计年鉴》。

---

① 根据表 4-1 测算。

第二章

基于需求波动的国防预算制度设计理论

一项成功的制度,其内部各项安排必然是相互匹配、相互协调的。着眼国防需求波动特征,科学设计国防预算制度,必须对包括国防投入政策与国防投入机制在内的国防资源配置一揽子政策制度有一个统筹考虑。

第一节 国防投入驱动机制与预算制度适配理论

国防投入驱动机制与国防预算制度相匹配,是指国防投入机制与国防预算制度作为国防资源配置的重要制度安排,应当适应国防供需矛盾变化,建立体现相应矛盾特征的政策制度。在国防资源供给侧矛盾较为突出时,国防投入应当更多的由供给侧驱动,相应的国防预算制度应当突出供应保障要求;在国防资源需求侧矛盾较为突出时,国防投入应当更多的由需求牵引,相应的国防预算制度应当突出结果导向。

一、国防投入驱动机制与预算制度适配的理论依据

制度安排是社会发展的必然结果。一切制度安排必须符合人类社会发展的基本规律。只有符合社会发展规律的制度安排,才具有持续的生命力。国防投入驱动机制必须与国防预算制度相匹配,这是由"国防供需矛盾决定国防资源配置"这一基本规律所决定的。

国防投入是由国防资源的供给与需求两方面因素共同决定的。国防（资源）供给主要是指经济资源供给能力，由经济发展水平、财政收支能力、经济运行状况等经济指标综合决定，国防（资源）需求主要是指国防建设对经济资源的需求，由国家利益需求、军事战略方针、安全威胁情况、军事技术变革等因素共同决定。国防需求与国防供给作为国防经济领域的一对基本矛盾，两者既相互对立，又相互统一，其矛盾状态决定着国防投入的总体规模，以及国防费投向投量形成的国防资源配置格局。

当国防需求一定，经济供给能力相对较弱时，国防资源供需矛盾中资源供给约束作用力将表现得更为明显，国防投入将由供给驱动，国防投入均衡值将向供给方偏移，国防需求规模、国防需求种类以及国防需求的满足方式，都将由国防供给能力决定。从静态的横向角度看，在国际社会各个国家相互对峙的情况下，经济发展实力较弱的国家，国防实力也相对较弱。如果超越自身经济实力搞国防建设，其社会发展则是不可持续的。从动态的纵向角度看，比如奴隶社会的部落战争中，木石是基本的社会生产资料，决定了部落之间的战争只能是"剥林木以战""以玉为兵"。随着人类进步发展，社会生产力极大提高，进入铁器时代，我们的国防投入才能满足刀枪剑戟的武器生产需求。进入现代，世界上第一架飞机诞生以后，国防投入才可能满足战机需求，人类发生了原子核裂变之后，国防投入才可能满足核武器生产需求。显然，从社会历史发展的角度看，只有经济供给能力不断增强，才可能产生新的更高级别的国防需求，国防需求的满足程度才可能不断提升。

当国防需求一定，经济供给能力相对较强时，国防资源供需矛盾中需求一方对供给的抑制作用将体现得较为明显，国防投入将主要由需求牵引，国防投入均衡值将向国防需求一侧偏移，国防投入规模及其投向、投量将更多的体现国防需求侧特征。比如战争末期或紧急状态收尾阶段，国防需求将迅速减少，而快速膨胀起来的国防供给能力，或者紧急状态惯性下的物资经费供应，将不得不闲置或转移，不可能依据经济系统的自身要求而继续发展。

国防资源供需矛盾决定国防投入，但在不同历史条件下，国防资源供需矛盾的表现是不同的，某一时期供给侧的矛盾更为突出，但当历史发展到下一个阶段，需求侧的矛盾可能更为突出。矛盾更为突出的一方将决定国防投入，并相应地决定着国防资源配置格局。适应这一矛盾规律,国防资源配置的相关制度安排必须根据不同历史环境作出相应调整。在供给侧矛盾突出时期,国防资源配置的制度安排必须体现供给侧特征;在需求侧矛盾突出时期,国防资源配置的制度安排应当体现需求侧特征。国防投入驱动机制与国防预算制度是有关国防资源配置的重要制度安排。国防投入驱动机制主要解决国防投入的依据、国防投入的增长速度等问题,国防预算制度主要涉及国防费如何分配等问题。不同矛盾状态下,应当实现不同类型的国防投入驱动机制与国防预算制度相匹配。

二、国防投入供给驱动机制与供应控制型预算制度

(一) 国防投入供给驱动的基本内涵

国防投入虽然是由国防(资源)供给与国防(资源)需求两方面因素共同决定的,但在某一历史阶段,在国防(资源)供给与国防(资源)需求这一对基本矛盾中,供给侧的矛盾更为突出,国防投入主要由国防(资源)供给驱动,经济资源的供给状况决定国防投入的规模与结构,以及国防投入增长方式与增长速度。

(二) 国防投入供给驱动机制的实现形式

国防投入供给驱动机制的实现形式,通常是采取国防投入与重要国民经济指标相"挂钩"的做法。比如通过立法、政策规定、习惯做法等方式,规定国防投入占中央财政收入、中央财政支出、国内生产总值的比重,或者规定国防投入增幅与中央财政收支增幅一致或占其增幅的一定比例。挂钩机制的做法在公共部门经济领域比较普遍。我国的一些重要事业的公共支出就采取了这种做法。比如《中华人民共和国科学技术进步法》第五十九条规定"国家逐步提高科学技术经费投入的总体水平;国家财政用于科学技术经费的增长幅度,应当高于国家财政经常性收入的增长幅度。全社会科学技术研究开发经费应当占国内生产总值适当的比例,并逐步提高"。我国农业、教育文化、医疗卫生、

社保和计划生育等领域的公共投入也都通过相关法律法规或是国家中长期规划和中央政策性文件，将其与财政收支增速或国民生产总值的数量关系进行了明确①。在国防投入领域，日本规定防卫支出不超过 GDP 的 1%，结果造成事实上每年的防卫投入都是或者几乎接近 GDP 的 1%，并随着 GDP 的增长不断加大防卫投入。

（三）国防投入供给驱动对资源配置影响

微观领域，人的需求存在层次性。1943 年美国心理学家亚伯拉罕·马斯洛在《人类激励理论》中指出，人类需求像阶梯一样从低到高按层次分为五种，分别是：生理需求、安全需求、社交需求、尊重需求和自我实现需求，并认为人总是首先满足最低层次，才有可能产生更高层次需求，只有生理需求满足了，才能可能产生安全需求、社交需求等。在国防资源配置领域也存在同样类似的现象规律。在军事人力和武器装备一定的情况下，国防投入必须首先能够保障战斗力基本要素的存在，即军事人力、武器装备和组织体制三方面要素的维持性需求，而且在这三方面需求的保障顺序上，军事人员的生存生活性需求又居于其他两要素之前，之后才能是武器装备的维护保养，最后才能是组织体制的正常运转，在战斗力基本要素的维持性需求得到满足以后还有富余资源的情况下，才能考虑满足发展性需求，比如军事人员的教育训练、武器装备的购置与研发、军事设施建设、体制编制调整改革等。诚然，国防经济实践中，有时会将武器装备或者战备训练放在经费保障的第一位，但这只是在基本的生存生活需求有保证的前提下强调武器装备、战备训练等需求的相对重要性，甚至在预算分配时可以将建设性投入置于首项考虑，但没有只保障发展需求而忽视维持性需求。试想，如果连最基本的生存生活需要都满足不了，何谈战备训练等建设发展。因此，在经济资源供给能力较弱、国防投入规模比较小时，国防资源配置的重心主要在人员生活上，生活维持性支出占国防费较大比重，随着社会经济不断发展、财政实力不断增强、资源供给能力不断提升，国防资源配置重心将逐渐由人员生活领域向武器装备领域、由生活维持性项目向建设发

---

① 《中共中央关于全面深化改革若干重大问题的决定》辅导读本，人民出版社 2013 年版，第 172～173 页。

展性项目偏移，国防投入结构将受军事恩格尔法则支配，人员生活费占国防费的比重将逐渐降低，而装备训练经费比重会逐渐升高。

（四）国防投入供给驱动机制的适用条件

国防投入的供给驱动机制，可以通过实现国防建设速度与国民经济发展速度相匹配，有助于建立与社会经济发展水平相称的国防实力。这一制度安排，在军事战略方针等外生变量一定、国防需求状态既定的条件下，当经济发展水平较低时，有助于平衡各方面公共需求，保证国防领域这一投入重点，保证国防和军队建设持续稳定。但当经济发展速度较快，超过既定状态下国防需求的增长速度，并且在经济供给能力超过既定条件下的国防需求时，会出现供过于求的情况，国防投入超过既定军事战略方针下的国防需求，导致国防投入与国防事业发展不同步的现象。因此，总体而言，国防投入供给驱动机制主要适用于经济发展水平较低的历史时期。

（五）供应控制型国防预算制度框架特点

与国防投入供给驱动机制相匹配的国防预算制度总体上将呈现供应保障特征。

（1）一年一定的资源配置周期。即国防预算周期具有自然年度特征。国防投入由经济资源供给能力驱动，在制度安排上表现为国防投入根据中央财政能力决定，财政收入多少决定了国防投入多寡。由于中央财政收入是按年度实现的，因此国防投入也呈现为每年一定，相应的国防预算周期也呈现出自然年度特征。

（2）以收定支的资源配置方式。即支出多少由收入决定。需求能否得到满足以及需求满足的程度大小主要由当期的国家财政供给能力决定，也就是说，资源供给能力在国防需求满足上具有否决权，并相应地决定了需求满足项目的选择权。

（3）从供给侧到需求侧的资源配置程序。资源的可获得性决定了需求满足的可能性。在这一制度框架下，从国防总预算到国防系统内部分项预算（即国防系统内部各事业部门的部门预算）再到各级军事力量单位预算，都偏重于对经济资源的争夺。总预算层面偏重于向国家财政要钱，与外交、卫生、农业等其他公共部门进行财政资源争夺；国防预算系统内部，比如不同单位、不同部门之间又存在经费预算争夺；各单位、部门在得到资源投入的可靠性保证后，将立足于已获得的经费总量，进行本系统内部上下级之间的经费分配，由于上下级之间资源配置权力的不对等，潜在的资源竞争表现为下级向上级的游说行为。资源就是这样按照从中央财政到国防财政、从上级单位到下级各级各部门的程序进行配置，经费由上至下逐层分块分配确定下来。在整个资源配置过程中，以战场需求为核心内容的国防需求并不是经费投向投量的直接决定依据，仅仅作为资源配置需要参考的重要因素，而起决定性作用的，是以部门利益为核心内容的各个事业部门需求及其对资源争夺的能力，强势部门或者掌握着较多话语权的部门在资源争夺过程中将获得较多的预算经费，相反弱势部门获得的资源可能与其在整个国防需求中的应当地位并不相称。

（4）具有供应保障与支出控制的制度功能。供应保障是这一预算模式首要的制度功能。国防需求具有层次性，分为维持性需求与发展性需求。理论上讲，维持性需求是实现发展性需求的前提和基础，在整个国防需求体系中处于底层。越接近底层，需求越具有单一性，因为生存生活需求目标单一，而越接近顶层，需求越具有多样性，比如不同军种的不同装备发展需求。经济发展水平较低阶段，财政实力较弱，由军事经济领域的恩格尔法则所决定，由供给驱动的国防投入只能保障"基本生理需求"，解决温饱问题，因此这一国防预算模式的制度功能主要是组织经费供应保障，国防预算更像一个经费保障计划和资金供应依据。

随着国民经济实力逐渐增强，国防投入逐渐增多，在满足基本生活等维持性需要后的余额开始投向行政运转、教育训练等维持性需求领域，供应控制型预算的支出控制功能也更加明显。支出控制功能，即通过各种制度安排，约束控制各事业部门的预算经费使用者按照事业任务和指定用途开支经费，防止超范围开支甚至贪污挪用等用于私人目的开支。主要表现，一是在资源配置程序上有严格规定，比如预算编制、审批、调整与下达都有严格的时间节点和统一的要求，预算编报都有一系列统一规范的表格，而且这些表格基本是分部门所掌握的经费逐项列支，这就为预算主管部门及时、全面、清晰地掌握资源配置信息提供了可能。二是在资源配置框架上有严格规定，比如国防预算科目体系就是一种既包括开支项目，也包括保障范围以及开支标准的操作性制度框架。理论上看，这就是经费开支使用的一种契约（Wildavsky，1964），因为预算主管部门根据资源配置框架承诺在一定条件下提供国防资金，而各事业部门也承诺按照预先规定的方式和目的来使用国防资金。这实际上就控制了国防资金的投向投量以及具体的使用范围。三是在资源配置范围上有严格规定。比如预算编制过程中提出的综合预算（或者全口径预算）要求，就是要将包括预算外经费等不同来源经费全部纳入预算管理，从而实现统筹国防财力资源的目的。

三、国防投入需求牵引机制与结果导向型预算制度

（一）国防投入需求牵引的基本内涵

在某一条件下，国防供给与国防需求这一对基本矛盾中，供给侧的矛盾相对缓和，需求侧矛盾显著上升，成为影响国防供求的主要矛盾，国防投入将主要由国防需求牵引，国防需求状况决定了国防投入的规模与结构，以及国防投入增长方式与增长速度。

（二）国防投入需求牵引机制的实现形式

国防投入需求牵引机制的实现形式，通常是将国防投入与国家安全、军事战略、发展规划等军事计划指标相"衔接"的做法。比如美军的 PPBS 及其后来改革推行的 PPBES（即在改进 PPBS 的基础上增加了执行评估环节），再比如俄军实行的目标纲要规划法、英军实行的资源会计预算制度等。这一系列制度的根本要求是运用系统工程原理，按照"国防需求—军事战略—能力需求—计划项目—资源配置—经费投入"的内在逻辑，以计划项目为纽带，将各种国防需求与经费投入紧密衔接起来，各阶段的运作过程相对独立，分工明确，相互制衡。

（三）国防投入需求牵引对资源配置影响

不同的国家利益诉求、不同的军事战略方针、不同的安全威胁形态决定了

不同的军事能力建设目标,从而决定着不同的国防建设需求项目;不同的军事技术形态与国防存量资源结构状态决定了军事能力建设需求的实现路径,从而决定不同的国防需求增长方式。以需求为牵引的国防投入,在总量上将形成与国防需求相称的投入规模,在结构上将按照不同的建设项目配置财力资源,在增长方式上将形成与军事能力生成路径相匹配的资源投入模式。

  这里需要说明的是,国防需求牵引国防投入进而产生优化资源配置的作用效力存在一个上限。这是因为,根据内涵界定,国防需求包括国防建设需要与资源配置可能两个方面,但无论哪一方面都是有限的。一方面,国防建设需要不是无限的,而是有限的。理论上看,需要似乎都是无限的。但国防建设属于社会现象,国防建设需要虽然具有"需要"这一概念的自然属性,但理论范畴仍然属于社会学范畴。任一历史时期,国防建设需要都不是无限的,因为存在一个国防建设资源吸纳能力的问题,即资源一经投入,不可能马上产生战斗力,这就如同人吃进食物以后还要经过一个消化过程才能产生能量一样,这是国防投入必须遵循的一个客观规律。因此,从这个角度讲,国防投入转化为战斗力要素资源进而提升战斗力不是一个突变过程,而是一个渐进过程①。这就表明,国防和军队建设即使是快速发展,对资源的吸纳也存在一个上限,如果投入的国防资源过多,国防费结构升级来不及消化吸收所有投入的资源,势必产生资源冗余,从而造成资源浪费。因此,国防建设需要首先存在一个上限。另一方面,资源配置的可能也存在预算约束。如果把政府作为一个理性决策者,在根据各种公共需要配置资源时,必须面对财政预算约束做出理性选择。这里就存在一个偏好对比的问题,即要实现包括国防投入在内的各种公共投入边际效用对等。虽然在不同历史阶段,国防安全偏好可能是存在差异的,相应的国防投入会有差别,但无论如何配置资源,国防投入都不可能突破财政预算约束。因此,国防需求有一个上限,对国防投入的牵引力也存在一个上限,对优化国防资源配置的作用也仅限于这一范围。

---

  ① 国防投入渐进式生成战斗力的观点与国防和军队建设跨越发展的观点并不矛盾。在既定的战斗力生成模式下,国防投入的结构与时序安排必须符合战斗力生成规律。跨越式发展意味着战斗力生成模式的转换。在新的战斗力生成模式下,国防投入依然要遵循战斗力生成规律,不可能超越。

(四) 国防投入需求牵引机制的适用条件

需求牵引国防投入机制能够正常运行，其前提条件是经济资源的供给能力能够保证既定军事战略方针下的国防需求的实现。简言之，就是社会经济发展水平较高，国民经济实力较强。如果资源供给能力较低，国防投入连维持性需求都难以满足，更别说发展性需求，以需求牵引投入、以发展性需求牵引国防资源配置是缺乏前提条件的。在经济资源供给能力较强时，国防需求将牵引国防资源朝着既定的军事能力生成领域配置，按照既定的战斗力生成模式产出战斗力和国家安全。当经济资源供给能力超过国防建设对资源吸纳能力的上限时，国防建设的可获得资源有充分保障，国防需求不仅可以牵引国防投入朝着战斗力要素生长点配置，甚至可以依据国家利益拓展，调整军事战略方针，制定更高级别的国家安全目标，生成更高维度的国防需求，并根据高维度国防需求加大国防投入，提高国防费增长速度，实现军事实力的跨越式发展。

(五) 结果导向型国防预算制度框架特点

与国防投入需求牵引机制相匹配的国防预算制度，总体上将呈现目标结果导向性特征。

1. 从需求侧到供给侧的资源配置程序

与供应控制型国防预算从供给到需求、自上而下的资源配置程序方向完全相反，结果导向型国防预算是以需求为起点，从部门建设任务需求到单位需求，从下级单位到上级单位，从分领域分系统需求到总需求，从资源需求细支末端到资源需求顶端，自下而上、逐级汇总，最终形成国防需求，以国防需求向中央财政申请国防预算。

2. 目标政策导向

供应控制型国防预算的制度框架中，预算决策者关心的是财力资源配置到哪些部门、投入与产出对比的可能结果是什么，而各级预算部门关心的则是分配获得的资源有多少。结果导向型国防预算则不同，各级预算部门首先考虑的是与国家安全和战斗力生成目标紧密相关的国防需求，以及这一需求是否必要、是否重要；预算决策者关心的是国防预算结果，即一定数量的国防投入实现了什么样的结果。当然这一结果不是钱投入哪个部门了，而是配置到哪些项目上去了，即使有些项目投入产出比较高，但如果与国家安全和战斗力缺乏直接相关性，也不能投入相应资源。

3. 计划项目竞争

国防投入需求牵引机制的核心，是将计划项目作为衔接国防需求与国防投入的纽带。因此，结果导向型国防预算制度能否成功实施的关键，在于能否围绕计划项目配置资源。这一制度框架下，与国家安全和战斗力生成紧密相关的建设项目通过单位或部门项目库的形式汇集起来，通过成本收益等方法进行对比分析，从中选择最佳方案并为之提供财力保障。因此，结果导向型国防预算中的竞争，是同类计划项目的竞争。这一点与供应控制型国防预算存在本质差别。在供应控制型国防预算中，竞争是基于部门利益的各个事业部门，竞争发生在国防部门与非国防公共部门之间、国防系统内部不同领域之间、不同单位之间、不同事业部门之间。

4. 跨领域跨部门的资源配置

供应控制型国防预算是在总量约束的前提下依据行政组织体系对经费投入进行切分，所分得的财力资源当然配置到所属部门。各个事业部门成为基本预算单元。结果导向型国防预算在配置经费资源时，则跨越了行政组织，以计划项目为纽带将所涉及的不同系统不同单位不同部门联合在一起，按照"需求目标—总项目—分项目"的方式将经费预算逐级细化分配下去，再落实到不同单位、不同部门。最后的结果可能是一个项目一个部门，也可能是一个项目多个部门。

5. 宏观调控功能

随着国家经济实力的增强，国防系统将有可能获得更多的资源投入。当经济发展到这一阶段，用于生活、办公等的维持性需求已经得到基本满足，接近需求顶端的发展性国防需求的满足问题被提上了议事日程。然而，发展性国防需求是如此丰富，建设项目如此之多，面对预算约束不可能都得到资金支持和需求满足。不同项目之间如何取舍将成为国防预算安排的关键。由于选择何种项目纳入预算以及在项目上的财力资源配置水平，决定了国家安全生产与战斗力生成目标及其成长路径。因此，结果导向型国防预算承担着将财力资源向核心军事能力、向战斗力生长点集聚的宏观调控功能。当然，结果导向型国防预算宏观调控功能的发挥，其前提是保障维持性需求，因此结果导向型国防预算仍然具有供应保障功能。从这个意义上讲，结果导向型国防预算的制度功能更加丰富，制度的实施成本也相对更高。

第二节 国防投入不连续区间适度增长理论

由于国防需求的波动性特征，需求牵引机制框架下的国防投入不可能是一条直线。在国家利益拓展、军事战略方针作出重大调整的历史阶段，国防需求将由低维度上升到高维度，研究这一特殊历史阶段国防投入增长变动路径，不仅有助于实现更高维度的国防需求，也有助于明确这一时期的国防投入政策，同时也能够为国防投入相关制度安排提供目标指南。

一、经典理论比较：比例论与区间论

国防投入本质是非生产性的。在财政预算约束下，国防投入过多不利于经济建设，过少又不利于国家安全，国防投入规模的大小确实存在一个"度"。从研究情况看，当代理论以国防投入的非生产性特征为逻辑起点，分两条主线展开：一条以非生产性为假设前提，提出了国防投入适度规模问题；另一条质疑国防投入的非生产性，研究国防投入与经济增长问题，并以贝努瓦（Benoit，1978）的经典文献为标志，激起了学界的广泛兴趣与长期关注，成果丰硕。然而，经济增长问题的过度关注影响了规模问题，后者甚至被学界忽视了（G. d'Agostino，Dunne and Pieroni，2011），成果寥寥。由此形成两个研究方向的不对称发展，不免令人遗憾。

关于国防投入适度规模的理论观点，目前比较有影响的主要有两种：一种是比例论。即认为国防投入适度规模是一个具体的数值。乔恩·李（Jones-Lee，1990）通过建立愿意支付决定模型、史密斯（Smith，1996）通过新古典模型给出了国防投入适度规模的理论解；罗叔勋（1992）、夏济人（2000）、

刘洋（2004）、陈炳福（2006）等通过国际比较指出，国防投入适度规模是占GDP的某一固定比重。比例论是关于国防投入适度规模较早期的一种理论认识。因其结论简洁、通俗易懂，便于指导实践，因此影响范围最广，认可度也较高。

另一种是区间论。万东铖（1998）研究认为，适度规模不是一个点，而是一个上限不超过经济能力、下限不影响国家安全的变动区间；从长期来看，这一变动区间会形成一个"带状通道"，国防投入规模就是在这样一个"带状通道"里上下波动。显然，区间论通过加入时间因素，将比例论的静态分析拓展到动态分析，通过将适度规模置入一个有着上下限的区间范围，无疑提高了结论的科学性，逐渐被理论界所接受，并触发了国防支出经济承受力研究（黄瑞新，2003；杜为公，2004；王朝才和刘尚希，2007；付义清，2012）及安全警戒线与国防费需求研究（万东铖，2002；邱一鸣，2008；孙兆斌，2008）。此后关于国防投入规模的研究，基本是以区间论为指导逐步展开。比如毛飞（2008）的因素分解法、孙兆斌（2012）的主成分分析法；卢周来（2006）引入的新古典模型、闫仲勇（2008）的部分调整模型、林晖（2008）的经济与国防协调发展模型、陈晓静（2009）的系统动力模型、黄瑞新（2014）的供求决定模型等，其结论无不处于一种区间范围。

比例论和区间论之所以有着较大影响，主要原因是这种理论具有研究框架的限定性与研究方法的指导性。但比例论只能将研究对象限定于国防投入规模变化本身，即使考察了经济状况与军事安全等国际国内多种因素，研究框架也无力支持国防投入及其影响因素的函数关系；区间论的重要意义在于适应了将国防投入及其影响因素作为一个系统研究对象的科学拓展。因此，沿着这一思路创新国防投入适度规模理论，具有重要的方法论意义。

二、国防投入适度规模的数理化表达

从纯数理的角度看，比例论的结论是一常数，如式（2.1）所示；因任一时间点上都是一个数值，因此图形上看就是一条直线 C，如图 2-1 所示。区间论认为该值将在一个范围内波动，在不同时间点上有一个对应的数值，如式（2.2）所示；在一个时间段内将不同的数值连接在一起，就形成了一条曲线，该曲线 C′在曲线 C_{01} 与曲线 C_{02} 之间波动，如图 2-2 所示。虽然比例论与区间论在数理表达上形式各异，但从经济学本质上讲都具有同一性：即国防投入适度规模是包括军事的、经济的等多方面因素综合作用的结果，属于一种均衡状态，无论是 GDP 某一比例，还是某种区间，都是国防费运动在内外系统相对稳定情况下对该状态的一种货币表达。也就是说，从现象形态上讲，直线 C 和曲线 C′都是均衡状态在以时间轴为平面上的映射。

$$S = f(x) = c,\ 且\ f'(x) = 0 \tag{2.1}$$

$$S' = f(x') = f(t),\ f(t) \in (c_1, c_2),\ 或\ f(t) \in (p(t), p(t) + q(t))$$

$$且\ f'(t) \neq 0、p'(t) \neq 0、q'(t) \neq 0，q(t)\ 收敛$$

其中，$c_1 = p(t)$ 代表曲线 C_{01}，$c_2 = p(t) + q(t)$ 代表曲线 C_{02} (2.2)

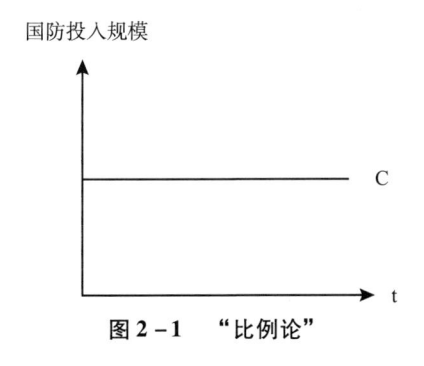

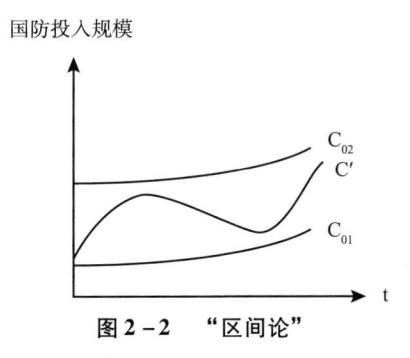

图 2-1 "比例论"

图 2-2 "区间论"

三、不连续区间适度增长的理论要点

区间论虽然相较比例论有重大突破，但仍然存在一些问题。区间论暗含着一个假设前提,即国防投入规模是线性的,其多维影响因素变化是连续可微的,比如国家利益需求、军事战略、安全威胁、军事技术变革、经济发展状况与社会经济制度等因素如果描述在平面上将是一条连续无间断的曲线。但事实上,社会发展与制度变迁是"不连续的"(吴俊培、毛飞,2005;毛飞,2008)。也就是说,社会发展与制度变迁不是自然而然的,在某一段历史时期,在各种因素的综合作用下,制度变迁存在路径依赖,制度演化有规律可循,或者简单地说,制度变迁可以预期;但当出现某些特殊因素时,制度变迁路径将不再连续,前后时期的制度安排没有继起性。事实上,国防和军队建设也存在跨越式发展。从国家利益需求来看,"二战"前后,世界主要发达国家国家利益从陆路向海路、从近海向深海、从天空到太空、由地理空间发展到网络空间,国家利益有着本质变化;从军事战略上看,美国从遏制战略到大规模报复战略,从灵活反应战略到现实威慑战略,从新灵活反应战略到战区防务战略,从灵活与选择参与战略到营造、反应和准备战略[①],战略函数均表现为不连续性;从安全威胁来看,从陆海空三维实物空间到电磁、信息、网络等多维虚拟空间威胁,从地质灾害、流行病疫到恐怖主义威胁,威胁形态发生着深刻变化。从军事技术来看,从核武器到生化武器,从信息化武器到智能武器,军事技术出现了突破性的创新发展。因此,国防投入规模决定因素并不完全是连续可微的,相应的国防投入适度规模的区间应当是间断的。

社会发展与制度变迁是不连续的,这一论断表明,国防投入规模决定因素并不完全是连续可微的,相应的国防投入适度规模的区间应当是间断的,如式(2.3)所示。在某一个时期表现为不连续的若干条曲线。如图2-3所示,该曲线 C'' 在曲线 C_{11} ~ 曲线 C_{12}、曲线 C_{21} ~ 曲线 C_{22}、曲线 C_{31} ~ 曲线 C_{32} 之间波动。

$$S'' = f(x_1, x_2, \cdots, x_i, \cdots, x_n, t)$$
$$= \begin{cases} f(x_{11}, x_{21}, \cdots, x_{i1}, \cdots, x_{n1}, t_1) \in (c_{11}, c_{21}), x_{i1} \in (y_{i1}, y'_{i1}) \\ f(x_{1j}, x_{2j}, \cdots, x_{ij}, \cdots, x_{nj}, t_j) \in (c_{1j}, c_{2j}), x_{ij} \in (y_{ij}, y'_{ij}) \\ \cdots \end{cases} \quad (2.3)$$

[①] 刘洋:《军事战略与军费管理》,国防大学出版社2004年版,第103~105页。

综上所述，国防投入适度规模不连续区间理论要点有三：其一，国防投入适度规模是一种均衡状态，是包括军事需求与资源供给等多维因素共同作用的结果。其二，国防投入适度规模是一个区间范围，而不是一个点。其三，国防投入适度规模是不连续的。即在不同时期，国防投入适度规模的变动区间是不同的，而且不同时期之间，变动区间的上下限并不连续，存在"数据跳跃"。

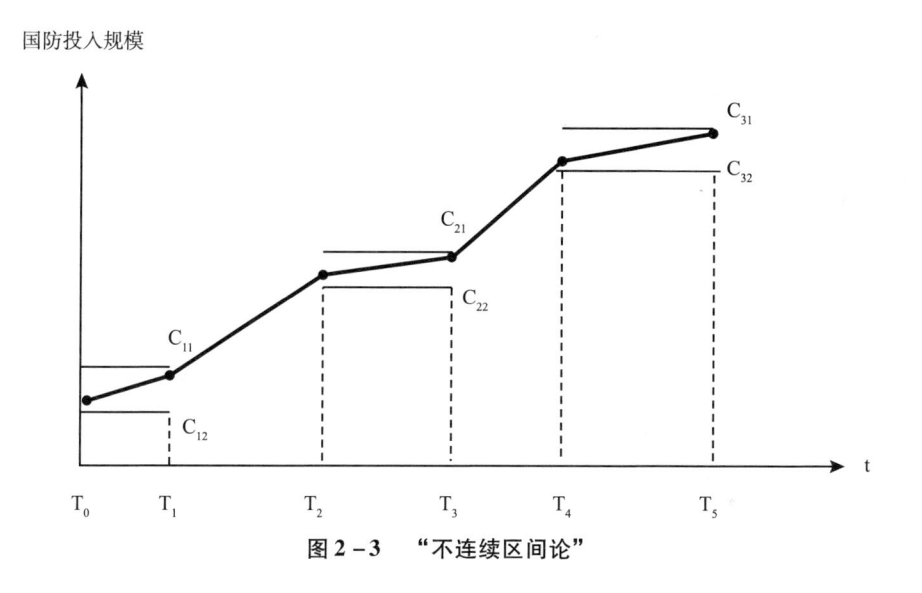

图 2-3 "不连续区间论"

四、国防投入增长呈现"之"字形路径

在区间理论中，国防投入适度规模的增长路径只是位于带状通道——$C_{01} \sim C_{02}$ 之间的一条曲线，如图 2-2 所示。图 2-3 表明，由于技术、制度环境发生深刻变化，在不同历史发展阶段下的国防投入适度规模是不同的：$T_0 \sim T_1$ 阶段是 $C_{11} \sim C_{12}$ 之间的一条整体斜率向上的波动曲线，$T_1 \sim T_2$ 阶段是斜率向上且较为陡峭的增长曲线，$T_2 \sim T_3$ 阶段进入 $C_{21} \sim C_{22}$ 通道后斜率变缓，出通道后的 $T_3 \sim T_4$ 阶段斜率又变得较为陡峭，$T_4 \sim T_5$ 阶段进入 $C_{31} \sim C_{32}$ 通道后增长曲线整体斜率又趋缓。因此，从长期来看，国防投入适度规模的增长路径呈现为一条"之"字形曲线，如图 2-3 中粗线所示。

具体而言，在斜率较小的 $T_0 \sim T_1$ 阶段，国防投入虽因经济、军事等供求因素影响而微调增长，曲线有可能波动，但由于处在带状通道，规模是适度的。出带状通道，进入 $T_1 \sim T_2$ 阶段，在这一阶段曲线上的任一点，国防投入规模相比前后两个阶段都是不适度的：由于军事战略方针调整等，军事需求因素发生突变，比如安全威胁形态由低维变为高维，要求国防投入规模有一个大的增幅，国防投入增长曲线斜率陡然增大，因此此时的国防投入规模相比 $T_0 \sim T_1$ 阶段偏大；但受经济发展水平的制约，国防投入增幅还不可能一次性到位，因此相比 $T_2 \sim T_3$ 阶段又偏小。$T_1 \sim T_2$ 阶段的时间长短和国防投入增长斜率的陡峭程度与国防建设对资源的吸纳能力，以及军事需求与经济实力等多方面因素有关。国防需求设定的情况下，经济实力与国防建设对资源的吸纳能力越强，曲线斜率越陡峭，国防投入增长越快，$T_1 \sim T_2$ 阶段经历的时间越短；国防需求越高，在经济实力与国防资源吸纳能力一定的情况下，国防投入规模进入一个新的适度水平经历的时间越长。当国防投入规模不断增长，国防投入达到一个较高水平时，国防投入增长曲线进入 $C_{21} \sim C_{22}$ 通道。此时，国防投入不用再保持较高增长水平，将在既定的历史发展阶段下，根据既定的军事战略方针同时适应经济社会发展，对国防投入规模进行微调，保持一个较高的适度水平。

第三节 基于需求波动的国防预算制度设计要点

基于需求波动设计国防预算制度，其核心要义是适应需求并且管理需求。适应需求，就是适应需求的周期性波动特征，实现国防投入持续的动态化管理；管理需求，不仅要真实、准确、全面地反映和获得需求波动信息，而且应当适应国防需求由低维度向高维度的成长规律，着眼国防投入的增长路径，将国防资源配置纳入一个中长期框架，实现规划管理。基于需求波动的国防预算制度设计，国防需求管理是核心，投入滚动规划是关键，预算跨期平衡是保障。

一、实行需求宏观管理，嵌入政策决策属性

在经济发展水平较低，国防投入主要由供给驱动的制度框架下，预算管理权能主要是提升使用效率，预算管理目标局限在微观层面的供应保障和支出控制。在经济发展水平较高，财政能力较强，国防费规模有了较大增长，国防投入主要在由需求牵引的制度框架下，预算管理权能将由微观领域的供应和控制，向着宏观调控领域拓展延伸。换言之，供应保障和支出控制仍然是其预算管理权能，只不过在预算管理权能能级中处于基础性地位。

如果仅仅从调控对象上看，预算管理宏观调控调的是财力资源，主要依据政策目标、事业任务调控国防费规模及其投向投量。表面上看，宏观调控属于资金流依附决策流的货币量调节。然而，从本质上讲，政策任务与预算调控是同一问题的两个不同方面。从经济学的角度看，前者属于需求方，后者属于供给方。两者只有同向而行，才能发挥作用。事实上，两者没有泾渭分明的界限，不可能截然分开。因为，为了更好地实现政策目标完成事业任务，预算调控必须能够参与和影响决策过程，否则很可能导致一方面在制定政策目标与计划任务时，由于不受资源条件的约束，实践中政策目标很难实现、事业任务难以执行，另一方面预算的执行结果会与任务目标脱节，难以完成受托责任。因此，为了更好地实现任务目标，预算必须能够参与和影响决策过程。预算整合决策制定和资源分配的职能更多地体现了预算的"政策属性"[1]。

公共预算领域有一个经典问题，即在什么基础上作出这样一个决定将某一数量的资金配置给活动 A 而不是活动 B？这在理论界被称为"科依（Key）问题"[2]，表明预算一头连接着决策制定，另一头连接着分配资源，预算就是这二者的统筹协调者。现代预算理论以此为出发点，将预算视为一种政府唯一重要的政策文件（UNECA，2005）[3]、政策工具（Thurmaier, Kurt and James Gos-

---

[1] 瓦尔达夫斯基：《预算过程中的新政治学》，上海财经大学出版社2006年版，第2~5页。
[2] Key, O. The lack of budegetary theory. *American Political Science Review*, 1940, 34 (12).
[3] UNECA (the United Nations Economic Commission for Africa), Committee on Human Development and CIvil Society. Participation and Partnerships for Improving Development and Governance in Africa. Issues paper E/ECA/CHDCS. 3/2. Addis Ababa, Ethiopia. http：//www. uneca. org/chdcs/chdcs3/Issues_Paper. pdf.

ling, 1997），以及现代社会"最基本、最频繁和最正式的治理程序"（Donald P. Moynihan, 2007）①，要求预算以公共政策为导向，通过实施公共资源配置致力促进政府的经济和社会目标。这一理论成为现代预算制度设计的基本出发点。国防预算管理本质上也是一个"科依（Key）问题"，国防预算的宏观调控也应当嵌入政策属性与决策功能。

如果说仅仅赋予了供应控制权能的传统预算管理属于控制取向，那么嵌入政策属性的宏观调控权能下的预算管理则属于目标结果取向。因为前者只是在任务目标既定的前提下，保证经费开支使用的合规性，而后者则兼顾任务目标本身的合理性，突出经费配置与使用的绩效性。

二、着眼需求管理目标，提升配置使用效率

总体而言，国防预算管理的目标，应当是实现财力资源对国防需求的满足，从严格的经济学定义来讲，就是实现配置效率。然而，国防需求是有层次的，分为总量需求与分量需求。总量需求，即国防和军队建设总需求；分量需求，即国防和军队内部各级各部门各系统各领域对财力资源的需求。因此，预算管理的目标可以细化为总量需求的满足与分量需求的满足。其中，前者是对预算总收入与总支出的控制，即总量约束；后者是基于战略目标在总量约束下对经费在不同部门之间的分配，这里将其称作配置效率。在国防费经济学中，总量需求被称作国防费规模，分量需求被称作国防费结构，或者国防费投向投量。因此，总量约束与配置效率的预算管理的目标又可以称作国防预算规模的适度和国防预算结构的优化。

配置效率与使用效率又是同一个问题相互联系的两个不同方面。理论上看，假定按照各部门需求编制了预算，但各级各部门在经费使用过程中出现了资源浪费和经费使用效率低下等问题，从而形成了新的经费投入缺口并追加经费预算，实际上资源配置效率是没有实现的；同样，如果各部门存在资源浪费与经费使用效率低下的问题，并根据这一既定事实将需求信息提供给预算编制

---

① Donald P. Moynihan. Citizen Participation in Budgeting: Prospects for Developing Countries. Anwar Shah, Participatory Budgeting. The World Bank. Washington, D. C., 2007: 21.

方，编制的预算事实上也无法实现配置效率。因此，预算管理的目标还必须延伸到经费使用效率，关注组织管理、经费运行、资金监管等方面内容。

国防预算管理的三个目标，要求国防预算规则与程序的设计在宏观层面上能实现国防投入与支出的总额控制；在中观层面能保证财力资源按照各个部门需求进行分配；在微观层面能通过预算执行影响并提升经费使用效率。

三、适应需求成长规律，实行多期投入规划

国防需求与国防供给虽然都是社会制度范畴，但后者与经济社会发展联系更为紧密，国防供给的年度性特征更为明显，而国防需求往往与国家安全、军事战略、军事实力的成长联系更为紧密，国防需求往往不呈现年度间隔性。因此，从制度层面看，需求牵引的国防投入应当突破年度性框架。从理论上讲，年度性筹划国防投入是一种局部最优决策，多年度期间筹划国防投入相比一年筹划是一种全局最优决策。如果国防需求是一条直线，局部最优决策等价于全局最优决策。然而我们的研究表明，国防需求是具有周期性波动特征的。年度性决策所带来的政策不稳定性不利于建立稳定的投入预期，也不利于实现资源的长期优化配置。局部最优决策远不如全局最优决策。一方面，实行国防投入的多期规划，就是要求将对国防投入的宏观调控放在一个跨自然年度的长期性远景框架中，立足当前、着眼长远，关注较长时期的军事战略方针调整、国防和军队政策变动以及宏观经济条件改变对国防需求以及国防投入的影响。另一方面，在经济发展水平较高，国防供给矛盾趋于缓和，国防需求矛盾上升的情况下，国防需求由低维度向高维度跃迁将要求国防投入实现连续增长，并且向上增长斜率增大，国防投入规划不仅要对国防投入增长的时期有一个理性选择，还必须对增长范围区间有一个限额控制，不仅要对国防投入的重点领域重点方向有一个判断选择，还必须对投入的先后顺序有一个规划设计。国防投入多期规划，就调整的对象而言，主要涉及以下三个方面。

（一）国防投入规模调控规划

一方面，要科学规划中长期国防费投入规模。主要是在国家层面上协调国

防费总量供需矛盾，实现国防和军队建设规模和速度与国民经济发展相适应。另一方面，是调控国防费在国防系统内部各个事业部门的支出总额，主要是以国防和军队建设需求为导向，同时考虑资源供给约束，在控制总量支出的前提下合理设定各个事业部门支出限额。从理论上讲，只要是公共部门都存在预算最大化倾向（Niskanen，1968）；加之公共资金属于公共资源，各个预算申请者都存在这样一个预期：如果本部门不从中要求更多的预算拨款，其他部门就可能获得比自己多的拨款份额。因此，无论是就整个公共部门而言，还是就该公共部门内部的各级组织而言，都存在支出冲动，都希望从公共资金中获得尽可能多的资源，得到比实际需求多的预算拨款。如果不对支出额进行限制，不形成强有力的预算约束，就会产生"公共悲剧①"（Hardin，1968）。国防部门和军队各级事业部门本质上也属于公共部门，也有预算极大化倾向与支出冲动。国防预算的相关制度设计必须考虑加强支出限额控制，包括预算支出总额与各级事业部门支出限额，才能有效避免公共悲剧的发生。

（二）国防投入结构调整规划

信息化战争条件下，装备建设水平是战斗力水平的重要决定性因素。装备建设投入多少、如何投入决定了军队建设的发展方向。理论上讲，当前调整优化国防费投向投量，就是要着眼未来信息化战争，按照"能打仗、打胜仗"的要求聚合资源、统筹分配，该给的钱给足，不该花的钱一分不花，突出制胜力量和优势领域建设，减少控制落后淘汰装备对资源的虚耗。然而，从现实看，尽管打赢信息化战争搞好军事能力建设的指向性很强，但国防和军队建设需求本身具有多样性、层次性、复杂性等特征，按照部门需求将资源一次性配置到位在技术手段上有较大难度。比较务实的做法，是依据国家安全和军事战略目标与现实情况变化，将资源从国家安全生产和战斗力产出效率低的项目逐渐转移到效率高的项目来，即通过渐进的不断调整来优化国防费支出结构，实现资源配置效率持续升级。从现实情况看，目前国防资源供需矛盾表现在一些

---

① 公共悲剧在公共预算领域主要是描述这样一种现象，即各利益方对资源配置的偏好远高于自身所承担的成本，这就容易造成公共支出远超社会最优水平。针对这一现象，如果对预算支出总水平不加以控制的话，就会造成巨额赤字，从而使财政面临重大风险，经济发展变得难以持续和稳定。具体参见桑贾伊·普拉丹：《公共支出分析的基本方法》，中国财政经济出版社2000年版，第172页。

该投入的领域投入过少、一些不该投入或者应该少投入的领域投入过多。只要能够准确判断资源配置余缺,通过渐进式调整实现配置效率是可行的。但目前认识上存在一种误区,似乎对国家安全生产和战斗力生成的关键领域加快加大投入,就能够快速生成并提升国家安全和作战能力。理论上讲,国防费结构升级进而国防实力增长不是一个突变过程,而是一个渐进过程,国防费结构的快速升级所能吸纳的资源量存在一个上限,如果投入的国防费过多,国防费结构升级来不及消化吸收所有投入的资源,将会造成资源冗余,在国防经济领域沉淀下来,从而造成资源浪费。现实中一些重点领域、重大项目因为投入得过多,不仅没有达到预期效果甚至还造成了大量资金沉淀,就是一个明证。

(三) 国防投入进度调节规划

调节国防投入进度,就是把握国家安全生产和战斗力生成规律,适应国防和军队建设节奏,调控经费投入的先后次序。一定时期内,国防和军队建设的经济资源是有限的,而国防军事领域各项建设需要解决的问题是多样的。预算管理发挥宏观调控作用,就是要根据财力可能,认真分析、综合论证国防和军队内部各级部门建设需求,确定轻重缓急、主次先后,优先保障重点,把有限的资源用在刀刃上,用在关系到国防和军队建设全局的事业任务上,确保国防和军队建设目标的顺利实现。

四、立足国防需求波动,加强连续动态管理

国防需求是波动的,国防预算管理必须是灵活的,因此国防预算制度框架、运行机制以及措施办法的制定设计上必须积极适应国防需求变化,使之具有连续性和动态性。

连续性,就是要求国防预算管理的宏观调控权能,着眼现代战争形态下国防需求的继起性、作战单元形成战斗力的耦合性等规律特征,将财力资源的分配与使用放在一个基于国家安全和军事战略目标的有优先排序、保证前后衔接、能够统筹资源的规划计划中,加强各个周期预算安排的联系。

动态性,就是要在坚持规划计划安排的基础上突出一定的灵活性,根据未

来国防政策和经济环境的可能变化，在一个长期性的资源配置框架中，实现预算安排的滚动式发展和预算投入与预算支出的动态平衡。

事实上，动态连续性管理还要求国防预算制度能够适时动态反映需求保障信息。供给驱动国防投入下的预算管理模式，强调以收定支、当期平衡，取得收入是关键、平衡很重要。当期收支余缺情况对于编制下一周期预算有着重要影响。需求牵引国防投入的预算管理模式强调需求因素，关注需求的内容性质与规模结构、经费投入数量与保障程度，以及经费支出绩效等内容，当期需求保障情况将成为下一期编制预算、确定资源配置的根本依据。因此，国防预算制度不仅是实施需求保障的基本框架，也应当是能够提供需求保障充分信息的制度工具。比如在设计国防预算科目体系时，就应当提供资源配置在国防安全生产体系、军事系统、战斗单元和作战要素上的详细情况，清晰反映经费用途，为国家安全生产和作战能力生成效果提供评估核算的基本依据。

五、持续稳定需求增长，实现预算跨期平衡

对国防部门的财政拨款，除考虑国防需求这一重要因素以外，还取决于国民经济状况、国家财政实力和其他公共部门需求及预算拨款状况。因此，理论上讲，国防财政拨款数额多少并不完全等价于国防需求大小。由于经济增长是波动式的，国防需求本身也是波动的，两者同频共振的情况比较少见，因此国防拨款有可能低于国防需求，也有可能多于国防需求。在供给驱动下的国防投入机制框架中，国民经济状况及其资源供给能力决定了国防需求的满足程度，也就是说国防拨款决定了国防投入。在这种情况下建设的国防是与经济发展水平相适应的国防，而非与国家安全需求水平相适应的国防。现代信息化战争中，基于信息系统的体系作战大系统其各个子系统之间相互耦合、需求目标有机一体，一个领域、一个系统、一个部门的国防需求目标是被其他系统部门需求目标所共同决定的。换言之，部门需求具有整体需求特征，需求刚性特点明显，国防投入既定规模下的结构性调整空间也将随着信息化建设的不断深入而日趋缩小。因此，在国防需求由低维度向高维度跃迁阶段，在国防建设不进则退、需求满足的关键时期，通过供给侧来驱动国防投入可能会失去宝贵的战略

机遇期，以需求牵引国防投入、建立预算跨期平衡机制以保证国防投入的持续稳定显得尤为重要。实现预算跨期平衡，就是当期的国防投入主要由国防需求决定，而不是由国防财政拨款决定，国防预算收支不是当期平衡，而是在一个较为远期的框架中实现国防支出与国防拨款平衡。建立预算跨期平衡的根本目的，是为国防投入的预算约束"减负松绑"，给国防投入更多的财政空间考虑国防需求的满足，为国防投入的中长期规划提供制度保障。

第三章

中国国防预算制度基本特征及其历史适应性

经过持续多年深入的改革发展,我国国防预算制度不断健全完善。总体而言,我国国防预算制度是适应供给驱动国防投入增长机制的一种财力资源配置框架,在经济发展水平不高、财政实力较弱的制度环境下具有较强适应性,并在这一历史时期为国防和军队建设事业统筹配置财力资源提供了坚强的制度支撑。

第一节 我国国防预算制度的历史变迁[*]

改革完善国防预算制度历来是我国国防经济制度建设的核心。早在1931年,中华苏维埃共和国临时中央政府在财政暂行条例中就明确提出建立预算制度,据此中央军委还颁布了一系列关于预算管理的具体规定[①]。新中国成立以后,随着国家经济建设逐渐步入正轨以及财政预算制度确立与完善,我国国防预算制度经历了由分散到统一、由单项到综合、由粗放到规范的发展演变过程,为不同时期国防和军队建设发挥了重要的保障作用。

---

[*] 本节资料来源于姜鲁鸣:《中国国防预算制度的创新》,经济科学出版社2004年版,第135~144页;孙志强:《中国军事财政发展战略研究》,解放军出版社2000年版,第166~168页;《中国人民解放军财务简史》,中国财政经济出版社1991年版。

[①] 《中国人民解放军财务简史》,中国财政经济出版社1991年版,第76页。

一、新中国成立初期：国防预算制度的初步规范

新中国成立以后，国防财政管理体制逐步由分散走向统一，初步建立起了统一规范的国防预算制度。最初实行的是"定额控制、逐项审批、分期拨款、实报实销"的单项预算管理制度，中央人民政府政务院是批准国防费开支的最高领导机关①。1952 年，原总后勤部财务部遵照中央军委指示，按照供应实力和经费标准以及作战建设所需经费，汇总编制形成了第一个全军统一、完整、具有正式预算性质的年度经费总预算，经中央军委批准，报中共中央审批后，按照批准的总额开支，当年结余上缴国库。1954 年起，开始实行预算包干制，即由中央财政每年确定军费指标，列入中央预算，包干给中央军委统一掌握，统筹安排全军预算开支，由原总后勤部组织实施经费保障，年终如有结余，不再上缴国库，超支不补，由军队自行解决。遇有国家政策的重大调整变化或突发事件，在影响国防预算执行时，可由原总后勤部编制追加预算，经中央军委和全国人大批准后，国家财政可予以增加预算。

二、改革开放前：国防预算制度的探索调整

国防预算改革始终围绕预算管理体制"收权"与"放权"进行，核心是协调事业经费预算管理的"条块"关系，以不同时期出台的法规为标志：如 1955 年重新修订《军事财政法规》要求"条块"结合转向以系统管理为主的"条条"型体制。1956~1958 年期间出台的《关于改进财务管理的决定》等文件要求逐渐恢复条块结合、以条为主的预算管理体制，明确了"总部专管、实报实销、指标控制、定额包干"四项预算经费管理制度。1965 年颁布的《关于财务管理改革方案（草案）》解决了"条"控制过死的问题。1978 年中央军委发布《关于整顿和加强军队财务工作的决定》确立了党委领导、经济民主、统一管理、分级负责、保障供给、厉行节约的预算经费管理指导方针。总

---

① 1954 年 9 月，中华人民共和国国务院成立，中央人民政府政务院结束，国防费开支的最高领导批准机关变更为国务院。

体而言，国防预算体制调整变动的幅度都不大，预算制度相对比较稳定。

三、改革开放后：国防预算制度的健全完善

党的十一届三中全会以后，党的工作重心转移到以经济建设为中心上来，党中央、中央军委提出国防和军队建设要服从并服务于经济建设。为支援国家建设，国防投入及其增长速度在这一时期有了一定幅度下降。这一时期，为适应国家经济体制改革与军事战略方针调整，制度完善的主要内容有：一是推行经费供应标准化，从20世纪80年代中后期开始，逐渐由部分事业经费拓展到基层单位的所有公务事业经费，到1999年军队停止经商后，经费供应标准化的范围进一步扩大，预算管理制度也进一步得到加强。二是完善经费管理办法，维持性经费实行标准供应与定额包干管理，建设性经费实行专项管理。三是健全完善制度体系，1978年起，我军先后制定了《预算制度》《预算科目》《预决算制度》，20世纪90年代新增了《预算科目规定》《预算经费管理规定》等十项规定，90年代中后期，先后制定了《关于严格经费审批的规定》《关于严格预算管理的通知》《军队专项经费管理的规定》《关于军队经费审批权限的规定》。四是加强组织机构建设，成立了财务监察机构与财务结算中心，加强了预算支出管理。

四、进入新世纪：国防预算制度的改革创新

为贯彻新时期军事战略方针，努力走出一条投入较少、效益较高的国防和军队现代化建设路子，依据国家预算制度改革的有关政策，从2001年起，中国人民解放军以构建财权财力集中、军费分配科学、项目具体透明、监督制约严密的预算新模式为目标，推行了以调整预算编制的方法、内容、程序和形式为主线，以"分类预算、零基预算、细化预算、综合预算"为主要内容，以大单位及以上预算为重点，以细化预算编制为突破口的预算编制改革。形成了以中长期计划与年度预算为主要内容，不同层级单位预算按级编制，维持性经费、建设性经费等分类调控的预算制度构架。为巩固预算编制改革成果，"十

一五"时期又配套出台了若干预算管理制度规定,"十二五"时期颁布了《中国人民解放军财务条例》进一步确立了预算制度在军队财务工作中的龙头地位。为进一步推进预算制度改革向着深度和广度发展,从"十五"时期开始相继启动了集中采购、资金集中支付等多项改革。

简要回顾我国国防预算制度的历史变迁,可以得出以下结论。第一,国防预算作为国防财政工作的龙头和军队财务建设的核心,其制度改革在国防财政和军队财经改革进程中具有统领作用。第二,一年一定的预算包干制是我国国防预算制度的基本内核,奠定于新中国成立初期正式预算制度形成之始,一直延续至今,此后历次改革都遵从这一框架,并在这一框架下改进完善。第三,我国国防预算制度改革是渐进的,在预算包干制的基本框架下,主要围绕管理体制、技术方法、实现手段等方面推进,尤其是近二十年来主要围绕预算编制的技术方法不断完善,这种制度变革在其他制度机制未作调整的情况下,预算编制水平有了一定提升,在经济性质上属于帕累托改进。第四,历次预算制度改革都是经济社会、国防和军队建设的外部环境与军事经济管理内在要求共同作用的结果,当外部环境发展变化时,国防预算制度必须主动作为、积极改革才能顺应时代发展与形势变化。

第二节　当前国防预算制度的基本特征

现行国防预算制度是以新中国成立初期确定的预算包干制为内核,并沿着相应制度路径演化变迁,并逐步形成适配国防投入供给驱动的、具有明显供应控制型预算制度一般特征的一整套制度安排体系。

一、适应经济增长的投入增长机制

理论上讲,国防投入驱动机制运行的动力源主要来自国防资源的供给侧与需求侧两个方面,与之相对应的,主要有两种衔接机制:一种是与国民经济指标相"挂钩"确定国防投入,另一种是与国家安全和军事计划指标相"衔接"

确定国防投入。从目前我国国防预算的相关制度安排来看，两种机制的实现形式都存在，但就实质而言，仍然是供给驱动模式下的经济指标挂钩机制。

首先，规划计划与预算的衔接并不紧密，其对国防资源配置的指导性作用并不强，需求牵引资源投入的作用机制缺位，或者说发挥得不甚明显。

真正对国防资源配置起作用的，仍然是经济资源供给状况。据公开资料显示，目前与财政收支增幅或 GDP 挂钩的重点支出涉及 7 类、15 项规定。其中，由相关法规规定的支出挂钩机制涉及教育、科技、农业三个领域，由国家中长期规划和中央政策性文件规定的挂钩机制包括文化、医疗卫生、社保、计划生育四个领域；2012 年财政安排的这 7 类重点支出占国家财政支出的 48%[①]。再比如，国家发改委在牵头拟制《中华人民共和国国民经济和社会发展第十二个五年规划纲要》过程中，配套拟制了 108 个专项计划方案，其中 17 个重点建设计划与财政支出安排挂钩。

在国防和军队领域，迄今为止还未见到有公开资料显示国防拨款采取了挂钩某种或某类经济指标的政策制度规定（或是通常做法）。但通过对经济现象的仔细考察，以及对经验数据的深入分析，不难发现国防和军队部门与中央财政就国防拨款存在某种联系。

如图 3-1 所示，国防投入（ME）与各类宏观经济指标，比如国内生产总值（GDP）、中央财政支出（CGE）、中央财政收入（CGR）和中央财政可支配收入[②]（CGRK）的增长具有一定同步性。表 3-1 结果表明，国防投入与各类宏观经济指标均存在一定的线性关系，且与 GDP、CGE、CGR 高度相关。

从政策制度层面观察，国民经济和社会发展"十一五"规划明确，经济年均增长率控制在 7.5% 左右，这一时期国防投入的年均增长率为 16.69%。为控增长、调结构，"十二五"规划明确经济年均增长率控制在 7.0% 左右，这一时期国防投入相应地从 13.02% 一路压缩到 9.06%，平均 10.77%，与上一规划期相比净减少 5.92%。"十三五"规划给经济年均增长率确定的底线目标是 6.5%，相应的这一时期国防投入一直在往下压，一度控制在 6.5% 左右，

---

① 《〈中共中央关于全面深化改革若干重大问题的决定〉辅导读本》，人民出版社 2013 年版，第 172 页。

② 中央财政可支配收入，是指中央财政收入扣除转移支付、其他支出（税收返还、财政补贴等）等支出后的余额。

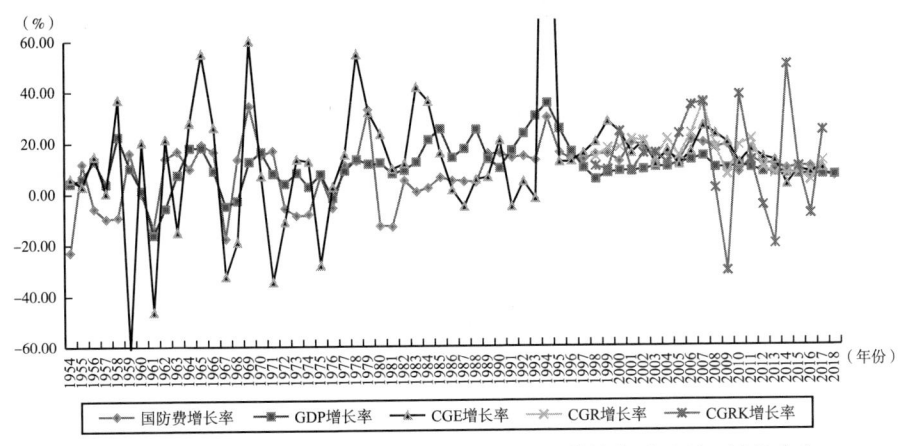

图 3-1　ME、GDP、CGE、CGR 与 CGRK 增长率（1954～2018 年）

资料来源：历年《中国统计年鉴》。

表 3-1　　　　　ME 与 GDP、CGE、CGR、CGRK 存在线性关系

		Coefficient	t-Statistic	Prob(t-statistic)	R^2	F-statistic	Prob(F-statistic)
GDP (1952~2018)	C	68.36186	4.1172	0.0001	0.998311	38 410.05	0.0000
	GDP	0.012614	195.9848	0.0000			
GDP (1998~2018)	C	116.5118	1.552148	0.1371	0.996789	5 897.739	0.0000
	GDP	0.012538	76.79674	0.0000			
CGE (1998~2017)	C	249.2456	3.366693	0.0034	0.996456	5 060.563	0.0000
	CGE	0.105814	71.13763	0.0000			
CGR (1998~2017)	C	262.0933	2.541061	0.0205	0.993108	2 593.860	0.0000
	CGR	0.122631	50.92995	0.0000			
CGRK (1998~2017)	C	-852.5280	-1.464174	0.1604	0.859058	109.7124	0.0000
	CGRK	0.667445	10.47437	0.0000			

注：一元一次方程（ME = C + aX）拟合结果，其中 ME 表示国防投入，X 表示宏观经济指标，C 表示常数项。

比如 2017 年是 6.83%，2018 年是 6.11%①。这一政策制度的内在逻辑是：国防和军队建设是属于国民经济建设发展的重要组成部分，国防投入计划应当接

---

① 根据历年《中国统计年鉴》计算。

受国民经济发展规划指导。因此,国防拨款与经济增长控制指标呈现出一定相关性。

事实上,在一些具体政策领域也不难发现类似证据。通过观察历次公共部门工资制度调整改革,不难发现,军队工资基本都以国家公务员工资为参照系,在增长时机和增长比例上采取挂钩方式。从增资时机来看,每次公务员工资增长后,军队工资都会有一次增加;从增长比例来看,军队工资增幅一般都是中央国家机关公务员工资增幅的1.2倍①。

上述研究表明,从国防投入增长曲线走势以及国防投入与经济指标的数量关系分析来看,国防投入与国民经济指标存在高度相关性;从宏观与微观层面的政策机制设计来看,国防拨款与国民经济指标存在某种内在关联性。简言之,在近一个历史时期,国防投入一直是由经济资源供给状况来决定的,国防拨款存在事实上紧盯经济指标的某种制度机制。如果这一机制是确实存在的,那么国防建设总体规划事实上在事前就已经被既定的财政预算拨款框定,规划计划等军事计划类指标将只是作为既定资源约束下的中长期经费分配方案,需求牵引投入的作用将难以得到真正全面的发挥。因此,"建设与我国国际地位相称、与国家安全和发展利益相适应"的国防和军队建设目标,在这一机制下只能被实现为"与国民经济发展水平相适应的国防和军队建设规模"。

二、供应控制为主的预算管理权能

供应,即国防财会部门满足国防系统内部各个事业部门资金需求、供应资金的过程。从国防预算管理实践看,各个事业部门的预算事实上成为一种规范财会部门与事业部门权利义务的制度性框架:一方面要求财会部门保证经费供应的及时足额到位,不能拖欠;另一方面将事业部门的资金需求控制在合理范围,超额需求则不予满足。因此,就财会部门而言,预算管理权能更多地体现在履行供应保障的义务上。

随着国民经济快速发展和财政实力的逐步增强,国防投入有了一定增长,

---

① 1984年11月,中央书记处明确"军队干部工资比地方干部高20%"。参见郝万禄、李秀朋:《中国军人收入分配制度研究》,中国经济出版社2005年版,第259页。

供需矛盾在一定程度上得以缓解，矛盾逐渐发生了转化。一个标志性的事件就是1998年党中央作出军队停止经商、全部吃"皇粮"的重大决策，不久经费保障的重心即由注重经费标准供应，转变为注重经费使用管理。预算管理权能也由此从供应向管理拓展。① 但这种"管理"实质上是一种支出控制，即保证按照支出计划"定向"开支使用经费，合规性成为预算管理重点。2001年的预算编制制度改革，即是为增强预算管理控制权而推进的一项重大改革。改革后，预算的法律权威性得到进一步增强，预算作为组织经费供应保障的法定依据，一经批准必须严格执行，因特殊原因确需调整的，须经严格的审批权限与程序才能变更，同时，预算审批权限也进一步提高。但仅仅提升预算管理权限并不能完全保证对预算的有效控制，如果各级各部门有其独立的不受监督控制的预算外资金来源，这些经费资源又未纳入预算，那么财会部门对各级各部门的预算控制就会形同虚设。因此，综合预算要求把所有的经费收支都纳入预算，实现对资源的全面控制。但笼统地纳入预算而不作区分，只会隐藏信息产生黑箱，对此，分类预算要求区别不同经费，实施有针对性的控制，细化预算要求提供充分信息。此后，为进一步巩固改革成果，在预算执行环节推进了包括集中采购、集中支付在内的等一系列改革。国防预算管理权能的支出控制特征日益凸显。

三、突出部门职责的预算科目体系

预算科目是对预算经费的分类，形成的收支分类体系经正式制度确认为预算科目体系。从功能上讲，预算科目体系是编制预决算、界定支出范围、组织经费核算、反映保障绩效的纲目；从本质上看，预算科目体系是一种资源配置框架，每个预算科目上分配经费的多少决定着资源配置效率，同时也是追踪经费拨款的制度性渠道和连接宏观配置效率与微观效率的制度性纽带。

与按部门配置资源方式相适应，现行国防预算科目体系基本是按部门来设置预算科目的。预算经费则依据每个部门事先确定的一定标准进行分配，资源

---

① 中共中央文献研究室：《十五大以来重要文献选编（上）》，中央文献出版社2011年版，第439页。

投向投量也就相应地确定下来。根据现代预算理论，预算收支分类是依据不同政策制度目的设计形成的。然而，现行按部门设置的国防预算科目体系其形成有其深刻的历史原因。在一个相当长的历史时期，我国经济实力较弱，国防投入不足，经费主要用于维持各个事业部门正常运转，因此预算科目按照部门划分有助于保障经费供应、监督预算执行、平衡部门利益。这种预算其实就是一种"吃饭"预算。事实上，国家财政在一个相当长的时期也遇到过相同困难，预算科目体系也是按照部门设置，相应时期的财政被称作"吃饭"财政。国防预算作为国家财政预算的重要组成部分，采取相同的预算科目体系设置方法其实也是一种协调和跟进。

上述表明，现行国防预算科目体系的设置不是一种理性决策的结果，而是面对现实的无奈选择。但这一制度安排，却可以清晰地展示国防和军队各级各部门之间的资源配置状况，有助于确定经济活动主体从而明确支出管理责任，强化国防和军队内部自上而下的垂直问责关系。因此，这种根据国防和军队组织结构与层级关系对支出进行分类的结果，达到了最基本的资源控制目的。

四、积极推行零基预算的编制方法

2001年以前，我国国防预算采取的是基数预算，即以上年安排的经费为基数，作为下一年预算拨款的主要依据。基数预算法的基本原理，是在既有项目边际比较的基础上确定边际投入；本质是就增量部分制定预算资源配置决策，存量被当作固定不变的部分自动延续到下一个预算年度中。显然，基数预算的优势是决策成本小，特点是对历史的承认。但问题在于，一些历史做法延续到现在可能会因形势环境的变化而不适应，而且历史做法本身在当时可能并不完全正确，更重要的是，庞大存量资源背后形成的既得利益可能阻碍提升资源配置效率的预算决策，资源难以重新配置，预算僵化不可避免，并随时间推移而加剧。这时基数预算在现实中就成了"滚雪球式的预算"，一方面，预算规模只增不减，不断膨胀；另一方面，历年预算问题被掩盖了。对此，2001年预算编制制度改革提出用零基预算替代基数预算，即不再以上年安排的经费为基数作为下一年预算拨款的依据，而是对每一年或每一项目的预算支出都从

"零"开始,重新测算、重新审查。根据零基预算,在每一个预算周期开始编制预算时,每一部门都必须重新提出预算申请,为该部门既有的和新增的每一支出项目争取资源。显然,零基法下,预算决策所能决定的资源,不再是边际投入,而是全部预算投入。理论上讲,零基预算的结果是一些既有项目可能会被削减甚至完全取消,一些项目可能会加大投入或增加新的项目,资源可以完全重置,配置效率可能得以提升。然而,零基预算因每一预算周期开始时都需对每一项目进行重新测算审查,这些项目既有往年的,也有当年的,从理论上讲工作量可能是过去若干年的总和,实施成本高昂,加之财会部门人少事多的矛盾本身就比较突出,因此预算编制工作实践中,虽然也都遵循了零基预算的原理,但方法并未得到严格执行,之前形成的预算资源配置格局仍未完全打破。

五、资源主导的国防预算编制程序

预算编制程序是资源需求方与资源供给方对资源分配方案的一个反复磨合的过程。最终的预算分配结果,即供求均衡点是靠近需求方还是供给方,在很大程度上取决于预算编制程序设计的科学性。因为只有在程序上让供求双方信息得到充分展示,才有可能取得让供求双方满意并接受的均衡结果。但从目前国防预算编制程序设计及其运行的实际情况看,资源供给状况主导着国防预算编制结果,预算分配的均衡结果更靠近供给方。

根据现行制度安排,国防预算的编制程序适应国防部门的科层组织体系结构,分为宏观和中微观两个层面。宏观层面,主要是指国家层面,由国家财政对包括国防部门在内的各个公共部门进行财政资源配置,这一层次对应的是国防总预算的编制,涉及国家财政部门、全国人民代表大会和国防预算主管部门。中微观层面,主要是国防和军队系统内部,由各大单位及其以下各层级单位编制本级单位预算。其中,宏观层面的国防总预算编制是整个国防预算编制体系的起始端,其特性决定了整个国防预算编制特征。

国防总预算的编制程序与其他公共部门总预算差别不大。首先由中央财政根据国民经济发展状况确定包括国防部门在内的各个公共部门预算控制指标。国防预算主管部门在收到预算控制指标后,将按照一定程序和方法,汇总编制年度国防预算草案，报送中央财政部门，并由国务院提交全国人民代表大会审议。全国人民代表大会通常在每年3月份的"两会"期间审议并批准包括国防预算在内的中央预算草案。具体由财政部部长受国务院委托向人大报告上一年度预算执行情况和下一年度预算草案内容，而后由全国人民代表大会财经委员会向大会作预算草案审查报告，提请大会讨论审议。这里需要指明的是，与欧美等地区不同，我国人大审核通过的国防预算草案，批准的仅仅是国防预算拨款总额，而不涉及国防预算中国防和军队系统内部各事业部门经费预算及其明细安排。

国防和军队系统内部各级单位预算，主要是根据上级下达的任务项目和本级支出，在各自预算收入范围内进行编制。

宏观层面与中微观层面的国防预算编制并不是相互独立的。首先，两个层面的预算编制过程中存在着信息交流，互为预算编制依据，比如各大单位的建设需求上报到国防预算主管部门，成为国防预算草案（预算支出）的编制依据，国防预算主管部门给各大单位下达的预算限额指标，即成为各大单位预算收入的编制依据。其次，前者为后者的预算编制提供流程平台，后者无论是在时间节奏上，还是在内容要求上都要适应和服从于前者。

上述表明，国防预算的编制程序中，确也存在着预算需求由下至上逐级生成、经费预算由上至下逐级分配下达的制度性渠道。但从国防预算编制程序的整个情况看，国防财力资源需求与供给两方力量并不均衡。首先，国防总预算编制过程中面临的财政约束较多。国防总预算编制的关键节点在于中央财政的预算分配。然而，中央财政在编制预算配置资源时，不仅要重点考虑国防需求，还要综合考虑包括外交、教育、医疗、农业等多个公共领域，在资源约束条件下，尤其是供求矛盾突出、财政缺口加大时，国防建设的资源主导特征就更为明显。其次，在中微观层面，国防预算部门在国防财力资源分配过程中有较大话语权，规划计划与预算衔接不紧，这些因素导致进入预算编制程序的国防需求信息不充分。由于国防总预算编制进程对整个国防预算编制体系有着根本影响，加之中微观层面国防需求信息表达不充分，导致整个国防预算编制程序的资源主导特征较为明显。

六、年度预算的国防预算存在形式

年度预算的国防预算存在形式，是指预算的编制每隔一年重新进行一次，并以未来一年时期的经济政策、环境变量等因素为基础考虑事业任务情况编制经费收支计划，该计划只覆盖一年时期。年度预算至少有三个明显特征：一是短期性，即仅仅考虑下一个年度的经费开支。二是不连续性，即每隔一年编制一次预算，一次预算只覆盖当年，上一年预算与下一年预算并无制度上的必然联系。三是非动态性，即预算编制的假设前提是未来经济环境与国防政策没有大的调整变化（即使有调整，也不足以影响整个预算结构），在此前提下安排预算收支，经费收支计划调整空间有限。选择年度预算的制度形式，主要原因一般认为是为了方便或是习惯使然，但这种思维惯性的形成从经济社会的角度看还有更深一层次的制度性原因。我国是传统农业社会，目前正处在向现代工业社会转型阶段。农业社会的典型特征是以农业为经济基础并决定着社会生活秩序。农产品一年一收获，年初要作出各项安排才能在年终收获果实。这一生产方式影响并决定着整个社会的运转方式。因此，无论是预算安排，还是会计核算都以一年为周期。年初只安排当年预算，第二年根据实际情况重新编制。预算历年制（即预算年度从1月1日开始至12月31日止），其时间节点的选择是对这一原因的直接反映和解释。目前，世界大部分国家国防预算采取的都是历年制，这是因为大部分国家与我国情况相似，都处在农业社会向工业化社会过渡时期，农业社会的生产生活方式还发挥着重要影响，社会制度安排还存在路径依赖；部分欧美发达国家因完成了社会转型，进入现代工业社会，预算年度采取了骑年制，而这正是为了适应工业生产方式的一种制度安排，甚至有的国家采取了跨多个自然年度的预算安排，这实际上也是适应大规模生产方式的结果。

七、以收定支的当年预算平衡原则

以收定支的当年预算平衡原则，即量入为出、收支平衡。在编制预算时，要根据收入总量确定支出规模，事业任务的安排要根据财力可能，有多少钱办多少事，把国防和军队建设的规模和速度放在一个稳妥可靠的基础上，不花过头钱。从预算执行的结果上看，要实现当年收支平衡、略有结余。以收定支的当年总量平衡原则，是由我国经济社会发展状况综合决定的。新中国成立初期，百废待兴，国家底子薄、经济实力弱、财力十分有限，在战争态势逐渐趋缓、国防和军队建设逐步进入和平时期，国家只能拿出有限的财力投入国防和军队建设领域，各级只依据分配获得的经费多少搞建设。尤其是改革开放以后，国际斗争形势趋于缓和，和平与发展成为时代主题，党中央作出"以经济建设为中心"的战略决策，提出"军队要忍耐"，在较长一段时期保障生活成为国防费保障的首要原则，经费投入不足成为常态，国防和军队各级只能在有限的财力下制定建设发展计划和完成各项事业任务。即使近年国家经济实力有了一定增强，在20世纪90年代中后期国防投入保持了一定速度的增长，但也是对长期建设滞后的补偿，供需矛盾仍然是主要矛盾，国防资源的供给面是矛盾的决定性因素，总量不足以及供给预期的不确定性（即供给不稳定性）是矛盾的根源。正是在这一经济环境下，供给状况成为决定国防预算的主要考虑因素，对供给不足的基本判断决定了国防预算的一系列制度安排。假设采取以支定收的预算原则，这就意味着根据国防和军队建设需求决定经费投入，在经费总量供给不足与不确定的情况下，事业建设就有可能因无法获得稳定的资源而不可持续甚至无法开展；假设取消当年平衡原则，允许当年超额支出，那么由此引起的赤字在下年供给不确定的情况下，可能无法弥补。以收定支的当年总量平衡原则，有时候往往被认为是一种节约原则，这在国防费管理的一些制度设计与工作实践中有着较好的贯彻与体现。

第三节 当前国防预算制度环境适应性

随着国防预算制度不断的改革发展与自我完善，尤其以2001年预算编制改革为重要里程碑，我国国防预算调控能力不断增强、预算职责更加明晰、预算编制更加科学、预算监控更加严密，对于促进国防建设与经济建设协调发展，优化国防资源配置、提升经费管理与使用效率，保障军事斗争准备，加快推动国防和军队现代化建设进程发挥了重要作用。

一、服从服务经济建设大局，实现国防与经济建设协调发展

当前历史阶段，无论是在国民经济建设快速发展时期，还是在国防和军队建设的战略机遇期，国防预算管理都坚持服从服务于国家经济建设大局，较好地处理了国防建设与经济建设协调发展关系，有效地发挥了宏观调控与资源配置职能。

在经济发展水平较低，国防投入不大，国防和军队建设水平不高的历史阶段，国防投入所带来的技术溢出效应不甚明显，国防费非生产性特征较为突出。这一历史阶段，确实存在国防建设与经济建设"两利相权取其重"的决策问题。改革开放初期，军队要服从和服务于国家经济建设大局，积极支持和参与国家经济建设。这一时期，国防预算在对资源分配上作出了较大让步，在基本保证国防和军队建设的前提下，有力地支持了国家经济建设。1977~1997年，国防费年均增长率为8.8%，同期GDP按当年价格计算年均增长17.4%，国家财政支出年均增长12.7%，国防费占GDP和国家财政支出的比重分别从1977年的4.59%、17.67%下降到1997年1.02%和8.8%。[1] 根据1995年11月国务院新闻办公室发表的《中国的军备控制与裁军》介绍，1979~1994年，我国国防费年平均增长6.22%，而同期全国零售物价指数平均上涨7.7%，如果保持1979年国防费实际购买力水平，十六年共需国防费5 812.94亿元，而实际拨款4 164.99亿元，仅占所需国防拨款的71.65%[2]。但这一时期，随着改革开放深入和各种经济资源向着国家经济建设领域聚集，国民经济得到飞速发展，综合国力得到极大提高。经济增速一直保持两位数的高速增长，2001年GDP突破11万亿元，是1978年的30倍，中央财政收入也由1993年的957亿元提高到2001年的8 582亿元。跨入21世纪门槛，我国经济总量已稳居世界第六位，主要工农业产品产量居世界第一位，外汇储备世界第二位，对外贸

---

[1] 根据《中国统计年鉴2019》有关数据测算。
[2] 中华人民共和国国务院新闻办公室：《中国的国防》，1998年，第21页。

易总额挤身世界前十名。①

新世纪新阶段，随着国民经济快速发展与国家财政实力不断增强，为维护国家安全和发展利益，适应中国特色军事变革需要，国防投入有了快速增长可能，国防预算的财力资源配置能力获得较大提升空间，国防费步入补偿性增长阶段。从绝对规模来看，从"九五"到"十二五"，国防费处于快速增长通道，四个五年时间分别突破1 000亿元、2 000亿元、4 000亿元和8 000亿元，翻了四番，到2017年更是上一台阶，突破1万亿元。这一阶段国防费环比年均增长率超过13个百分点。从相对规模看，国防费占GDP的比重从1998年的1.19%上升到2016年的1.32%。而同期国民经济建设持续稳定向好发展，1998~2016年，GDP环比年均增长率达到12.98%，2018年突破90万亿元，中国GDP排名紧随美国居世界第二位。如果以购买力平价（PPP）方法计算，2015年中国经济总量就已经超过美国，成为世界第一大经济体。②

二、提升国防资源配置效率，进一步增强国防和军队实力

经过不断改革完善与深入发展，国防预算资源配置职能得到不断强化，在国防资源供需矛盾依旧突出的情况下，财力资源向着军事斗争准备、国防和军队改革、高技术武器装备、军兵种部队建设等关键领域聚焦，维持部队日常运转的消耗性开支得到合理控制，有力地保障了核心军事能力的提升和多样化军事任务的遂行，经费投向投量不断优化，部队建设得到了又好又快发展。近年来，从国防预算开支执行情况看，坚持战斗力这一唯一的根本标准，以"能打仗、打胜仗"为核心，全力保障军事威慑和实战能力：各战略方向军事斗争准备保障水平不断提升，各种新型安全领域投入持续加大，基于信息系统的体系作战能力建设不断增强；着眼军队使命任务拓展，提高经费使用效能，有力地保障了抗震救灾、维稳处突等非战争军事行动任务圆满完成；积极适应经济社会发展，根据国家有关政策规定和中央军委统一部署，调整完善相关经费标准，多次较大幅度地调整提高官兵生活福利待遇水平，进一步增强了部队吸引力和凝聚力。

---

①② 根据历年《中国统计年鉴》（www.stats.gov.cn）整理计算。

三、着眼科学化规范化管理，不断提升军费保障能力与效力

既定制度模式的改革路径下，中国国防预算各方面建设长期持续深入发展，尤其是2001年预算编制改革启动后，国防预算制度体系不断完善、内容不断丰富、功能作用不断增强，科学化精细化规范化水平不断提升。

一是预算在国防和军队财经管理中的"龙头"地位进一步巩固，在军事战略管理中的重要作用进一步突显。从理论上讲，国防费运行主要由预算制度和会计制度进行规范。预算制度具体规范经费的分配，在经费运行的初始环节发挥作用，是整个国防费管理制度的"龙头"；会计制度具体规范经费的使用，主要在明确经费分配指标后，对资金供应到结算核算的经费运行过程发挥作用。从实践来看，"预算就是法规、严格按预算办事"的观念和统筹配置资源的意识已经逐步形成和巩固增强，预算和大项开支计划被列入各级重要议事日程，经费投向投量得到严格把关。

二是预算调控能力不断加强。通过推行零基预算方法，要求对预算年度内的所有经费需求"从零开始"申报，按照轻重缓急和财力可能统筹安排经费，从而改变了过去经费分配按上年基数确定、通常只增不减的做法，打破了长期以来"层层切块"的资源配置格局，较好地解决了国防和军队建设中财力分配"苦乐不均""撒胡椒面"等问题，强化了财力的统筹配置和全局性调控。通过落实综合预算，防止游离于预算之外的经费活动，将所有财力资源在"一本预算"中统筹安排，实行集中批准，预算管理部门对各项事业任务、大项活动和重点建设的调控和监督更加有力，提高了财经决策的质量和效果。

三是预算编制质量明显提高。优化预算编报程序，规范了从项目论证、方案拟制到审批下达的完整流程，提前了预算编制时间，延长了预算编制过程，有利于预算编制部门的沟通协商，从而实现科学决策。

四是预算审批更加严格。通过提升预算审核权限，预算执行过程中的调整按规定程序报批，增强了预算的严肃性权威性。预算指标由过去的多头多批分散下达，调整为规定时限内归口国防财会部门下达，促进了经费的及时足额保障。

五是预算监管能力明显增强。为有效控制不合规不合理开支，进一步聚焦

保障重点，优化预算安排，建立了预算评审制度；为加强年度预算、经费决算、预算执行情况、法规制度落实情况的检查，建立了监督检查的常态运行机制；通过对一系列专项工作有重点地检查整顿，有针对性地解决了财权财力分散、支出管控不严、钱变物后失察失控等突出问题，增强了预算管控的完整性、严肃性和规范性。

六是信息化精细化管理水平不断提高。通过加强预算编制管理信息化建设，实现数据共享，促进了预算编制与执行的结合，提升了预算管理的智能化、信息化水平。通过细化预算编制，各级安排的经费直接明确到具体使用单位，直接支出细化到具体开支名称、项目和金额，预算由几张纸变成一厚本，预算管理的精细化水平不断提升。

第四章

社会历史环境变化与国防预算制度改革取向

任何一项制度都不可能是完美的。从历史发展的角度看，当前的国防预算制度是历史发展的产物，尽管存在这样或那样的问题，但总体上仍然较好地适应了当时的历史条件，在特定历史阶段作出了应有贡献。社会发展规律表明，问题是牵引制度改革与创新的源动力。当前社会历史环境发生了深刻变化，既有的国防预算制度模式已经不能在新的历史条件下发挥更大作用与优势。必须科学分析当前历史阶段性特征，客观总结当前面临的矛盾困难，积极借鉴发达国家国防预算管理经验做法，创新国防预算制度，明确未来改革思路。

第一节 当前社会历史环境发生的深刻变化

近年来，随着国民经济快速增长和中国特色新军事变革深入发展，国防供给与国防需求力量对比关系发生了根本性变化，供需矛盾作为国防和军队财经领域基本矛盾其现象形态由总量缺口性矛盾转化为结构错位性矛盾。国防和军队改革积极适应形势发展变化，通过一系列军事政策制度改革，确立了需求在国防资源配置中的主导地位。经济环境与军事政策等因素的调整改变，意味着当前国防预算制度依存的社会历史环境发生了深刻变化。

一、国防供需总量缺口性矛盾趋于缓和

从供给层面看，近年来，国民经济健康稳定持续快速发展，国家经济实力得到极大增强，在此基础上国防投入快速增长，总量上的供需矛盾趋于缓和。

新中国成立初期，我国经济总量只有180亿美元，到1978年经过30年的发展，国内生产总值也不过2 700亿美元。改革开放以后，尤其是建立市场经济以来，经济开始提速，以年均10%、最高年份超过15%的速度增长。到2000年，GDP首次突破万亿美元，2010年超过日本，稳居世界第二，2014年更是突破10万亿美元大关。

国民经济实力的增强为随后国防投入的快速增长奠定了坚实基础。表4-1列示了国民经济实力增强对国防投入增长的延迟影响效应。如表4-1所示，1985~1994年，国民经济刚刚换挡提速，经济整体实力还较弱，国防投入无法有较大幅度增长，国防费规模仍然在较低水平徘徊。10年间国防投入总额才3 000亿元，年度名义国防费规模刚过500亿；虽然名义国防费增长率较高，接近13%，但如果扣除物价因素，实际国防投入呈负增长态势，相当一部分年份的国防投入甚至还低于期初水平，比如1989年的国防费仅为1985年的81.96%。1995年以后，国民经济实力增强对国防投入增长的支撑作用逐渐显现出来。1996年开始，实际国防投入开始正增长并步入快速增长通道，1998年以后一直到2009年实际国防投入更是保持在两位数的高位增长，最高的一年达到了19.38%。1995~2004年的第二个十年间，名义国防费年均增长率达到14.57%，即使扣除物价因素，实际国防投入年均增长率也达到了12.85%；这段时期年度名义国防费规模逐次突破1 000亿元和2 000亿元，国防投入总额超过1.2万亿元，是第一个十年的4倍。2005~2014年的第三个十年，年度国防费更是突破4 000亿元、8 000亿元，相比第一个十年翻了四番，十年国防投入总额超过5万亿元，是第一个十年的16倍，年均增长率达到14.01%。即使扣除物价因素以后，2005年国防费实际规模也是1985年的3.6倍，2010年约为1985年的6.8倍，2015年约为1985年的9.9倍。2017年又上一台阶，年度国防费规模突破1万亿元，2019年国防预算接近第一个十年

的4倍，接近第二个十年国防投入总额。根据斯德哥尔摩国际和平研究所资料显示，自2008年我国国防费总额超过4 000亿元后，其绝对规模一直仅次于美国位居世界第二位。

表4-1　　　　　中国国防费规模变动表（1985~2019年）

年份	GDP（亿元）	财政收入（亿元）	财政支出（亿元）	国防费规模（亿元）	CPI指数（上年=100）	国防费实际增长率（%）	国防费名义增长率（%）
1985	8 964.40	2 004.8	2 004.3	191.53	109.3	—	—
1986	10 202.20	2 122.0	2 204.9	200.75	106.5	-1.58	4.81
1987	11 962.50	2 199.4	2 262.2	209.62	107.3	-2.69	4.42
1988	14 928.30	2 357.2	2 491.2	218.00	118.8	-12.46	4.00
1989	16 909.20	2 664.9	2 823.8	251.47	118.0	-2.24	15.35
1990	18 547.90	2 937.1	3 083.6	290.31	103.1	11.97	15.45
1991	21 617.80	3 149.5	3 386.6	330.31	103.4	10.04	13.78
1992	26 638.10	3 483.4	3 742.2	377.86	106.4	7.51	14.40
1993	34 634.40	4 349.0	4 642.3	425.80	114.7	-1.75	12.69
1994	46 759.40	5 218.1	5 792.6	550.71	124.1	4.22	29.34
1995	58 478.10	6 242.2	6 823.7	636.72	117.1	-1.27	15.62
1996	67 884.60	7 408.0	7 937.6	720.06	108.3	4.42	13.09
1997	74 462.60	8 651.1	9 233.6	812.57	102.8	9.77	12.85
1998	78 345.20	9 876.0	10 798.2	934.70	99.2	15.96	15.03
1999	90 564.40	11 444.1	13 187.7	1 076.40	98.6	16.80	15.16
2000	100 280.10	13 395.2	15 886.5	1 207.54	100.4	11.74	12.18
2001	110 863.10	16 386.0	18 902.6	1 442.04	100.7	18.59	19.42
2002	121 717.40	18 903.6	22 053.2	1 707.78	99.2	19.38	18.43
2003	137 422.00	21 715.3	24 650.0	1 907.87	101.2	10.39	11.72
2004	161 840.20	26 396.5	28 486.9	2 200.01	103.9	10.98	15.31
2005	187 318.90	31 649.3	33 930.3	2 474.96	101.8	10.51	12.50
2006	219 438.50	38 760.2	40 422.7	2 979.38	101.5	18.60	20.38
2007	270 092.30	51 321.8	49 781.4	3 554.91	104.8	13.85	19.32
2008	319 244.60	61 330.4	62 592.7	4 178.76	105.9	11.04	17.55

续表

年份	GDP (亿元)	财政收入 (亿元)	财政支出 (亿元)	国防费规模 (亿元)	CPI 指数 (上年=100)	国防费实际 增长率（%）	国防费名义 增长率（%）
2009	348 517.70	68 518.3	76 299.9	4 951.10	99.3	19.31	18.48
2010	412 119.30	83 101.5	89 874.2	5 333.37	103.3	4.28	7.72
2011	487 940.20	103 874.4	109 247.8	6 027.91	105.4	7.23	13.02
2012	538 580.00	117 253.5	125 953.0	6 691.92	102.6	8.20	11.02
2013	592 963.20	129 209.6	140 212.1	7 410.62	102.6	7.93	10.74
2014	643 563.00	140 350.0	151 785.6	8 082.01	102.0	6.92	9.06
2015	688 858.20	152 269.2	175 877.8	8 890.00	101.4	8.48	9.99
2016	746 395.10	159 604.0	187 755.2	9 765.84	102.0	7.70	9.85
2017	832 035.90	172 592.8	203 085.5	10 432.37	101.6	5.14	6.83
2018	919 281.10	183 359.8	220 904.1	11 069.70	102.1	3.93	6.11
2019	990 865.10	190 390.1	238 858.4	11 896.56	102.9	4.44	7.47

资料来源：历年《中国统计年鉴》。

国防投入近年来的较大规模和较快增长，一方面较好地弥补了历史欠账，部分解决了"存量"问题。一些需要长期大量投入却因资金不足欠拖未决的，并且关系到国防和军队长期建设发展的重大关键项目纳入了议事日程，一些建设瓶颈得以有效克服，国防和军队建设的均衡发展得到了现实支撑。另一方面缓解了"增量"问题，供给缺口在一定程度上有了缩小，供需矛盾有了一定缓和：军人工资待遇得到较大幅度调整提高，增强了部队的吸引力凝聚力，一些领域投入标准不断提高，各项事业建设得到协调发展，新型作战力量建设和主要战略方向战备水平得到了显著提升。

二、结构性错位成为供需矛盾现象形态

从需求层面看，随着国家利益不断拓展延伸和中国特色新军事变革深入发展，国家安全问题和军事建设需求日益突显，结构性错位成为国防供需矛盾的主要现象形态。结构性错位，实质上是资源配置低效问题，即一方面国防和军

队建设投资需求巨大，资源投入仍显不足，供给缺口仍然存在；另一方面却存在大量的资产重复性购置、资源闲置浪费与损失流失等现象。

（一）国防需求的增长速度较快

当前，我国面临的生存发展安全矛盾问题日益突出，面临的安全威胁种类比往任何时候都更为复杂。

从国际安全环境看，一方面，传统安全威胁虽仍以军事与政治安全威胁为主要特征，但安全威胁的现象形态与外延范围都在不断发生变化和拓展，不仅来自陆地、海洋、天空的威胁领域进一步扩大和加深，对抗亦日趋激烈，而且安全威胁开始由陆海空三维实物空间快速扩展到电磁、信息、网络等多维虚拟空间。另一方面，以恐怖主义、地质灾害、流行病疫等为主要表现的非传统安全威胁日趋严重，且数量呈不断上升趋势。国际社会进入一种传统安全与非传统安全并存的多种安全威胁环境。

从周边安全形势看，随着国际分工的深化与经济全球一体化的深入发展，我国经济与世界经济的联系日益加强，海洋资源、战略通道等在国家利益中的地位不断上升。但与此同时，周边安全形势并不容乐观，国家利益诉求与军事安全需求愈趋迫切。

从军事变革情况看，未来战争是信息化战争，作战样式将发生根本变化。为实现"打得赢"的"强军梦"，我军着眼组织形态现代化、作战力量体系化、战斗力要素集成化和技术手段信息化，加快推进国防和军队现代化建设，加快中国特色军事变革进程。航母编队等一大批新型作战单元不断出现，跨单位、跨部门、跨领域的建设项目逐渐增多。

从国防和军队改革要求看，围绕体制编制、力量结构、政策制度调整改革将加速推进，军队领导管理体制、联合作战指挥体制、部队院校结构编成、人力资源政策制度、后勤保障方式等重点领域的改革相继推开，影响和制约国防和军队建设科学发展的体制性障碍、结构性矛盾和政策性问题将逐步得以解决，经费保障需求将不断加大。

（二）国防费投向投量不够优化

国防需求发展变化要求国防费投向投量作出相应调整。理论上讲，国防费投入应当保障在战斗力生长点上；对于新增需求，应当区分轻重缓急，有重点投入，做到协调发展；对于裁撤领域，国防财力资源应当逐渐退出。但现实情况却不尽然。一是重点领域投入不足，建设需求与经费缺口不断增大，难以推动机械化信息化复合发展和战斗力保障力生成模式转变。二是一些领域投入过多，资源大量沉淀下来，没有发挥出经费应有的使用效益，保障能力生成不够。三是一些过时装备或淘汰设备等落后作战单元仍然挤占军事财力资源，造成资源虚耗空转。四是重复配置、分散配置和多头配置等问题较为严重。市场经济环境中，或是实行社会化保障的国防经济领域，高水平的重复配置等方式是提高市场竞争力和后勤保障力的重要方式，但在纯军事系统，尤其是作战体系建设过程中，缺乏统筹的重复配置只会分散资源和浪费资源，不能将有限的资源用在刀刃上，不利于战斗力提升。

三、国防费持续稳定增长存有不确定性

从增长预期看，当前经济发展面临着一定风险，财政收入中低速增长与支出刚性增长矛盾加剧，财政中长期可持续面临挑战，国防投入的后续增长的可能性与稳定性受到一定影响。

一方面，财政收入增速呈现明显下滑态势。以分税制改革的起始年1994年为标志，一直持续到2012年，多年来中国财政收入一直保持较高速度增长，如表4-1所示。这段时期，全国财政收入年均增长19.02%，最高年份达到32.4%。从2012年开始，财政收入开始呈现明显下滑态势。2012~2014年财政收入增速分别为12.88%、10.2%、8.62%，以年均2个百分点的速度下滑，2016年更是达到4.82%。与19.02%的平均增速相比，2014年全国财政收入增幅回落10个百分点，大约是最高年份增速的1/4。财政收入增速明显下滑，是深度转型调整期的中国经济在财政收入线索上的一个必然反映。其主要原因，一是当前世界经济以国际金融危机为主要表现，面临着深度结构性调整，中国经济与全球经济深度交织，不得不面临持续震荡和增速放缓，财政收入也会由此进入一个持续的震荡期和增速下滑期；二是国内人口红利减少、劳动力成本上升，经济发展受资源环境等诸多约束，开始"换挡爬坡"，由"高速增

长期"进入"增长阶段转换期";三是现行税制体系下,70%以上的税收收入来自增值税、营业税和消费税等间接税,这一税收收入格局意味着税收收入的绝大部分将成为价格的重要组成,并随着价格的涨跌而升降,随价格的轻微变化而剧烈动荡。在当前经济增速放缓时期,税收收入自然会有所下滑。

另一方面,公共需求尤其是民生需求呈刚性增长趋势。近年来,国家经济发展更加注重民生。就业、教育医疗、社会保障、保障性安居工程等方面的投入不断加大,在财政支出中的比重显著提升。在"三农"领域,全面取消农业税、减免各种收费,每年减轻农民负担 1 335 亿元[①],建立了种粮农民补贴制度和粮食主产区利益补偿机制,通过水库除险加固等农业农村基础设施建设解决了农村人口饮水安全与农业灌溉问题。在教育领域,城乡义务教育免费,中等职业教育实行经济困难家庭免费,中等职业学校、普通高中和高等学校全面实行国家助学制度,共资助学生 2 130 万名,1 200 多万名义务教育寄宿生享受生活补助。[②] 在医疗领域,加快推进医药卫生体制改革,全面建立城镇居民基本医疗保险制度、新型农村合作医疗制度,惠及 12.67 亿城乡居民[③]。在收入分配领域,通过调整个人所得税起征点提高居民收入,通过提高劳动工资最低标准和退休工资水平加大对低收入群体的转移支付水平和覆盖面。据有关资料统计,"十一五"时期,中央财政用于"三农"的支出累计近 3 万亿元,国家财政用于教育、医疗、社会保障和就业等方面的支出达到 4.45 万亿元、1.49 万亿元和 3.33 万亿元,分别比"十五"时期增长 1.6 倍、2.6 倍和 1.3 倍[④]。党的十八届三中全会明确"以促进社会公平正义、增进人民福祉为出发点和落脚点",要求加快社会事业改革,加大财政投入,努力解决好人民最关心最直接最现实的利益问题。在可以预期的未来,民生支出需求的刚性增长趋势不会发生显著变化。

国防拨款来自国家财政,财政收支对国防投入有着显著影响。一方面,财

[①] 《农业税取消致全国农民每年减轻负担 1 335 亿元》,人民网,2012 年 8 月 17 日,www.people.com.cn。

[②][③] 《科学发展 成就辉煌 把"民生蛋糕"做大、分好》,搜狐网,2012 年 7 月 10 日,roll.sohu.com/20120710/n347734460.shtml。

[④] 《今年民生开支占中央财政 2/3》,搜狐网,2011 年 3 月 8 日,roll.sohu.com/20110308/n304036169.shtml。

政收入增速下滑进入了个位数增长的"新常态"增长区间，这一状态将保持一个相当长的时期，国防投入增长依靠财政收入体量外延式增长带动的空间，将相对以往有所减小。另一方面，在财政收入增长有限的情况下，民生支出等非国防公共支出刚性需求持续加大，将在既定的资源约束下对国防需求产生挤压。加之面临土地财政不可持续、地方政府债务规模持续加大等财政风险，国防投入继续保持稳定增长态势的压力将持续增大。事实上，从目前国防投入的走势来看，形势不容乐观。根据《中国统计年鉴》公开数据计算，"十五"以来国防费占GDP，以及国防费占国家财政支出的比例（即两个比重），都呈小幅降低的态势。"十五"时期国防费占GDP比例为1.37%，"十一五"时期为1.39%，"十二五"时期下降到了1.26%。国防费占国家财政支出比重由"十五"时期的7.63%，下降到"十一五"时期的6.72%，再到"十二五"时期的5.28%。如果考虑到财政收支科目体系调整、"十五"时期和"十一五"前期国防费统计口径变化因素，这两个比重的下降幅度还要更大一些。从表4-1还可以发现，当前我国国防投入占GDP的比例虽然处于历史平均水平范围内，但国防费占国家财政支出比例处于历史最低点。

四、经济关联减弱与需求主导地位确立

为适应经济社会与国家安全形势变化，推动国防和军队建设深入发展，党的十八届三中全会作出了两项重大政策调整：

其一，明确相关经济领域公共拨款的脱钩事项，这一政策调整将减弱国防拨款与经济增长的高度关联性。党的十八届三中全会明确，要"清理规范重点支出同财政收支增幅或生产总值挂钩事项，一般不采取挂钩方式"。这表明，一些重点领域的重要支出挂钩事项将逐一清理并逐渐脱钩。我们的研究表明，国防投入与某些经济指标存在高度相关性，国防拨款很有可能采取了某种"紧盯"经济发展趋势的方式，即"挂钩"政策。从发展的角度看，国防投入紧盯经济指标的相关政策在国防投入较少、供求缺口较大的历史条件下，为国防和军队建设获得稳定可持续的资源投入提供了一种制度保障；但当总量缺口性矛盾趋于缓和时，挂钩机制的政策作用与制度功能已经不再明显，紧盯政策的

历史任命已近完成。实行脱钩,一方面,在财政经济发展较快时,有助于解决超额供给,即国防投入过多超过实际需求的问题;另一方面,在财政经济下行时,有助于防止国防投入过少不能保障国防需求的问题,规避增长不可持续的财政风险所带来的国防费保障问题。事实上,从近期经济运行情况看,因中央财政转移支付、财政超收等因素,已经造成国防拨款占中央财政和GDP的比重持续下降,对国防和军队建设保障的不利影响在一定程度上已经开始显现。尽管党的十八届三中全会明确的脱钩事项不涉及国防领域,但就其精神实质而言,与经济指标"脱钩""松绑"是未来国防预算政策制度改革的应有之义。

其二,需求在国防资源配置中的牵引作用与主导地位将逐步确立。党的十八届三中全会提出,推进国防和军队改革,要"建立需求牵引规划、规划主导资源配置机制"。国防需求是牵引中国特色军事革命、推动战斗力升级、优化国防资源配置的策源地和动力核。确立需求的主导地位,就是为了从根本上解决结构性错位等资源配置低效问题。事实上,紧盯政策的调整为实现资源配置的需求主导提供了制度实施的前提条件。国防投入规模不再与可得资源挂钩,不再由供给决定,而是由需求牵引,供给因素虽然仍是约束条件,但这意味着国防投入将成为国防资源供求两方面矛盾均衡的结果,以前由供给主导的模式取消了。

第二节 当前国防预算制度存在的主要问题

理论上讲,供给驱动国防投入机制应当适配供应控制型国防预算制度,需求牵引国防投入机制应当适配结果导向型国防预算制度。后者主要适合经济发展水平较高、财政能力较强、国防资源需求是主要矛盾的社会历史发展阶段,而前者则主要适应财政实力较弱、国防资源供给是主要矛盾的经济社会环境。当前社会历史环境发生了深刻变化,国防资源供需矛盾发生了根本转变,现行国防预算所表现出的主要问题就是旧制度不适应新环境的问题,即供应控制型国防预算制度不适应国防需求作为主要矛盾的社会历史环境。

一、国防投入中长期计划与国防经济运行

国防投入中长期计划，是一种与国民经济社会发展规划、国防和军队建设发展规划计划相适应的，在未来一个时期关于国防费规模及其投向投量的总体安排。理论上讲，国防费保障规划的制定应当考虑需求与供给两个方面，也就是说，应当在国民经济社会发展规划的基础上，综合财政经济发展规划与国防和军队建设发展规划两方面文件统筹制定，而且，形成的最终规划能有效指导年度国防预算的编制。但从实际情况看，目前的国防投入中长期计划与国防经济运行存在明显脱节。主要表现有三。一是国防投入中长期计划与国防和军队建设发展规划计划联系不够紧密。国防需求信息难以准确及时充分通达资源保障层面，国防和军队建设发展规划计划对于国防投入中长期计划的指导性作用不强。二是国防投入中长期计划对经济环境变化的适应性不够。国防投入中长期计划一般是根据期初的财政经济状况预告情况，确定未来一定时期投入总规模和分期拨款数额。然而，当前历史阶段，生产节奏加快、经济发展迅速、社会变化日新月异，尤其是当前经济社会运行不确定性风险持续加大，期初预计的经济状况很可能在计划执行期间发生重大变化。如果不对中长期计划做出适应性调整，国防费保障效力将大打折扣。三是国防投入中长期计划与年度国防预算之间衔接不紧。

二、年度性预算制度框架与国防保障需求

正是国防投入中长期计划指导性功能不足，规划计划与预算的综合效力难以发挥，年度国防费预算在资源配置中近乎垄断的地位突显了出来，国防预算在实践中受到了从上至下的格外重视。但年度国防预算本身并不是完美的，也存在这样那样的问题。其中，"一年一定"的不连续预算框架人为割裂了保障需求，造成了需求上报的不实与需求保障短期化。

"年度预算试图使用一个相对静止的框架来控制持续的、动态的行为，这

本身就构成了预算不平衡的源泉之一"①。当前预算制度的年度性特征,决定了经费安排的不连续性,即预算每年都必须重新编制一次,并且只能覆盖某一个特定的时期②,当年预算与下一年预算没有必然联系,或联系不甚紧密。这种不连续的预算框架,一方面可能会刺激某些部门虚报需求,不利于真实需求获得经费支持。各级事业部门在预算极大化下的支出冲动,在年度预算安排的方式下会进一步放大。由于对未来资金保障没有稳定预期,部门关注于当期预算支出规模的最大化,"重供轻管"的现象比较普遍,缺少加强管理、整合项目、优化结构、提高绩效的积极性。事实上,虚报需求也是一些事业部门无奈的选择。当前,大多数建设项目从立项到完成,周期超过一年,需要跨年度、多年延续的经费投入。预算按年度安排的方式,割裂了项目资金保障的连续性,资金计划无法在一个相对较长的计划中通盘考虑,一些重点项目支出安排的优先性无法得到充分保证。由于以后年度资金保障具有不确定性,部门倾向于尽可能在当前年度申请更多预算资金。而且根据当前制度安排,即使当年经费没有花完,还可以结转下年接着使用,换言之,申请到的经费就是"自己的钱"了。这就容易导致年终结转项目数量和金额较大问题。即使当年经费需求被砍,未来预算中资本项目支出挤占经常项目支出的问题也无法有效避免。

另一方面,造成了需求保障的短期化与碎片化。现代战争形态下的战斗力生成是一个长期不能间断的过程,需要持续的资源投入。然而在年度预算框架下,难以关注较长时期建设项目及其经费需求,只能针对未来一个年度的情况安排经费;同时也容易导致支出评价当期化,不可能将未来成本与其收入联系起来比较。由此,一些投入少、周期短、见效快的项目更容易获得经费支持,一些大型项目难以得到保障,甚至一些关键需求,因为存在风险或是成果取得有较大困难和不确定性,而把难点问题往下一年度推,造成困难堆积。预算支出缺乏前瞻性、长期性的统筹规划,预算安排不能体现中长期的政策意图和政策导向,资源投入的方向分散、重点不清,调整较多,投入难以发挥整体效益和累积效应。

---

① Caiden, Naomi. Public Budgeting Amidst Uncertainty and Instability. *Public Budgeting & Finance*, 1981, 1 (1): 6–19.

② Sundelson, Wilner. Budgetary principles. *Political Science Quarterly*, 1935, 1 (2): 236–263.

三、当期预算平衡原则与国防和军队建设发展

国防需求与资源供给是影响国防投入的两个方面重要变量。国防需求主要源于外在威胁，影响因素主要包括国家利益拓展、国际周边安全形势、敌军事实力与态势、我军事战略方针与军队建设情况等。资源供给主要源于内在经济情况，考察指标包括宏观经济运行情况、财政经济实力、国家经济资源、经济社会建设发展政策方针等。国防和军队建设规模与国防投入是需求与供给两方共同作用的结果。以收定支，意味着根据国民经济状况确定国防投入，由国防投入决定国防和军队建设规模与发展速度。其本质是供给主导的国防投入，在供给与需求两方面因素中，供给起决定性作用，当期预算拨款成为事实上的国防和军队建设约束。理论上看，假定国防需求是稳定的，或处于匀速增长状态，将会出现三种情况：

第一种，当国防投入较低时，即供给不能满足需求，存在供给缺口时，此时投入的国防费资源只能用于维持基本的生活与事业运转。

第二种，当国防投入较高时，即供给超出需求，存在超额供给时，以收定支意味着出现了多余的投入。从国家层面看，在财政总量一定的情况下，对国防部门的过多投入必然影响其他公共部门公共需求的满足，甚至可能对其他公共需求产生挤出效应，其实质是以牺牲其他公共需求为代价换取的超额投入。从国防和军队层面看，由于投入超出了需求，在预算执行管控不严时，会产生大量浪费，钱没有用在刀刃上；在实施严格监管时，大量资金用不出去，将形成结余沉淀下来。这时就会出现所谓的"年终突击花钱"。因为大量资金用不出去意味着预算执行率不高，较低的预算执行率会导致下年预算拨款的减少，为提高预算执行率，实现当期收支平衡，越接近预算期末，突击搞建设花钱的动机越强烈。但"年终突击花钱"的说法其实是一个悖论。因为在严格的预算执行管控下，钱也是很难突击花出去的。这一悖论，其实是一种"旧常态"下的习惯做法延续到"新常态"下的结果，其本质是对严格监管的不适应，危害是可能造成严格监管政策的不可持续。

第三种，当国防投入时高时低，处于不稳定状态时，国防投入一年一变、

一年一定，以收定支意味着国防和军队建设时急时缓，不利于部队战斗力的持续生成。

以收定支的预算平衡原则，与国防费经济学理论中提到的国防费占GDP一定比重的理论如出一辙，其思想根源都产生于长期的和平稳定环境与"军队要忍耐"的政策要求，其缺陷是明显的。以收定支，确实可以产生与国家经济实力相对应的军事实力，其前提是周边局势稳定、安全威胁没有较大波动，但无法产生适应国家安全环境需要、与国际地位相匹配的军事实力。当前国际国内环境发生了深刻变化，必须适应形势发展，从实际出发，根据建设需求确定国防投入，以需求为牵引确定国防预算。

四、部门分项式科目体系无法提供有效的绩效信息

目前，按部门设置预算科目、分项目列示的预算科目体系无法提供真实准确的需求保障绩效信息。提供真实准确的需求保障绩效信息，搞好预算支出绩效评估，对于充分发挥预算管理宏观调控职能具有重要作用。早在党的十六届三中全会就提出了建立预算绩效评估体系的总体要求，国防和军队财经改革也将建立绩效评估体系作为改革的重要内容，并已经开始实施财务管理综合评价，为全面推进绩效评估提供基础。然而，绩效评价目前至少存在两方面问题：一方面，由于体制性障碍，预算没有决策职能，只管控制，绩效考评从而被限制为对项目经费使用是否合规的考评。

另一方面，实行预算支出绩效考评的一个关键步骤，就是要求提供真实准确的需求保障绩效信息，从而对完成事业任务的全部经费支出进行准确核算。预算科目是进行支出核算的重要依据。通常在核算时只要找到相应科目，并对该科目下的经费支出进行汇总，即可准确核算成本支出的总额。然而，现行预算科目体系在科目设置时存在如下问题：其一，按照部门设置的预算体系只能反映资源在各个部门的投入情况，而不能反映项目产出所需要的资源状况；只能反映中间投入状态，即经费的使用主体，而不能反映投入的最终状态，即具体的项目用途。其二，当前的预算科目是在"吃饭预算"的基础上逐渐固化下来的，每一个事业部门都掌握着一个或若干个预算科目。这种按照部门设置

的预算科目事实上成为了各个事业部门财权财力范围，体现的是各部门的利益。事业部门需要通过预算科目向预算主管部门申请项目经费，这一过程中按部门设置的预算科目体系格局又被进一步固化下来，科目框架与部门利益相互强化，最终导致各个科目上反映的资源投入其实成为各个事业部门利益均衡的结果，而不能反映真实的部门需求。其三，当前的科目设置存在着保障职能交叉、开支范围重叠等问题。比如，差旅、办公杂支、水电等行政消耗性经费涉及多个科目，这种"多渠道开支、分科目核算"的特点，不仅容易造成相关公务事业经费保障职责交叉，使行政消耗性经费挤占事业经费、管理失控，影响事业任务完成，同时也不利于全面、真实、准确地反映行政消耗性经费和事业经费支出信息。部门分项式预算科目体系下存在的这些问题，是建立预算绩效评估体系、推进预算支出绩效评估、从而有效发挥预算管理的宏观调控权能的制度性瓶颈。

第三节 推进国防预算制度改革的矛盾障碍

推进国防预算制度改革，必须正视国防预算制度本身的问题，但同时也必须看到制度改革的环境性因素，清除体制性障碍，解决政策性问题，纠正认识性偏差。

一、财权分割财力分散不利于资源统一调度与集中监管

主要问题是经费来源分散、财权条块分割，资金供应点多面广线长，不利于资源的统一调度与集中监管。一方面，经费拨款渠道分散。由于历史形成及管理体制等多方面原因，经费来源比较分散，存在多个主体多个部门的拨款。既有中央政府对国防部门的拨款，也有地方政府的拨款；既有来自财政部门的拨款，也有来自业务部门的拨款；既有对财务部门的拨款，也有对事业部门的拨款。[①] 这种状况很容易造成财权财力分散，经费分配、供应、管理脱节，财

---

① 姜鲁鸣：《中国国防预算制度的创新》，经济科学出版社2004年版，第186页。

务监管职能作用难以有效发挥。对于某些单位而言，既有上级正常渠道拨款，也有地方政府拨给的经费，还存在预算外收入。2016年以前，开展有偿服务取得的预算外经费占了预算外收入的大头，2016年中央作出"全面停止有偿服务"，并将部分与地方经济建设有关的项目纳入军民融合范畴以后，预算外收入占整个经费总量的比重较大幅下降。这些经费的使用权在各级事业部门，这就造成了事业部门掌控财力大、党委集中调控财力相对不足的财权配置格局，出现了"谁挣谁花、多挣多花"的现象，管理上存在一些漏洞和隐患。另一方面，后勤财务是国防和军队实行经费保障的主体，但目前仍然存在除后勤财务以外的装备经费保障系统与保障渠道，这两套经费保障系统自成体系、并行运行，一个单位存在两本预算、两套账目、两个账户等问题[①]。

二、当前体制下国防财务业务属性阻碍了决策功能嵌入

当前国防和军队的财务业务属性是在后勤保障管理体制中确立的，这一业务属性阻碍了预算管理的决策功能嵌入进程。

当前的后勤保障系统中，经费与给养、被装、物资、油料等都被视为保障国防需求的"物"，财务部门与其他后勤保障部门一样负责提供"物"的保障。所不同的是，财务部门主要负责经费供应与支出流向控制，军需部门负责给养被装的供应与流向控制，物资油料部门负责物资油料的供应与流向控制。供应管理的要求都是一样的，即必须提供规范、有序、高效的后勤保障。财务部门虽然位居勤务之首，本质上仍然属于后勤业务管理部门，与其他后方专业勤务平行。

在这一体制框架下，财务部门的主体业务是预算和会计，强调通过预算与会计来规范经费运行。其中，预算制度具体规范经费的分配，在经费运行的初始环节发挥作用，是整个国防费管理制度的"龙头"。会计制度具体规范经费的使用，主要在明确经费分配指标后，对资金供应到结算核算的经费运行过程发挥作用。广义地讲，军队会计属于军队预算执行范畴，军队会计制度仍然属于军队预算管理制度。

---

① 姜鲁鸣：《中国国防预算制度的创新》，经济科学出版社2004年版，第186页。

在具体的国防经济运行过程中，国防需求和建设项目主要由各级事业部门按照业务系统自下而上汇总上报、叠加而成。任务决策的制定主要由事业部门论证后报党委批准。财务部门与其他后方专业勤务部门一样，主要是在项目立项后提供相应的后勤保障，所不同的是财务部门主要负责经费的供应，按照项目进度拨付资金。

上述表明，项目决策对应的经费分配，与经费供应和支出控制，在实际操作中常常存在不一致。项目决策由不同事业部门分别主导，而决策流又主导了资金分配流，相应确定了资源配置结果；财务部门的预算管理权能仅限于资源配置框架下的经费供应管理。财务部门预算审查的功能仅限于合规性审查，被动审核项目预算以匹配任务和决策，而不能对事业部门的项目本身提出质疑，绩效评价、宏观调控的政策属性、目标结果导向改革更无从谈起。在这一体制框架下，一个单位的预算事实上成为三本口径不一致的预算：要钱的预算、分钱的预算和花钱的预算。要钱的预算，由各级事业部门主导，任务决策缺乏严格资金约束，项目林立、重复建设，倾向于报大需求大预算。分钱的预算，由财务部门负责，主要进行合规性审查，可以压减掉预算中可观的水分，有的项目甚至压减一半以上经费预算仍能保障任务完成。花钱的预算，在财务部门对支出严格把关的情况下，事业部门不少经费因为不合规定无法支出。这三本口径不一的预算，事实上成为了预算编制与执行两张皮的一个重要的深层次原因。

三、旧有国防预算制度模式下的管理方式存在思维惯性

一种制度模式会产生与之相适应的一整套思想认识与行为模式，这种思想认识反过来会沿着制度变迁的方向推动这种制度模式不断演化发展。这在经济学中被称作制度惯性或路径依赖。在当前国防预算制度改革进程中，路径依赖产生的影响主要体现在两个方面：

一方面，主要是紧盯政策取消以后依然存在着的供给式思维，不利于需求在国防资源配置中主导地位的确立。现行国防预算制度是适应供给驱动国防投入机制的，强调在既定预算约束下的经费供应保障与管理控制。脱钩，即国防投入不再依据某一财政经济指标的多少来确定。作为一种正式制度安排，到底

能有多大成效以及在多长时间内能起到效果,还取决于一些非正式制度安排,比如在人们的思维中仍然存在着根据经济增长或是财政收支的多少来确定国防投入多少的思维惯性。因为从制度成本的角度看,确定一个固定比例,对于国防供给与需求双方而言减少了讨价还价,节约了交易费用,而且给双方都提供了一个稳定预期,可以将往年经费分配的经验"拿来",减少以后年度编制预算的工作量。如果按照需求牵引国防投入的制度要求,必须根据国防和军队建设需求提出预算申请,由于需求的波动性特征,每年的预算申请都不一样,这样国家财政部门和国防预算主管部门之间的协商成本将会增大。显然,即使在政策层面国防投入与经济指标"脱钩",实践中要想真正确立国防需求的主导性地位,还存在一些困难。

另一方面,主要是从技术改革转变到制度模式创新还存在路径依赖。多年以来的国防预算制度改革,主要是优化流程方法、创新编制技术、强化资金监管,属于渐进式的技术路径的改革,制度前提是适应供给驱动国防投入的预算制度模式。与这一制度模式与改革路径相适应的,是对预算制度改革控制取向、预算供应管理支出控制权能,以及预算执行合规性审查的认可与强调。当前形势发生的深刻变化,要求变革预算制度模式,确立需求主导思想,强调预算管理的宏观调控权能。只有及时转变思想认识,才能顺利推动改革,国防预算制度的改革与实施才不会走样。然而,当前的一些迹象表明,宏观决策层与微观执行部门还存在认识上的偏差。

从战略决策层面看,党和国家对加快国防和军队建设、加大国防投入的态度是明确而坚决的。当前,财政收入下滑趋势明显,民生需求等非国防公共需求刚性增长,国防投入出现了一些困难,尽管如此,国防投入不仅没有下降,而且还保持着持续稳定快速增长。同时,根据党的十八届三中全会提出的"要推动军民融合深度发展",理论界已经开始探讨如何利用金融资源加快推进国防和军队建设[1],一些地方和领域已经打开国防金融的制度性通道,国防金融已经开始成为弥补国防费缺口,与国防财政并行的,加速国防和军队建设的资

---

[1] 比如刘晋豫:《国防金融研究的现状与挑战》,2018年4月10日,http://daguoce.org/article/11/235.html;陈志武:《国防金融的涵义及大国战略的重要性》,2018年2月27日,http://xici.net/d5dda207dc301000050023fce。

源投入渠道。但从微观层面看，近年来随着财务监管作用的不断加强和资金使用效益不断提升，既定的预算额度下产生了大量资金结余，预算执行率偏低，一个普遍的感觉就是"不差钱"，出现了投入过剩现象。"不差钱"与"加大投入"两种认识之间产生了矛盾。这种矛盾，其实反映的就是宏观决策层面与微观业务层面的认识偏差。

当前，随着国家利益拓展与延伸，国防需求发生了深刻变化；周边安全局势不容乐观；打赢信息化战争，推动中国特色新军事变革，国防需求巨大，确实需要大量国防投入。而微观层面，虽然战斗力生成模式转型进程不断加快，但落后战斗力要素仍然消耗着大量资源，而且战斗力升级对资源的吸纳也有一个消化过程，确实产生了一些资源剩余。"不差钱"与"加大投入"两种认识都是对现实状况的直观反映。但问题的关键是任由"不差钱"的思想认识发展下去是有害的。"不差钱"思想认识的前提，是对落后战斗力模式和作战系统的承认，没有充分认识现代战争形态下的军事需求变革，没有确立以需求牵引资源配置的思想，从预算管理权能的角度看，就是仍然停留在经费供应与支出控制层面，而不积极主动将管理权能延伸到宏观决策层面，没能站在宏观调控层面思考问题。其结果必然不利于预算制度改革深化发展。因此，深化国防预算制度改革，必须将微观层面的思想认识统一到转变国防安全生产与战斗力生成模式上来，转变到需求主导上面来，转变预算管理的业务属性，发挥宏观决策功能。

第四节　美国国防预算基本情况与经验借鉴*

西方著名国防经济学家查尔斯·J. 希奇（Charles J. Hitch）认为：一切军事问题都是有效配置和使用资源的问题。纵观世界军事发展史，国防预算管理对于各国国防和军队建设一直较为重要，随着经济社会发展与国防和军队建设的不断深入，地位作用呈现日益上升态势。"二战"以前，各国经济资源有

---

* 该部分资料来源于翟钢：《美国国防费管理概况》，国防工业出版社2007年版，第87~109页；RAND：Improving Army Planning Programming Budgeting and Execution System（PPBES），http：//www.rand.org/，Leslie Lewis. et al. 2000；V. S. Department of Defense Financial Management Regulation. Vol 2A and 2B，https：//www.defense.gov/.

限,国防投入规模不大,预算管理的主要功能是供应保障,预算管理制度构建的着力点是解决经费的筹措与使用问题。冷战结束后,国民财富的快速累积带动了国防投入的大幅增加,预算管理的宏观调控功能逐渐突显出来。世界发达国家普遍将预算管理视为增强军事实力、实现国家安全目标的一个基本手段纳入国家战略管理层面。以美国为代表的西方军事强国通过引入现代管理理念,推行科学管理方法,创新预算管理制度,不断优化国防资源配置。本节以美国国防预算为典型代表,全面深入了解其制度运行状况,将为深化我国国防预算制度改革提供有益的经验借鉴。

一、美国国防预算制度的基本情况

目前,美国国防预算制度是"计划、项目、预算与执行系统"(Planning Programming Budgeting and Execution System,PPBES)制度。这一制度是2003年在20世纪60年代初实行的"计划、项目、预算、系统"(Planning Programming and Budgeting System,PPBS)基础上创新而成的。PPBES与PPBS其思想内核是一样的,即以系统思维看待国防资源配置问题,将整个国防和军队建设看作一个大系统,把资源从规划计划到分配使用管理活动分解为若干相对独立的子系统,在进行国防预算管理制度的具体设计时,注重系统的整体构建以及诸子系统之间的前后衔接,运用系统工程学方法,建立从决策、控制、反馈,到再决策、再控制、再反馈过程的循环闭合的国防财力资源配置系统,以解决国防预算管理中的问题与矛盾,从而提高国防资源配置效率。

从资源配置体系来看,PPBES是美军整个国防资源配置体系的重要组成。该体系主要由"联合战略计划系统"(Joint Strategic Planning System,JSPS)、"计划、项目、预算与执行系统"(PPBES)和"国防采办系统"(Asset Management System,AMS)构成。其中,JSPS是连接能力需求与资源配置的关键纽带,主要功能是明确国防发展的总体方向与军事能力需求,协调总统、国防部、参联会和各军种层次,就联合需求、项目和预算提出建议,围绕核心作战能力制定各项军事需求计划;PPBES是国防费分配的核心决策程序和配置工具,主要功能是协调国防部、参联会和各军兵种,将能力需求转变为项目计划,最终以国防预算的方式分配经费;AMS 是军费向军事能力转化的重要依托,主要功能是按照联合作战需求协调资源分配和重大武器系统采办事项,对各军种预研、采办、列装武器装备项目进行审查把关,实现军费由经费形态向军事能力形态有效转化。

就 PPBES 本身而言,该系统与 JSPS 和 AMS 相对独立、自成系统、闭环运行。该系统将国防预算编制执行划分为军队建设中长期规划、分头拟制计划项目、编制军费预算以及开展预算执行检查评估四个阶段。这些阶段紧密联系、相互协调、前后制约:规划为计划和预算指定基本方向,计划和预算既受规划制约又为规划的实现提供抓手与条件,检查评估既对执行情况进行评估,又为规划计划和预算调整提供依据。

二、美国国防预算制度的运行流程

为从总体上把握美国国防预算制度运行的基本情况,主要从美国国防预算在政府预算体系中的运行情况,以及美国国防预算制度内部运行情况两个方面分别介绍。

(一)国防预算在联邦预算中的运行

美国国防预算作为一个部门预算,是联邦政府预算体系的重要组成。总体上看,美国国防预算与其他部门预算在制度属性上是同质的,在制度内容上是衔接的,在制度运行上是同步的。以 2014 财年的政府预算为例进行说明,具体见图 4-1。

联邦政府预算的编制实行"两上两下"。"一上"阶段(2012 年 4 月),主要由联邦政府各部门提报经费开支需求。国防部门在这一阶段拟制"国防开支计划"。具体由国防部各业务局、各军种负责国防预算编制的机构着手拟制。这一阶段对应美国国防预算编制的 B1 阶段(如图 4-1 所示)。"一下"阶段(2012 年 6~7 月),主要由总统办公厅下设的行政管理与预算局下达"预算纲要计划",确定联邦政府各部门预算限额。"预算纲要计划"的制定有两个主要依据:一是联邦政府各部门提报的经费开支需求;二是总统确定的"联邦财

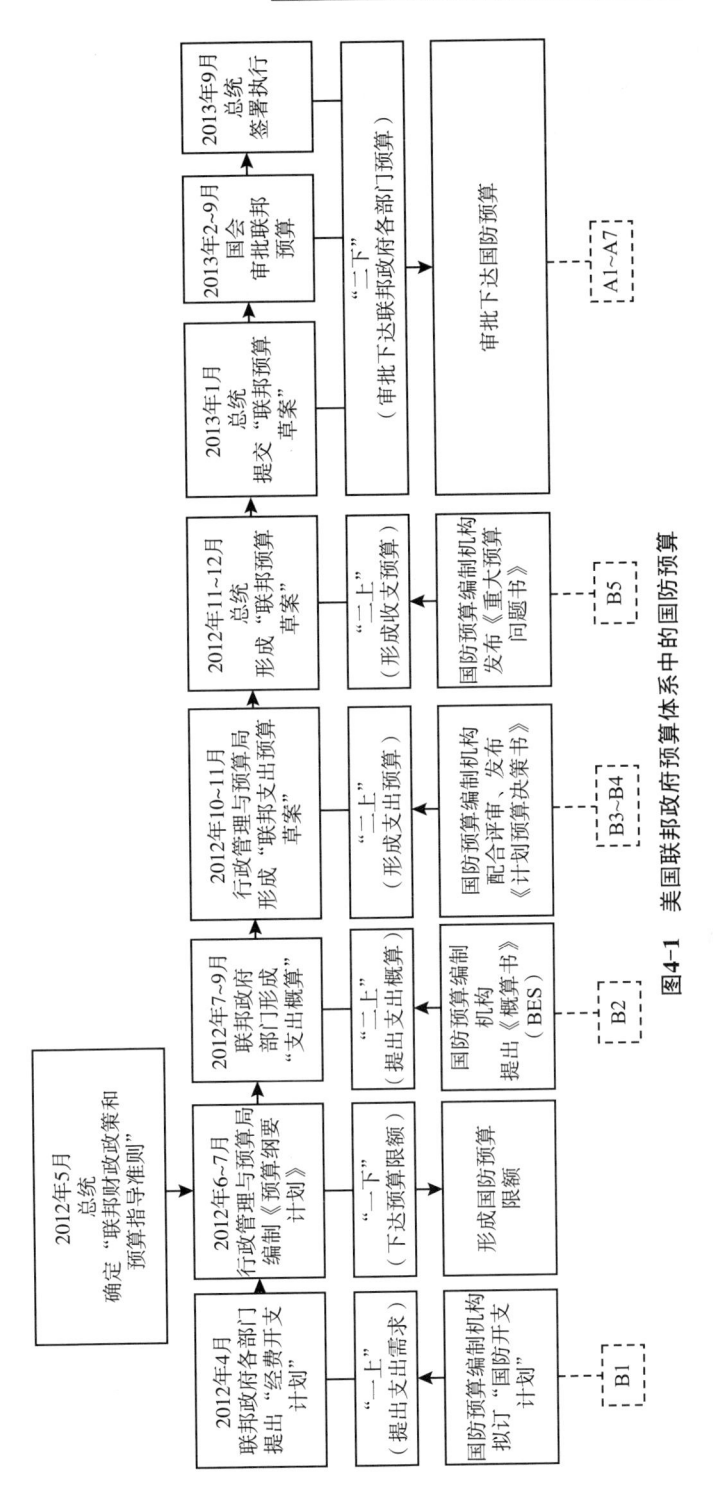

第四章 社会历史环境变化与国防预算制度改革取向

图4-1 美国联邦政府预算体系中的国防预算

政政策和预算指导准则"。其中,总统在确定该准则时主要考虑三方面信息:经济顾问委员会提供的经济形势预测资料、财政部提供的联邦财政收入预计数字、美联储提供的货币储备情况。"预算纲要计划"规定了国防预算的限额区间。"二上"阶段(2012年7~12月),主要形成联邦预算草案。有三个过程:首先由联邦政府各部门依据预算限额拟制部门预算草案,这一过程国防部门主要是提出《概算书》(BES)上报行政管理与预算局,对应国防预算编制的B2阶段;行政管理与预算局在审查部门预算草案后,要举行听证会,进行部门预算评审,形成"联邦支出预算草案"报送总统,这一过程国防部门主要是配合行政管理与预算局的预算评审,并发布《计划预算决策书》,对应国防预算编制的B3~B4阶段;总统根据财政部提供的联邦收入预算数,在综合平衡支出与收入预算草案的基础上,确定形成联邦预算草案,这一过程中,国防部门结合自身实际情况提出对某些项目进行微调的方案,拟制《重大预算问题书》,对应国防预算编制的B5阶段。"二下"阶段(2013年2~9月),主要是审批预算。具体由国会对总统预算进行审议,审批通过形成即具有法律效力的正式预算。国防预算经此程序后正式下达给国防部门执行,这一阶段对应国防预算编制的A1~A7阶段。

(二)美国国防预算的独立运行流程

美国国防预算实行以"两年预算制"为主要特点的PPBES制度。两年预算制,就是在计划与预算阶段,将偶数年(even-numbered year)设定为预算年(on-year),奇数年(odd-numbered year)设为非预算年(off-year)。预算年,是对未来第二、第三财年提出详细预算的年度;非预算年,是对未来第二财年预算进行调整的财政年度。例如,2012财年为偶数年(预算年),国防预算编制机构要提出详细的2014财年和2015财年国防预算;2013财年为奇数年(非预算年),主要是对2012财年编制的2015财年预算进行调整。在整体上看,无论是预算年还是非预算年,在预算编制程序上是一致的,区别仅在于形成的文件内容有所不同。这里仍以2014财年预算为例对国防预算的制度运行情况进行整体说明。

美国国防预算制度运行分为四个阶段:

1. 规划阶段

具体从 2011 年 9 月以前到 2012 年 4 月,如图 4 - 2 所示。从 PL1 到 PL6,共 6 个子阶段。该阶段主要对国家安全需求进行逐层分解,确定美国未来两年主要国防计划和优先发展能力,为下一阶段工作提供指导。该阶段的最终成果是《联合计划指南》。

2. 计划/预算阶段

具体从 2012 年 4 月至 2012 年 12 月,如图 4 - 3 所示。这一阶段,计划拟制与预算编制工作是并行的。计划阶段,从 PR1 到 PR3,为 3 个子阶段,其主要任务是以《联合计划指南》为根本依据,制定武器装备中长期发展计划,提出资源需求。其中,PR1 子阶段是制定并提交计划,由各军种和国防部各业务局参与,最终成果是《计划目标备忘录》;PR2 子阶段是进行计划评审,由联合参谋部和国防部门办公厅分别对《计划目标备忘录》进行审查,前者审查结果以《参联会主席计划评估》发布,后者主要由计划分析与鉴定局负责,审查结果以《计划目录备忘录问题书》发布。这一阶段,还要请三星小组(三星级将军组成)和高层领导审查小组进行复审。PR3 子阶段是在 PR2 子阶段审查结果的基础上,由国防部常务副部长签署《计划决策备忘录》,最后形成《未来年份国防计划》(Future Years Defense Program,FYDP)。

预算阶段,从 B1 到 B5,共分 5 个子阶段。其中,B2 子阶段的《概算书》的拟制主要有两方面依据:一是规划阶段形成的《联合计划指南》,二是 B1 子阶段的国防开支计划以及行政管理与预算局下达的预算限额。B5 子阶段主要是由各军种和国防部各业务局对部分预算项目进行微调。

3. 审批阶段

从 2013 年 2 月至 2013 年 9 月。如图 4 - 4 所示,从 A1 到 A7,共分 7 个子阶段。其中,A1 子阶段,在国会参众两院同时召开国防授予权法案听证会和国防拨款法案听证会。两院召开的听证会由各院的军事委员会主持,均包括两个过程,一是汇报军事形势,二是预算申请。A2 子阶段主要由军事委员会向本院预算委员会汇报听证会结果,提交国防预算情况意见和评估。A3 子阶段的预算报告主要是对总统提交的国防预算进行分析,提供可供选择的授权方式以及主要项目的优先次序,但不对国防预算进行导向性评价。A5 子阶段的 5 月

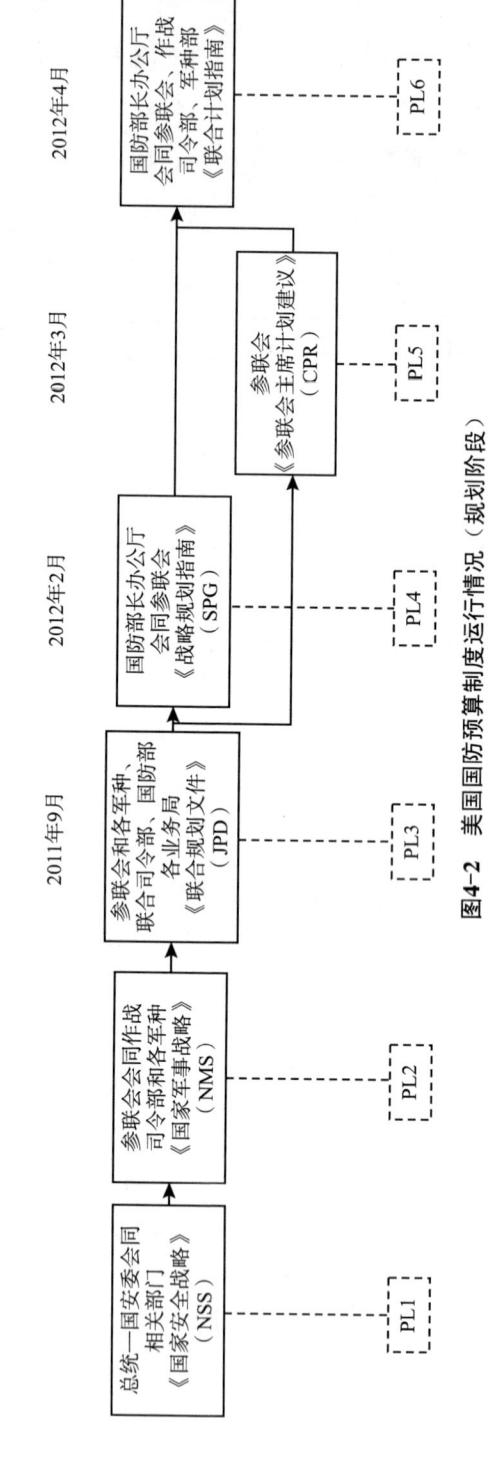

图4-2 美国国防预算制度运行情况（规划阶段）

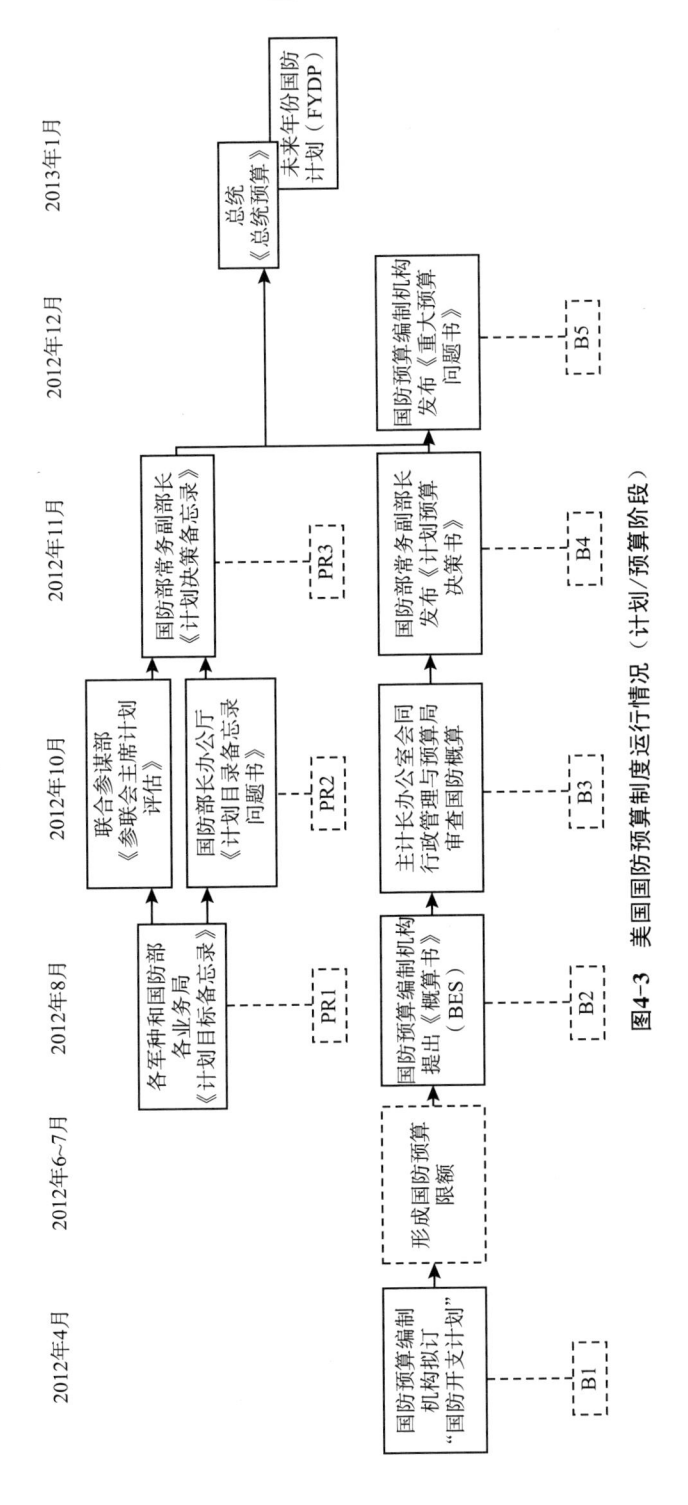

第四章 社会历史环境变化与国防预算制度改革取向

图4-3 美国国防预算制度运行情况（计划/预算阶段）

— 111 —

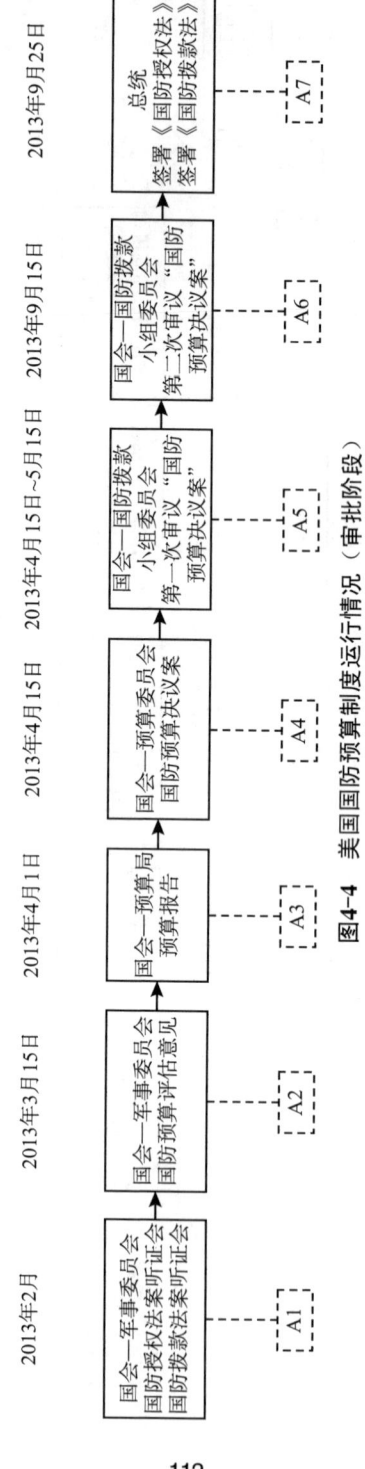

图 4-4 美国国防预算制度运行情况（审批阶段）

时间	事项	标记
2013年2月	国会—军事委员会听证会 国防授权法案听证会 国防拨款法案听证会	A1
2013年3月15日	国会—军事委员会 国防预算评估意见	A2
2013年4月1日	国会—预算局 预算报告	A3
2013年4月15日	国会—预算委员会 国防预算决议案	A4
2013年4月15日~5月15日	国会—国防拨款小组委员会 第一次审议"国防预算决议案"	A5
2013年9月15日	国会—国防拨款小组委员会 第二次审议"国防预算决议案"	A6
2013年9月25日	总统 签署《国防授权法》 签署《国防拨款法》	A7

15 日是国会对第一次预算决议的表决日。A6 子阶段，若表决结果与第一次表决不一致：预算支出数不一致的，由拨款委员会提出预算调整法案；预算收入不足需修改税制才能解决问题的，由预算委员会提出预算调整法案。

4. 预算执行阶段

从 2013 年 10 月至 2014 年 9 月，覆盖整个财年。作为整个预算过程中相对独立的阶段，主要由各军种和国防部业务局组织实施。美国国防部发布《拨款/延续决议指南》，要求总统行政与预算管理局确保财政部按预算将资金及时足额拨付到军种和国防部职能部门账户。预算执行可以说是一个财务管理过程，有效的预算执行有赖于国防财会系统准确及时的核算、详细的监督，以及对开支进行持续的监控，国防财会局是对此负责的职能机构。

三、美国国防预算制度特点与启示

美国国防预算管理具有制度设计顶层化、组织形态体系化、运行机制一体化、管理程序规范化等特征。这些对于统筹国防资源、提高美军军事实力发挥了重要作用。

（一）从国家战略层面置顶运行

美国政府充分重视国防预算制度，将其置于国家治理的战略全局高度，纳入国家的宏观决策与战略管理体系，由总统亲自挂帅通过国家安全委员会、国防部等行政立法机构，以及参谋长联席会议等制度机制统一掌控国防费投向投量、直接配置使用资源、全程监督预算编制执行。国防预算制度从而成为美国实施国家治理的战略管理工具。

（二）实现与联邦预算体系深度融合

美国国防预算是真正的部门预算，这不仅表现在国防预算收支属于联邦财政收支，更重要的是，美国国防预算与联邦政府其他部门预算在编制步骤、时间节点以及重要关口上是一致的：均为两上两上，两上两下的时间节点是一致的，两上两下的编制、上报、审批（听证）要求是一致的，审批（听证）机关是同一的。美国国防预算与其他部门预算的区别，主要是编制部门和编制对象，以及在具体的程序方法上有所不同。正是因为美国国防预算与其他部门预算有机融合成为联邦预算，为提升预算编制质量、严格预算制度执行、提高预算管理水平提供了强大的外在压力与强有力的制度约束。事实上，美国国防预算与其他部门预算在运行程序、管理要求等方面的一致性，也为国防预算决策与其他部门预算决策以及联邦政策的协调性提供了一定保证。

（三）坚持与规划计划有机衔接

战略、技术和经济是同一个问题的三个方面（Charles J. Hitch and Roland McKean，2007）。战略、项目与预算这三者必须实现有机衔接，否则，战略就会脱离预算资源支撑，成为空想；预算则会因为失去战略指向，成为资源使用结果的一种统计，从而变成会计；而居于这两者之间的项目计划，一方面会因为失去战略指向，项目就会"各自为战"，难以形成合力，甚至因缺乏系统整合出现重复建设、重复投资等情况，另一方面会因为资源支撑不足、预算安排不够，项目计划难以真正"落地"。早在20世纪60年代美国就建立了以"计划—项目—预算"程序方法为主要特征的国防预算系统（PPBS），21世纪初，针对该系统形式重于内容、烦琐重复等问题，以及应对应急作战需求、科技创新响应不灵活和支持不得力等问题，美国对国防预算制度进行了改革，于2003年构建了"计划、项目、预算与执行系统"（PPBES）。从PPBS到PPBES，其实质就是坚持需求主导资源配置，用军事战略来决定军事能力建设目标与保障需求，由军事需求决定建设规划计划，根据规划计划决定预算安排。这一过程中，国防预算解决的是如何把国家安全目标变成一整套资源配置上的平衡计划，并实现"国防战略—兵力水平—国防预算"转化问题。正如美国人常说的，这是同一个基本决策的三个方面。通过国防预算，美国的国防需求、计划和资源连接成了一个有机整体。

（四）采取"情景—应对"式科学范式

美国国防预算采取的是PPBES。这种预算编制模式的理论逻辑符合"情景—应对"或者"问题—对策"的科学思维范式。通俗地说就是，需求在前，项目在后；先定任务，再有预算。美国国防预算严格依此顺序进行流程设计，每一阶段工作内容丰富，不同阶段任务量相当且不重复，每一阶段工作的成果是下一阶段工作的前提和基础，阶段与阶段之间环环相扣，制度设计严丝合缝。规划计划设计科学，计划向任务项目分解具体细化，每一项预算支出都是用于保障特定任务，针对性极强。这一系列制度设计保证了资源配置的精确性。

（五）保持与会计业务相对分离

预算与会计是国防财会工作的两大核心业务，预算制度与会计制度是规范国防财会运行的两大主体制度。美国国防财政制度体系中实现了预算制度与会计制度的相对分离。按照国会授权，预算编制主要由国防部办公厅预算办公室和各军种预算办公室预算分析师等完成；会计业务主要由国防财会局组织实施，外部接受国家会计总署监督。预算编制主要依据规划计划文件、会计核算与审计监督主要依据国防会计准则。资金支付是会计业务的重要内容，主要由国防财会局及其下属的五大财会中心根据预算统一负责。其中军人工资由各财务中心通过金融网络直接划入个人银行账户；采购资金主要由哥伦布财务中心根据年度预算、合同和支付凭证直接支付给供应商。实现预算制度与会计制度的适度分离，其实质是将预算管理的宏观决策权能与微观的经费供应和支出控制职能的适度分离，并将权能分别赋予不同的主体。其主要目的是加强监督，实现预算控制会计、会计监控预算执行的作用。

（六）赋予预算制度适度灵活性

美国国防预算每年都以法案的形式公布，其预算制度的严格性可见一斑。但辩证地看，严格的预算编制执行规定虽然可以保证资源分配的科学性，但由于预算涉及部门之间的利益分配，一些任务项目本身具有争议性，辩论、听证、审核等过程漫长，预算能否通过和能否及时通过的不确定性较大，这就有可能造成美国国防预算的延迟，这对军事需求及时保障的要求是不利的。为此，美国建立了临时预算制度，即在新一财年预算难以通过审批执行时，国会可以通过"继续决议案"使国防部能将上一年的全部计划继续进行下去，待预算修订通过国会听证、审核后再执行新的预算。另外,美国还设立了一项紧急拨款法案,即在发生战争、自然灾害等重大事件时,为应对这一紧急状态,总统可向国会申请专项拨款。而对于这种紧急拨款申请,国会通常也会放弃繁杂费时的听证审查过程,而在短时间内投票表决,经参众两院同意并协商一致后通过应急预算。

第五节 深化国防预算制度改革的总体思路

深化国防预算制度改革,必须以党的十八届三中全会关于深化国防和军队改革任务总体部署中明确的"建立需求牵引规划、规划主导资源配置机制"为根本遵循,适应社会历史环境的深刻变化和国防预算制度变迁的基本规律,以需求牵引作为未来国防预算制度改革的基本取向,按照新形势下预算管理的总体要求,从改革范围、目标模式、重点领域、改革路径、步骤次序等方面进一步明确深化改革的总体思路。

一、改革范围:坚持问题导向、重点解决制度性问题

深化国防预算制度改革,必须坚持以问题为导向,在解决问题的过程中完善国防预算制度,不断提升国防预算管理水平。当前我国国防预算管理过程中涉及的问题大致可以分为两类:一类是制度性问题,一类是管理性问题。

制度性问题主要包括:(1)国防投入驱动机制与国防预算制度的匹配性问题。(2)预算管理具体政策制度设计问题。包括年度预算的短期性与非连续性、预算科目不能提供有效信息,以及预算安排与规划任务结合不够紧密等。(3)预算管理体制问题。比如经费来源渠道多元、多个财务预算系统并行运转、事业经费"双轨制"等。

管理性问题较多且复杂,主要包括:(1)预算编制不够规范。比如预算编制内容不够完整,资产纳入预算安排流于形式;部分项目经费没有纳入预算安排;零基预算落实不到位;能级管理原则落实不好,项目管理层次单一;项

目论证不充分，审核把关不严，存在虚报多报支出等问题。（2）预算审核审批方法程序不够合理。比如财务部门对事业部门分项预算审核质量难以保证；上级对下级单位预算只进行原则性审核。（3）预算执行不够严格。比如无预算、超预算开支；项目经费管理不严；不按经费标准开支；预算调整不够规范。（4）考评监控不够到位。考评制度不健全，考评手段不科学，考评程序不规范；监控制度不健全，落实不力。

国防预算管理存在的上述两类问题有时互为因果、相互影响、叠加放大，制度性问题有时会加大管理方面的难度，管理性问题反过来会进一步突显制度方面的矛盾。制度性问题与管理性问题的解决都存有较大难度。然而，管理性问题与制度性问题不在一个层面。从某种意义上说，管理性问题是政策制度在管理运行过程中的一种表现。换言之，制度性问题相比管理性问题属于更深一层次的问题。特定的管理性问题从属于某种特定的制度模式，并随着制度模式的变化而发生变化。新的制度模式下，一般会出现两类问题，一类是旧制度模式下的旧问题在新的制度模式下的新的表现形式，另一类是新的制度模式下产生的新问题，旧的制度模式的一些旧问题，随着新的制度模式的确立自然而然地解决了。因此，管理性问题的解决方法，根本在于创新完善制度，主要还是强化管理，推进管理改革，创新技术手段。因此，深化国防预算制度改革，必须对管理性问题与制度性问题作一清晰界定与区分，并始终以制度性问题为重点和牵引，确立改革目标模式，持续推动制度创新。

二、目标模式：具有中国特色的结果导向型国防预算制度

国防供需矛盾发生的根本性转化和"挂钩"政策制度的调整，表明社会历史环境发生了深刻变化，国防投入将由供给驱动型向需求牵引型转变，预算管理权能将由微观领域的供应保障和控制管理向着宏观调控领域拓展延伸，预算职能将由"维持型"向着"发展型"转变，国防预算将由供应控制型转变为结果导向型。顺应这一历史潮流，应当把推动建立具有中国特色的结果导向型国防预算制度作为改革目标模式。

具有中国特色的结果导向型国防预算制度，形式上是多年度预算收支计

划，本质上是将中长期政策计划和多年度预算编制统一起来的制度框架，根本目标在于确立预算编制的政策目标导向。主要内容不仅包括当年预算收支及以后若干年度的收支估计，还包括中长期政策目标、中长期发展计划、收支总量约束和中长期国防经济运行情况预测。从正式制度安排的角度看，国防投入滚动规划管理和国防预算跨期平衡机制是其主要内容，预算管理组织体制提供预算运行的组织框架，收支分类科目体系提供预算资源的配置框架，资源配置基线筹划方法是编制中期预算的核心技术方法，资源配置标准体系、滚动预算项目库、经费支出监管体系、预算支出绩效评价等是重要制度辅助。主要功能，一是通过建立一个在时间上连续的资源规划框架，加强对国防资源的宏观调控；二是通过确立不同项目或者事业部门的支出优先权，优化国防资源配置；三是强化资金和政策的可预见性，促进各部门提前规划，确保项目的连续性；四是硬化预算约束，提高资金使用效益。

当前实行的是以年度预算为存在形式的国防预算制度。这一预算制度是在国民经济实力较弱的环境下适应供给驱动型国防投入增长的一种财力资源配置框架。尽管也存在这样或那样的一些问题，但从总体而言这一预算制度较好地适应了历史环境，对于保障国防和军队建设发挥了重要作用。但随着形势发展变化，年度管理为特征的预算制度已经不能适应战斗力保障力要求，甚至开始在一定程度和部分系统领域阻碍了战斗力保障力的有效生成。为此，必须深入推进国防预算制度改革。从制度特点与制度功能来看，具有中国特色的结果导向型国防预算制度属于中期预算的一种形式，可以较好地满足中国国防预算制度改革需求，实现制度需求与制度供给的对接。

三、重点内容：国防投入滚动规划与预算跨期平衡机制

预算制度的设计内容非常丰富，就制度本身而言至少可以包括如下方面：预算管理组织体制、收支分类科目体系、预算编制程序方法、预算审批与执行、预算绩效评价，以及预算报告体系等。建立具有中国特色的结果导向型国防预算制度，有以下两个方面内容比较重要：一方面是国防投入滚动规划，这是中期预算框架的核心内容，目标直指预算管理的宏观调控权能；另一方面是

预算跨期平衡机制,它与国防投入滚动规划是相伴而生的制度运行机制,国防投入滚动规划能否保证有效调控资源依赖于预算跨期平衡机制的成功运转。除此之外,预算管理组织体制、收支分类科目体系,以及资源配置基线筹划方法作为实施结果导向型国防预算的制度基础,也缺一不可、非常重要。其中,预算管理组织体制提供预算运行的组织框架,收支分类科目体系提供预算资源的配置框架,资源配置基线筹划方法是编制中期预算的核心技术方法。

四、路径步骤:自上而下、分类解决、统筹兼顾、协调推进

深化国防预算制度改革,必须立足当前制度条件与矛盾问题,着眼国防和军队建设长远发展,统筹规划、系统设计,走出一条科学合理、便捷高效的改革之路。

自上而下,主要是采取决策层设计发动、管理层组织实施、业务层贯彻落实的步骤次序,推进国防预算制度改革。"自上而下"的制度改革方式,在经济学中被称作强制性变迁,与之对应的是诱致性变迁,即由微观主体先行,逐步推广,最终得到宏观决策层确认的改革,也可称作"自下而上"。"自下而上"的改革,属于渐进式的增量改革,比如改革开放初期的联产承包责任制的推广。"自上而下"的改革,属于存量改革,首要特征是决策层发动,但这类改革取得成功的关键在于决策层基于现实问题的深刻洞察,并且有先进的思想理论作指导,这类改革推动的时机,往往是在社会经济发展遇到瓶颈、处于爬坡上坎关键阶段,此时渐进式的"自下而上"增量改革无法通过自我调式实现"自适应",只有靠先进的理论指导实践,推动改革在关键领域、关键环节实现突破,从而带动全局。结果导向型国防预算,是跨年度预算,相比于年度预算,表面上看,预算周期延长了,但更为根本的区别在于,它是适应"需求牵引国防投入机制"的一种国防预算制度,这是对适应"供给驱动国防投入机制"的国防预算制度的完全替代,它在预算目标、权能属性、预算原则、编制方法等方面都发生了根本变化。建立结果导向型国防预算,意味着对国防预算制度的根本变革,改革难度前所未有。在对结果导向型国防预算制度模式充分科学论证的前提下,只有采取"自上而下"的改革方式,才能推动改革深

入发展，才能达成预期目标，取得改革效果。

  分类解决，主要是针对制度性问题的不同情况采取不同的解决方法。建立中期预算制度，改革的重点是解决制度性问题。制度性问题表现为三种情况：第一种是旧有的制度模式不适应新的形势和新的环境，比如年度性问题、以定支问题、分项列支问题。第二种是一些基于新形势新环境下的改革动向与改革举措，由于总体改革指导还不完善，比如预算安排与规划任务结合问题，表现在预算安排与中长期规划计划结合不紧，预算编制与年度工作任务结合不紧密。第三种是与新旧形势没有直接关系，但因历史与现实原因形成的不符合预算管理规律，或不利于预算制度运行的瓶颈障碍，比如多头拨款等管理体制问题。这三类情况的解决，必须要针对性地采取不同措施。第一种和第二种，解决问题的方法实质是一致的，都可以通过确立中期预算的改革目标、科学设计制度框架予以解决。第三种，与预算制度改革的目标模式没有直接关系，但对预算制度有效运行有影响，必须纳入国防和军队改革的整体框架中，通过组织体制的改革来专门解决。

  统筹兼顾，主要是在改革次序上要兼顾近期和远期目标。结果导向型国防预算制度是未来改革的目标模式，参与决策过程的宏观调控必然成为预算管理的重要权能。但供应管理与支出控制的预算管理基础性作用不可动摇，围绕控制导向的技术方法改革不能松懈。近期应以控制为导向进一步强化财经纪律，同时推进相关领域改革，为中期预算改革奠定基础。

  协调推进，主要充分考虑改革的基础条件，系统评估已有改革的进展成效和推进改革可能遇到的矛盾困难，循序渐进，积极稳妥地组织实施，尽可能地降低改革风险和代价。

第五章

实行国防投入滚动规划管理

国防费是中央财政支出的重要部分，国防财政是国家财政的重要组成，国防财政规划管理是国家财政规划管理在国防领域的拓展延伸。当前，国家上至中央下至各省市县紧紧围绕党的十八届三中全会作出的"深化财税体制改革"决定，大胆探索并积极试点推行中长期财政规划管理。国防投入滚动规划管理，作为建立具有中国特色的结果导向型国防预算制度的核心组成，应当牢牢把握这一重要战略机遇，以此为契机，积极学习借鉴相关理论与实践经验，在制度设计安排上做到同步协调，实现国防和军队改革与经济社会改革的同频共振、国防建设与经济建设的协调发展。

第一节 国防投入滚动规划的基本框架

国防投入滚动规划，形式上是一种多年期计划，它以报告年度作为基期年，规划时期跨度三年，并且每年编制国防投入规划时，根据国民经济运行和军队建设发展情况将规划时期向后递延一年，实行滚动编制和管理。

一、多年期计划存在形式

借鉴中长期财政规划管理，国防投入规划目前理论上有两种存在形式可供选择。一种是多年期的财政计划或规划，即对一定时期社会经济状况及其内外部环境进行深入考察分析,对未来若干自然年度的财政经济运行情况作出判断预测,最终形成多个年度财政收入与支出的计划报告。这一计划报告将被纳入财政预算过程,作为编制年度预算的重要依据和参考。比如英国的公共收支五年计划,其具体做法是,一方面对计划周期内(五年)的财政收入情况进行评估,另一方面编列当前预算年度公共支出概算,并对以后四个年度公共支出作出预测,前三年为公共支出预定额,后两年是估计数,年度预算中的议定支出以此为基础编制。

另一种是直接的中期预算。即在第一种多年期财政计划的基础上,将各年度财政收支计划直接作为各个年度预算。采取这种形式的国家主要是美国。比如美国联邦预算至少包括上一个预算年度、当前预算年度和下一个预算年度,时间跨度三年,近些年这一时间跨度有所拉长。美国国防预算则采取两年期预算,偶数年打头、奇数年置尾,偶数年被称作预算年、奇数年被称为非预算年,每两年为一周期并对下一周期预算进行编制,具体主要是在预算年对下一周期两年经费开支作出安排并编制预算。

对比两种存在形式,显然直接的中期预算是多年期财政规划的升级版,不仅要对财政收支作出准确预测,对国防和军队建设以及国防经济运行的计划性要求也很强。其实,美军的军事计划性如此之强也不足为怪,因为美国对各国经济、政治、军事有着重要影响,美国的战略方针和军事计划往往能够根据其国防需求而落到实地。与美国强大的综合国力以及美军的现代化管理水平相比,客观地讲,我军确实还存在较大差距。况且目前我国国防投入中长期计划水平还远未达到多年期财政规划的制度设计要求,更别说采取直接中期预算这一多年期财政规划的升级版。因此,立足现实条件,综合考虑我国国防预算管理制度基础、国防规划管理能力、经济预测技术水平等多方面因素,我国国防投入规划宜以国防投入中长期计划为基础,采取多年期计划的存在形式。同时需要注意的是,结合发达国家推行多年期财政规划经验,要最大限度发挥国防投入规划管理作用,必须强化约束机制,当年国防费预算的编制必须在国防投入规划框架下进行,当期预算编制必须遵从当期投入计划,同时,未来若干年度的投入计划对以后年度国防预算的编制具有一定约束力,是以后年度预算编制的指导性文件,在未经法定程序调整变更前具有对国防预算的硬性约束的作用。

二、报告年度作为基期年

以多年期计划形式存在的国防投入规划，是将规划报告拟制当年的年份计算在内的多个年度国防费投入使用计划。规划报告拟制当年即称作报告年度。根据报告年度在多年期计划所处的位置的不同，可以将国防投入规划区分为两种。一种是以报告年度为基期年份，编制未来若干年份的经费投入与开支使用计划，当年预算与报告年度经费开支使用计划所覆盖的时期完全重合，报告年度成为多年期计划的第一年，以报告年度为基年向后延伸一年，为多年期计划的第二年，基期年延伸二年即为多年期计划的第三年，以此类推。

另一种是以报告年度为中心年份，将多年期国防投入计划时间范围予以前后扩展，如果是三年期前后分别扩展一年，若是五年期则前后分别扩展两年。在向后扩展的年度，经费投入与开支使用计划具有预测以及对未来若干年份的国防费年度总预算的约束作用，这与前一种以报告年度为基期年份的作用相同。向前扩展的年度，因国防预算已经实施，相应的年份已经成为过去时，所以过去年度的国防预算只是在某些方面进行形式上的调整改进。之所以将以往年份国防预算纳入多年期计划中，其主要考虑是，一方面便于更好地理解与执行当年预算以及对未来年份经费投入与开支计划的预测；另一方面也是为了解决因预算科目调整、经费保障范围变化等情况导致的多个年度预算缺乏连续性与可比性等问题，根据报告年度预算管理制度调整变化，对往年经费开支使用情况按照新的预算格式进行调整优化并重新编制。当然，报告年度在多年期投入计划中可以不处于中心年份，既可以接近未来年度，也可以偏向以往年度。前者比如，报告年度居于五年期计划中的第二年，这样，五年期计划中的第一年是上一年国防预算，第二年是当年国防投入及其经费开支使用计划或者直接的国防预算，第三、四、五年则是以后第二、三、四年的年度国防投入计划。后者比如，报告年度居于五年期计划中的第四年，原理同前。

虽然从制度功能来看，以报告年度作为中心年份，或是将报告年度置于多年期计划的期中，既可以起到提供对比信息的作用，同时也可以起到预测和约束未来年度国防预算的作用，与以报告年度为基期年相比，前者更加完美，但就实用性而言,显然后者效果更为明显,因为一方面,多年期计划所关注的重点仍然是对未来国防投入开支与使用的预测及约束功能,显然在多年期时长一定的情况下后者的预测和约束期更长;另一方面,对以往年度国防预算进行重新编制,可能可以提供一些有用信息,但其存在制度实施成本,而且得不偿失,制度实施成本相比获得的制度收益要大,这一情况在预算调整改革期间表现得更为明显。事实上,以报告年度为基期年也是目前推行多年期财政规划的发达国家政府普遍采用的方式,较为成熟。因此,我国国防投入规划应以报告年度作为基期年。

三、规划期跨度三年为宜

决定规划时期跨度的因素主要来源于两个方面:规划需求与规划精度。由于战斗力的生成是一个长期过程,因此,国防投入规划的时期跨度越长,国防投入的前瞻性越高,将越有利于强化经费投入与战斗力产出相关政策的联系,从而提高国防政策的连续性,最终有利于战斗力的持续稳定生成。但另一方面,随着规划时间的延长,受未来不确定性因素影响以及规划和预测技术水平的限制,未来社会经济运行状况与国防和军队建设情况也越不容易估计,国家财政收入与财政支出,以及国防投入及其开支使用等情况就越来越难以准确判断,规划的精度将越来越低,越是远离基期年,规划的精度越差。因此,从理论上讲,就国防建设规划需求而言,规划时期长度越长越好,但就规划精度而言,规划时期跨度越短越好。

综合考虑规划需求与规划精度两方面因素,规划时期跨度既不能太长,也不能太短,这里存在一个度。从目前推行多年期财政规划的世界发达国家来看,时期跨度一般都不太长,多为 2~5 年,预测技术水平较高的国家可能采取相对较长的规划时期,比如英国、德国、美国、加拿大的规划期限稍长为 5 年,而新西兰、澳大利亚、俄罗斯和法国的规划期限为 3 年。我们的研究表明,从国防经济运行的规律来看,我国国防需求波动存在一个循环周期(见图 1-13),大致为 3~5 年。因此,借鉴国际通行做法,考虑我国国防经济实际情况,将国防投入规划时期跨度设定在 3~5 年,不仅有助于实现国防投入与国防和军队建设的协调同步,而且对于提高规划精度本身也有着重要的指导意义。

从我国政府部门制定的建设规划情况看,目前,经济社会发展规划时期跨度是5年,相应的,国家各部委在制定本部门的建设发展规划时,也都相应地将规划时间设定为5年。为实现与国民经济建设协调、与国防建设整体发展同步,从制度衔接的角度,应当将国防投入规划时期跨度目标设定在5年。但考虑到现实情况,目前我国经济发展正处于结构性深度调整阶段,经济转型和体制变革以及外部环境的变化使得经济社会发展面临着较大的不确定性,同时国际形势风云变幻,国防需求波动幅度加大,加之我国国防投入的中长期分析和政策规划能力还有待提高,短时间内难以建立起较为准确可靠的宏观分析框架和长期国防投入政策规划。因此,我国国防投入规划时期跨度不宜过长,建议实行3年期的周期性管理。在不断积累经验,提高技术管理水平的基础上,再逐步拓展规划管理周期,可以随着经验的积累先对重大计划项目和法定支出项目适当延长时期跨度,最终将整个投入规划时期过渡到5年。

四、逐年递推式滚动调整

国防投入规划与规划之间的衔接方式,主要有两种,一种是继起式,另一种是滚动式。

继起式,主要是指规划与规划之间的时期跨度并不重叠,上一轮规划完结后的下一个自然年度开启新一轮规划,同时新一轮规划的制定要充分考虑上一轮周期规划执行情况。比如,目前我国国民经济社会发展五年规划以及各行业建设发展五年规划,都属于这一类型。其理论上的考虑是,新一轮规划的目标与任务必须建立在上一轮规划完成情况和系统评估的基础上,如果上一轮规划完成得较好,各项指标均已经完成,甚至超出,那么新一轮规划制定的计划指标就可以更高一些;但如果上一轮规划完成得不好,一些目标没有实现,新一轮规划就必须深入分析原因,检讨预测方法技术,压低某些指标。因此,这一类型规划的制定,往往是待上一轮规划完成、新的一轮规划周期开启之后。事实上,就我国现实情况而言,也有其合理性。目前我国政府五年一换届,与规划时期跨度一致，但起止时间不同，规划期一般是十年当中的第 1～5 年、第 6～10 年，该年份的 1 月 1 日为规划起始时点、12 月 31 日为终止日，比如国家的"十二五"规划是 2011～2015 年；但政府换届则是十年当中的第 2～7 年，第 7 年至下一个十年中的第 2 年。这样，新一届政府事实上就在执行上一届政府制定的规划，同时也为下一届政府工作明确目标任务。这样的制度框架就为上一轮规划评估和下一轮规划制定之间的衔接提供了较好保障，也提供了较为充裕的论证时间，不至于因政府换届而显得仓促。但存在的问题是，规划对于各项工作具有重要的指南作用，因此规划的制定一般都比较谨慎，越是谨慎、规划制定的时间越长，但如果时间拖得过长，将会影响新一轮规划的执行及下一年的工作，比如我国国民经济"十三五"规划纲要草案直到 2016 年 3 月全国人大才正式表决通过，也就是说在新的规划周期有一个较长时间各项工作缺乏规划指导。

滚动式主要是指规划与规划之间的时期跨度重叠，上一轮规划没有完结，仍在执行过程中，就必须开始着手制定下一轮规划，随着规划的执行不断延伸补充预算，逐期向后滚动，使规划期始终保持在一个固定的期间长度。比如，在本轮规划的第二年编制本轮规划向前延伸的一个自然年度的国防投入与经费开支使用计划，同时对本轮规划剩余年度投入计划进行调整，剩余年度与新一个自然年度的投入计划合并在一起形成新的一轮规划。因此，国防投入滚动规划就是每年编制一次国防投入三年计划，每次向后滚动一年，每年都要根据上一年国防预算执行情况的评估结果，以及对国防和军队建设发展及各方面情况变化的最新预测，对国防投入和经费开支使用计划的相关指标进行调整、修改，以避免计划与实际脱节，保证实现国防财政与国民经济的协调以及国防收入与经费开支使用的互动，保证国防和军队建设宏观决策选择和国防投入政策执行的系统性与连续性。采取三年滚动方式编制的国防投入滚动规划，第一年规划约束对应年度预算，后两年规划指引对应年度预算，年度预算执行结束后，对后两年规划及时进行调整，再添加一个年度规划，形成新一轮国防投入规划。

事实上，美国国防预算表面上看是继起式的，因为两年期预算中，偶数年始终是该周期预算的第一年，奇数年始终是第二年，两轮预算的衔接方式必然是上一轮的奇数年和下一轮的偶数年，而不是偶数年在前、奇数年在后。但实际上，美国国防预算是滚动式的，因为每一轮预算周期在执行过程中，都开始编制确定下一轮预算，比如上一轮的第一年即已经开始着手编制下一轮的两年预算，上一轮的第二年调整下一轮第二年预算，进入下一轮预算周期后直接执行上一轮编制确定的预算，并开始着手编制下一轮预算，如此循序推进。

立足我国国防和军队建设实际，着眼未来发展，借鉴世界发达国家国防和军队建设经验，我国国防投入规划应当采取逐年递推滚动编制的衔接方式（见图5-1）。一方面，从实际情况来看，实行滚动规划有助于解决规划与预算编制时效性差的问题。实行滚动规划，第一年国防投入规划约束对应年度预算，后两年规划指引对应年度预算，即使下一年预算没有批复，滚动规划仍然对这一年预算安排具有指导作用，这就可以在较大程度上解决规划与预算时效性差的问题。另一方面，从理论上看，每年滚动编制规划，一些远期因素随着离报告年度的接近，不确定性逐渐减少，确定性逐渐增强，根据确定性不断上升的因素滚动调整编制规划，有助于逐期缩小规划计划与实际之间的差距，延展提升规划的科学性与客观性。从这个角度看，继起式的投入规划，越是到规划末期，规划与实际的差别越大，其指导性作用越小，而滚动编制国防投入规划，可以始终保持计划与实际之间的契合性，指导性作用较强。

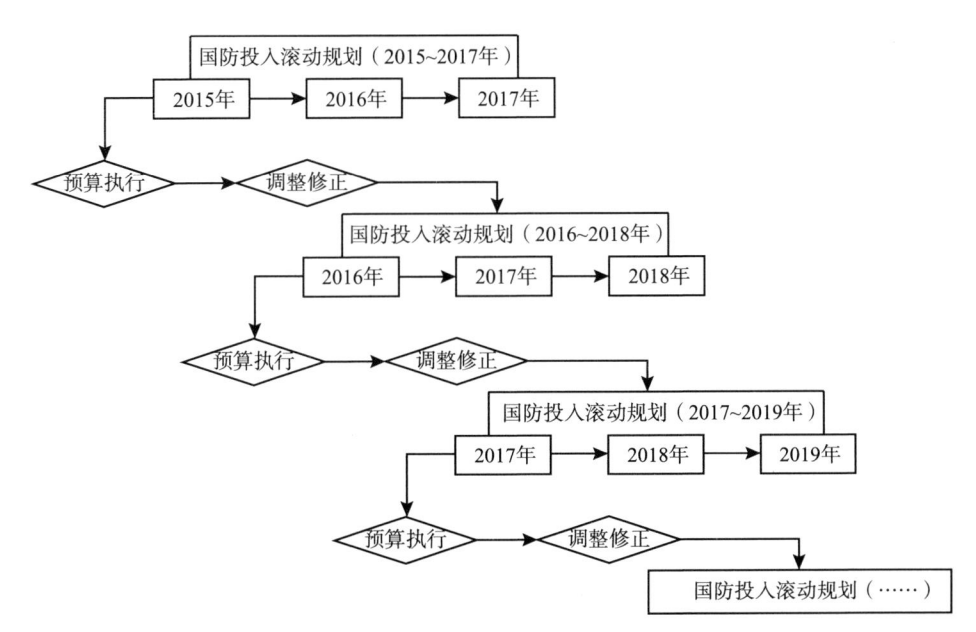

图5-1 国防投入逐年递推式滚动调整

资料来源：笔者研究设计。

五、需求—规划—预算体系

根据国防和军队改革要求，国防资源配置机制应以需求为牵引、以规划为主导，国防投入滚动规划框架应当建立"需求—规划—预算体系"。该体系主要包括国防需求分析、三年国防支出框架、年度国防费总预算、国防投入政策评估和国防费预算审核五个部分，其中支出框架与年度预算是关键，需求分析是前提基础，政策评估与预算审核是重要辅助，具体如图5-2所示。

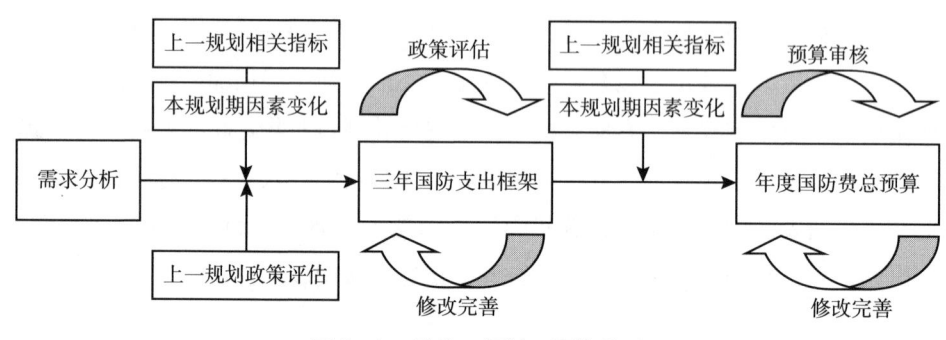

图 5-2 需求—规划—预算体系

资料来源：笔者研究设计。

国防需求分析评估，是国防投入滚动规划设计的逻辑起点，也是投入规划实现的制度基础，主要是通过国家安全分析、作战能力评估、国防和军队建设评价等方式，建立从"国家安全需求—军事战略需求—军事能力需求—作战需求—建设需求"的资源需求形成链，为拟制三年国防支出框架提供根本依据。

三年国防支出框架，是国防投入滚动规划的核心，主要以上一规划期国防投入情况为基准，考虑当年和未来若干年份政策制度环境等因素变化情况，根据国防和建设需求，科学设计三年国防投入规划，重点明确三年国防投入总量及其结构，即立足国家财政资源可能，着眼国家财政风险最小化和国家安全产出最大化，科学安排三年期国防投入总量，合理确定年度递增率，适度调控国防各领域各系统各部门的资源投入份额。从制度设计的层面看，三年国防支出框架主要包括国防支出目标、国防支出政策内容以及国防支出具体安排等方面内容。

年度国防费总预算主要是以上一规划期第二年预算限额、三年规划期结构比例等为基准，考虑当年政策制度环境等因素变化情况，根据当前三年国防支出框架总体要求，对规划期基期年份国防预算收入与支出作出的详细安排。从制度设计的实践角度看，年度国防费总预算，形式上与三年国防支出框架是包含与被包含的关系，内容上既是三年国防支出框架的重要组成，与规划期后续两年的国防预算收支计划有着紧密联系，同时在相关内容设计和制度安排上又自成体系，具有独立的编制程序、编制方法与报告内容。

国防投入政策评估是国防投入滚动规划的重要制度安排，主要是对三年国防支出框架的有关内容，重点就国防费保障方针、国防费拨款机制以及国防投入总额与历年预算限额和重大结构比例关系等重大政策制度安排，从科学性合理性等方面进行评价，为政策调整和未来政策走向提供意见建议。

国防预算审核作为国防投入滚动规划的重要制度安排，主要是对国防预算收支安排，重点是对基期年度的一些重大收支安排，从贯彻落实规划计划等方面进行综合性审核，为科学分配使用国防费资源提供意见建议。

国防投入政策评估与国防费预算审核，从性质上看，两者具有相似性，都是对国防投入科学性合理性进行的监督控制，但两者监督控制的对象不同，前者是三年国防支出框架，而且重点是支出框架中的国防投入政策，后者是年度国防费总预算。从监督控制的目标上看，两者都是为了保证"需求牵引、规划主导"资源配置体系诸环节的紧密衔接和配置机制的运行顺畅，但发挥作用的着力点不同，国防投入政策评估主要用于保证国防投入过程中"需求牵引"作用的发挥，用于紧密国防需求与国防规划投入之间的关系；国防费预算审核主要用于保证年度国防费安排过程中"规划主导"作用的发挥，用于紧密规划计划与国防费预算之间的关系。

第二节　国防需求分析评估

国防需求分析评估，主要是按照国家安全和军事战略方针引领国防实力和作战能力建设，作战需求牵引建设需求的思路，通过分析与评估等手段，区分内容性质以及程度大小两方面内容，科学合理确定规划期内的国防需求。

一、国防需求分析评估的主要内容

国防需求，即应对国防安全威胁的资源需求，反映到预算资源上就是一个个具体的任务或者项目。因此，国防需求分析评估的起点一般是国家安全，分析评估的思路一般遵循从国家安全形势到国家安全战略，从国家安全到国防安全，从军事战略到作战能力，从作战需求到建设需求，从建设规划到计划项目的逻辑顺序。其中，国防需求分析评估的聚焦点在作战需求与建设需求。据此，国防需求分析评估的主要内容归纳为以下三个方面：

（一）军事战略与作战能力目标分析

主要分析确定规划期的军事战略与作战能力目标。从现实来看，军事战略方针根据现实国家安全形势不断调整。20世纪80年代初期，邓小平同志科学研判国内外安全形势，领导确立了"积极防御"的军事战略方针。进入90年代，着眼国内外环境的深刻变化，党中央明确提出将新时期军事斗争准备的基点放在打赢现代技术特别是高技术条件下的局部战争。新世纪新阶段，随着战争形态演变和国家安全形势变化，军事战略方针调整为打赢信息化局部战争。当前和未来一个时期，积极防御的战略思想不会改变，打赢信息化局部战争这个军事战略方针也不会发生大的变化。军事战略分析的重点，应当放在规划期军事安全威胁方向的战略布势上，主要明确不同战略战役方向的作战要求。作战能力目标分析，主要是按照既定的军事战略方针，依据不同战略方向及其战略布势要求，确定战争样式及其作战能力要求。规划期内军事战略和作战能力目标分析的结果，形成"军事战略与作战能力目标分析报告"。

（二）国防和军队建设情况检验评估

主要是对当前国防和军队建设情况进行客观描述和评估。可以通过考察上一轮规划执行情况，对国防和军队建设实际进行评估，判断上一轮军事战略与作战能力目标达成情况，分析目标未完成的原因，总结经验教训。评估的结果形成"国防和军队建设情况检验评估报告"。对国防和军队建设情况有一个客观准确的判定，是这一环节的关键，因为这不仅是对上一轮规划的总结，更重要的是下一轮规划制定的起点和基础。国防和军队建设情况，是对微观领域一个个具体的事业任务和建设项目的宏观反映。因此，对国防和军队建设情况的检验评估，必须遵循"作战要素→作战单元→作战系统→作战体系→作战能力"的战斗力生成规律，将作战能力相关战技指标逆向逐层分解细化，同时将事业任务与建设项目分体系、分系统、分单元、分要素归类汇总，按照不同层面的战技指标对相应任务项目情况进行综合评估，按照不同权重汇总生成国防和军队建设总体评估结果。

（三）国防和军队建设任务项目库与建设指导方案

主要是从实施操作层面，为本轮规划期内的事业任务和建设项目提供指导性意见。具体而言，根据"军事战略与作战能力目标分析报告"中确立的新一轮规划期内的军事战略与作战能力目标，将相关战技指标按照"作战体系→作战系统→作战单元→作战要素"的顺序，逐层分解至不同领域不同部门不同系统，形成"作战能力目标参照体系框架"。同时，将"国防和军队建设情况检验评估报告"中评估确认的事业任务与建设项目情况，与"作战能力目标参照体系框架"进行对比，根据对比的结果选择确定相应任务项目：与上一轮规划目标相比，内容性质没有发生变化的，确定相应延续项目，其中，目标程度发生变化的，即相应战技指标发生变化的，相应调增调减项目计划；对于因军事战略方针调整或作战能力目标调高的，相应确定新上项目；对于因军事战略方针调整导致相关作战能力目标撤销的，相应确定中止项目；对于纳入军民融合范畴的，军方主责的，要增加相应项目，地方有投资计划的，要减少相应项目。

二、国防需求分析评估的文本设置

国防需求分析评估文本设置的总体框架如下：

"军事战略与作战能力目标分析报告"主要包括国家安全形势分析、国家安全战略分析、国防安全形势分析、国防安全战略分析、军事战略分析、作战能力要求与目标分析。同时形成一份附件"作战能力目标参照体系框架",即将作战能力目标逐层分解细化,形成一个参照体系。

"国防和军队建设情况检验评估报告"主要包括当前国防和军队建设情况(区分不同系统、领域、项目、任务等),上一轮军事战略与作战能力目标达成情况,目标未完成的原因及其经验教训。

"国防和军队建设任务项目库与建设指导方案"是国防需求分析评估这一环节的最终文本,也最为重要,它是"需求牵引"发挥作用的"领头"文件。具体文本框架应当在可能的战场形态与战争样式下考虑设计,并依据未来战争作战能力目标需求确定文本内容。一般而言,战争形态无外乎战场进攻与战场防御两种,战争样式则可以根据战场维度区分为陆地、海上、空中、太空和网络等若干种。我国目前面临着多种安全威胁,相应地,国家安全要求具备多种安全保障能力。根据不同战场形态与战争样式,我军的作战体系相应的应当包括陆地进攻作战能力体系、陆地防御作战能力体系、海上进攻作战能力体系、海上防御作战能力体系、空中进攻作战能力体系、空中防御作战能力体系,以及太空作战能力体系和网络作战能力体系,等等。虽然作战体系不同,但现代战争条件下的每一作战体系都是诸军兵种联合作战体系。因此,作战体系在系统构成上具有相似性,区别仅在于系统构成的比重有所差别。比如任一作战体系都至少应当包括指挥控制系统、侦查预警系统、作战武器装备系统、训练设施与战场建设系统、综合保障系统等若干系统。每一系统作战单元和作战要素根据实际情况各不相同。显然,与依据作战单元和作战要素相比,根据作战系统来设置"国防和军队建设任务项目库与建设指导方案"的文本框架,接口更为适度;后者与依据作战体系设置相比,任务项目的指向性更为明确,也更为直接。

三、国防需求分析评估的基本程序

国防需求分析评估环节是国防需求的形成阶段,其输出结果是以明确的任务项目为主要形式的国防需求,从而为引导国防费资源配置提供根本依据。国防需求分析评估的一般程序步骤可以设计如下(见图5-3)。

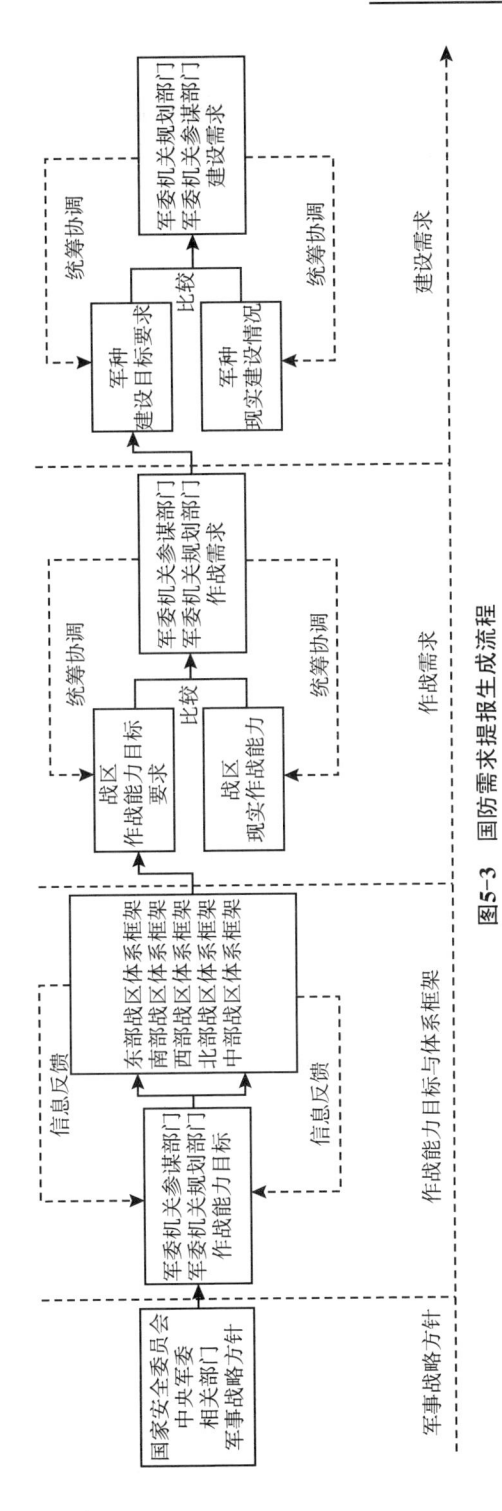

第五章 实行国防投入滚动规划管理

图5-3 国防需求提报生成流程

资料来源：笔者根据国防部网站（http://www.mod.gov.cn）相关资料自行整理设计。

— 133 —

第一步，国家安全委员会与中央军事委员会共同主导制定本轮规划期间的军事战略方针。由国家安全委员会与中央军事委员会主导，军委机关参谋部门、规划主管部门等相关部门全程参与，根据某一历史时期的国家利益诉求与总的社会发展方针，通过对国际政治经济形势与国内社会发展状况及其变化趋势的深入分析与合理预测，判断国家安全将面临的威胁及存在的主要问题，制定本轮规划期国家安全和军事战略方针。

第二步，军委机关联合各战区确定本轮规划期间的作战能力目标。由军委机关参谋部门和规划主管部门共同主导，各战区负责相应战略战役方向。具体方法程序是，着眼国家安全和军事战略方针，立足国防建设现状和科技发展水平，依据战斗力生成变化的特点规律，通过战斗力 SWOT 分析，科学判定作战能力生成的优势、不足以及面临的机会与挑战，全面解析战斗力生长点，从而系统全面地确定规划期内各战区各作战方向符合国家安全和军事战略方针的作战能力目标。各战区将本区作战能力目标体系框架上报给军委机关参谋部门和规划主管部门，由军委机关参谋部门和规划主管部门统筹规划后，联同由国家安全委员会与中央军事委员会主导形成的军事战略方针，拟制形成"军事战略与作战能力目标分析报告"，并将不同战区作战能力目标体系框架分解下达相应战区。当然，滚动规划中的作战能力目标应当区分不同年度确定，是具体而明细的。

第三步，军委机关联合战区判定滚动规划中的作战能力目标差异并进行合理化论证。主要由军委机关规划主管部门和参谋部门共同主导，各战区负责。一方面，将本轮规划期间确定的军事战略方针，与上一轮规划期进行对比，判断有无差异，并进行差异的合理性论证。另一方面，重点将上一轮规划期与本轮规划期重叠部分（主要是两个年度）的作战能力目标进行对比，判断差异并进行合理化论证。其目的是保证本规划阶段确定的军事战略方针和作战能力目标的科学性合理性。

事实上，在前期已有规划的基础上，上述程序可适当简化。主要方法是借鉴基数法原理，通过分析国防需求影响因素的变动情况，在上一轮规划的基础上，对军事战略与作战能力目标进行相应调整。如果国防需求影响因素没有变动，则无须调整；如果国防需求影响因素变动较大，则进行较大调整，反之则进行较小调整。

第四步，相关战区确定作战需求。主要由战区机关依据国家安全委员会与中央军事委员会联合确定的军事战略方针、军委机关参谋部门和规划主管部门明确的战略战役任务以及作战能力目标参照体系框架，分解确定本战区人员配备、设施器材、武器装备、战场环境等作战能力目标要求；依据作战能力目标要求对战区部队现实作战能力进行综合量化评估。作战能力目标要求与现实作战能力之间的差距即为作战需求。战区应当科学研究分析现实能力与目标要求之间的差距及其原因，并形成战区作战能力评估报告上报军委机关参谋部门和规划主管部门。

第五步，军种和军委机关部门提报建设需求。军委机关规划主管部门和参谋部门统合各战区作战需求，连同"国防和军队建设情况检验评估报告"，区分军种分解下达诸军种部。各军种根据作战需求，研究确定本军种的工程建设、物资采购、技术研发、教育培训等建设目标要求，并比照"国防和军队建设情况检验评估报告"中评估确定的实际建设水平，进一步分析确定国防和军队建设需求，在此基础上形成军种建设发展规划，上报军委机关规划主管部门和参谋部门。军委机关规划主管部门和参谋部门汇总平衡各军种建设规划，统筹研究制定形成国防和军队建设发展规划，以"国防和军队建设任务项目库与建设指导方案"形式，区分军种下达诸军种部。

第三节　三年国防支出框架

三年国防支出框架作为国防投入规划的核心内容之一，是以满足国防需求为出发点，对三年规划期国防投入政策目标、管理办法的明确与具体安排以及国防投入规模结构及其增长变动的总体设计。

一、三年国防支出框架的主要内容

主要包括三个方面内容：国防支出目标、国防支出政策内容以及国防支出具体安排。其中国防支出政策内容是为实现国防支出目标而确定的方针政策和具体管理制度，国防支出具体安排主要是国防支出政策内容的一种数字表达形式，包括国防支出总量、结构比例、增长速度以及每年的大致安排等。

（一）三年国防支出目标

从局部均衡的角度看，任一规划阶段国防支出的目的都是为了国家安全的实现及其产出极大化。从资源投入到效能产出，国防费资源以需求为牵引，配置到各个战斗力要素生成环节、投入各个战斗力生成领域。因此，国家安全产出极大化这一目的等价于军事需求的满足、战斗力的生成及提高等目标。从一般均衡的角度看，国防投入来自中央财政，中央政府在配置公共资源时，在国防支出与非国防政府支出之间存在一个取舍，因为国防支出的非生产性特征，国防投入与经济建设似乎是"鱼"和"熊掌"的关系，国防投入过多，势必影响经济建设，而经济建设投入过多，又会影响国家安全。因此，从中央政府的角度看，任一规划阶段国防支出的目标设定应当有一个更高的全局的站位，即在保证既定国防安全目标的情况下，不过多影响甚至是损害经济建设，要求实现经济建设与国防建设协调发展。上述表明，国防支出目标主要是配置效率和使用效率。其中，配置效率主要是在既定的中央财政资源约束下实现国防投入与非国防公共投入的科学合理比例，以及既定的国防投入规模下实现国防投入在不同军事需求上的科学合理配置。使用效率主要是在既定的国防预算安排下，经费支出的国防和军事效益更高，或者既定的国防和军事产出的前提下，开支使用的经费更少。

（二）支出政策内容与具体安排

1. 国防费保障方针

主要是明确国防费保障的指导思想与基本原则。在表述方式上可以比较灵活，比如在国防建设服从并服务于经济建设、"军队要忍耐"时期可以是保障生活、保障装备。进入新时代中国特色军事革命时期，国防费保障方针的基本内涵有了进一步的丰富和发展，虽然没有像以往那样简短具体，但非常明确的是在习近平强军思想的指引下，国防投入要向着高质、新质战斗力聚焦倾斜。

2. 国防拨款政策机制

主要是从国家政策制度层面明确国防投入决定机制和运行程序等。其主要内容包括：决定国防投入的政策制度要素及其运行机制，以及国防拨款渠道、拨款程序与具体办法。国防投入的决定机制，比如是按照GDP（或者中央财政支出）的一定比重确定国防投入，或者按照GDP（或中央财政支出）增长的一定比例确定国防投入，还是按照军事需求确定国防投入；国防拨款的运行机制，比如是采取一个渠道对国防和军队拨款，还是多个渠道共同拨款，等等。我们的研究表明，在近一个较长时期，我国国防投入是按照紧盯国民经济指标的方式确定的。十八届三中全会明确要清理财政挂钩事项，适应公共支出领域的这一发展趋势，国防投入与经济指标的相关性势必逐渐减弱。可以预见，未来一个时期，中央财政经济状况虽然仍对我国国防投入产生较为重要影响，但已不再可能成为完全的唯一决定因素，在逐步确立起来的以需求为牵引、规划为主导的资源配置框架下，国防投入将更多地考虑国防和军事需求因素。

3. 国防投入增长方式

主要是明确某一规划阶段或若干阶段国防投入增长状态与增长速度。增长状态，主要是某一规划阶段国防投入的增长趋势。如果是正增长，就意味着国防投入政策是总量扩张型的；如果是负增长意味着国防投入政策是总量紧缩型的；如果是直线增长，就意味着国防投入政策是匀速扩张型；如果是加速增长，增长曲线开口朝上，意味着国防投入政策是加速扩张型；如果是减速增长，增长曲线开口朝下，则意味着国防投入政策虽然仍属于总量扩张型，但下一阶段的趋势将逐步收缩，未来可能转变为总量紧缩型的政策；如果是波动式增长，一个时期是正增长、一个时期是负增长，一个时期增长得较快、一个时期则较慢，这种增长方式在短期比较少见，在一个较长的时期（若干阶段）表现得比较明显，这意味着国防投入政策的周期性特征比较明显。

增长速度，主要是对国防投入增长状态的一种定量描述，一般采取环比的方式确定。三年国防支出框架中，国防投入增长速度是一个非常重要的指标，它对规划期每年的国防投入进行了总体框定，提供了跨年度的预算限额，是对一种国防投入时空配置的制度安排机制。

理论上讲，国防投入增长方式是由国防拨款政策决定的，国防拨款政策决定了国防投入的决定因素，这些因素的变动情况决定了国防投入的增长方式。比如，如果实行与中央财政收入相挂钩的国防费拨款政策，国防投入完全由中央财政收入决定，在中央财政收入持续稳定增长的情况下，国防投入也是持续稳定增长的，中央财政收入增幅越大，国防投入增长得也越快，两者是同比增长。但在未来逐步建立起来的国防拨款政策机制框架下，国防投入将更多地由军事需求决定，国防投入增长趋势虽然可以根据军事需求波动状态有一个大致框定，但具体增长变动幅度（比如波动大小）还要受到当期经济发展状况影响。

4. 规划期国防预算重大政策

主要是对三年规划期总的国防预算收入与国防预算支出的政策性安排。这里的政策性安排，意味着不是按照预算科目编制每年的明细收支预算，而是对规划期内各个年度的预算限额以及一些重大比例关系进行明确，对相关问题进行说明，与年度预算有着根本区别。

（1）关于收入预算。从来源看，收入主要有三块：国家拨款、预算外收入以及历年经费结余。国家拨款，目前主要是中央财政以及有关国家部委，随着未来调整改革的深入，对国防和军队不同渠道的经费拨款将最终归并，这块收入来源将主要是中央财政拨款。预算外收入在全面停止有偿服务后大幅减少。历年经费结余，在党的十八大以后，随着支出监管的不断加强，不合理开支大幅减少，花不出的钱形成结余并结转到第二年形成收入来源，这部分结余经费将随着资源配置标准体系的不断健全完善以及预算编制技术的不断提高而不断减少。上述表明，收入预算主要取决于国家财政经济状况以及国防和军队财经管理情况，而且未来将更多地取决于中央财政状况。因此，从国防和军队政策安排的角度上来看，收入预算更像是一个外生变量，难以由国防和军队部门控制，在政策安排时，预测的成分要更多一些。简言之，在安排规划期各年度收入预算时，主要是对收入规模进行预测。

（2）关于支出预算。第一是明确规划期预算支出总限额及各年度预算支出限额。在供给驱动的资源配置机制下，国防投入多寡更多地取决于资源供给，国防预算在编制时强调收支平衡，国防收入规模从而决定了国防支出规模。此时，支出预算限额一般等于收入预算限额，或者至少不会超过收入预算限额。这种情况下探讨支出预算限额意义不大。但在当前需求牵引的资源配置机制下，需求主导国防投入，即使收入会受到中央财政的影响，也不会在短期改变国防支出趋势。换言之，在一个较短时期，国防支出可以超出国防收入，国防支出限额并不总是等于收入预算规模。这种情况下，支出预算限额反映了国防建设的总体规模，主要取决于国防需求。根据基线筹划法，支出预算限额主要由两方面需求因素决定，一是维持性和延续性项目，二是新增（减）变化项目，后者主要取决于国防政策调整状况。但在国防支出框架设计时，支出预算限额还要与国防投入增长速度结合起来一并考虑。在表达方式上，一般有两种，一种是绝对规模，比如国防支出总量多少亿元、人均国防支出多少元、军人人均国防支出多少元等；另一种是相对规模，比如国防支出占GDP（或中央财政支出）的比重。前者更精确，但在政策设计上要求更高，难度相应也更大。

第二，重大结构比例关系。国防支出框架设计中必须明确一些重要系统、重大领域的资源配置结构比例关系。这些重要的比例关系至少应当包括：维持性经费与建设性经费之间的比例；装备科技研发占整个装备投入的比重；不同代（如三代与四代）武器装备之间的投入比例；人力资源开发占整个人力资源管理投入的比重；不同类别人员（如军官、士兵、文职人员等）的生活维持费投入比重；战备建设投入占整个军费的比重；海陆空等不同军种投入比例；不同作战方向投入比例等。这些比例关系的确定有助于发挥国防投入规划的宏观调控作用，实现国防支出结构优化，从而推动战斗力生成与升级。当然，在规划启动时，可以根据实际情况对某些比例关系调低标准，随着时间的推移和规划的逐年滚动，应当按照动态优化的目标方向逐渐调整相应比例关系，逐步引导国防支出结构动态优化。同时，需要说明的是，上述比例关系以及未来随着改革实践的深入发展从而新增的比例关系，在目前的制度框架下测算难度较大、制度执行成本较高，这就需要加快推进预算科目体系改革，为增强宏观调控提供微观制度基础；另一方面要加强科学理论研究，建立宏观分析模型方法，从理论上解决结构优化的比例问题。

第三，国防经费标准。这是国防预算支出的重要政策制度依据。经费标准，至少应当包括经费供应保障标准、经费支出消耗标准与经费管理考评标准。其中，经费供应保障标准，是区分人员、单位等不同类别按照不同等（层）级确定的经费拨款数额。经费支出消耗标准，是按照资源消耗规律与平均水平确定的经费支出定额。经费管理考评标准，是规范经费收支活动的一系列规章制度，是管理经费使用、实施绩效考评的基本依据。上述表明，经费标准是一个立体多维的经费保障体系，系统庞大、内容丰富。三年国防支出框架中需要研究和说明的，仅仅是对预算支出有着重要影响的经费保障标准。从供应保障标准维度看，公共事务性经费的供应保障标准至少应当说明新增标准、标准调整的经费及其调整变化幅度，以及标准增长调整机制；人员生活待遇标准比较敏感，但也应至少说明标准调整政策，如果可能，应当说明标准调整幅度、调整时机、调整范围等。从支出消耗标准维度看，应当说明重要标准调整趋势、调整对象、调整范围、调整幅度和调整时机。这些重要标准包括经常性的公共事务支出，如差旅费支出标准、会议费支出标准、办公费支出限额标准等，建设性的资产编配标准、购置标准与处置标准等。因为管理考评标准非常重要也比较复杂，可以纳入国防费管理制度中予以单独说明。

第四，必须纳入三年规划国防支出保障的重大项目。这些项目至少应当具备如下特征：一是从经费数量来看，达到一定标准投入巨大的建设项目，比如信息化建设投入，或者是投入增长速度较快的建设项目，比如一些新型作战力量建设投入；二是从作用范围来看，涉及面广、高度敏感，属于近年来热切关注的重点难点问题，比如增加军人工资福利待遇的经费投入；三是从影响程度来看，对国防和军队建设发展有着重要影响，对提高国防实力和部队战斗力起着决定性作用的投入项目，特别是需要持续重点关注的重要领域或重大项目。纳入规划期的重大项目应当区分系统领域、投入性质（属于延续性项目，还是新增投入）、保障优先次序以及项目排序原则等进行详细说明。

（3）关于收支结余的处理与预算平衡机制。在经济发展水平不高的历史时期，我国国防预算编制强调"收支平衡、略有节余"。在供给驱动的资源配置机制下，"以收定支"的预算编制原则基本可以保证实现"收支平衡"，根据包干管理办法，结余可以自留用于解决实际问题，在这一制度设计的激励下，经费可以实现"略有节余"。因此，收支平衡问题的处理相对比较简单，变成对结余经费的处理，在当前制度框架下，历年结余结转经费一般都纳入下一年预算，作为国防支出的重要收入来源。以十八届三中全会公布的《中共中央关于全面深化改革若干重大问题的决定》为标志确立的需求主导的资源配置机制下，支出不再以收入作为根本限制，而是以需求为牵引，根据国家安全和军事战略方针确定，虽然军事战略方针的制定会考虑经济发展状况，军事需求的确定一般会建立在坚实的经济基础上，也就是说从长期来看，军事需求会与资源供给保持大体平衡，但从短期来看，支出预算规模不可能总是等于收入预算规模，国防支出会围绕着预算收入基线上下波动，这一波动在某一时期可能还会比较剧烈。因此，收支余额在某一时期可能是结余，在另一时期可能是超支。三年国防支出框架下，当年预算收支不平衡成为常态，但从多年期来看来，收支会保持大体平衡，因此预算平衡成为了一个"长期性""动态化"的概念。我们的研究表明，必须对预算收支结余建立一个常态化的处理机制，否则任由经费节超会带来较大的财政风险，不利于国防投入滚动机制的可持续运行，这里的关键是要建立一个预算跨期平衡机制。在三年国防支出框架中必须对预算跨期平衡机制的运行模式、管理主体、风险管控、预警机制等作出较为详细的说明。

5. 相关管理制度与技术方法

主要是在国防和军队层面，对国防经费运行及其保障绩效起着决定性作用或存在重大影响的，规划期内正在实行或开始实行的，相关重要管理制度以及采用的技术方法手段等。这里的管理制度，比如按照国防科层组织结构供应的经费保障体制，采取标准化管理与任务项目式管理的预算分配方式，实行专项管理、标准供应、实报实销、定额包干的经费管理办法等。这里的技术方法，包括使用财务管理信息系统、启用财务会计机器人、运用财务云数据等。

二、三年国防支出框架的文本设置

根据三年国防支出政策内容和具体安排，三年国防支出框架文本可以作如下设计，其主要内容包括：

（一）"三年国防支出框架编制说明"

编制三年国防支出框架所把握的政策制度、涉及的业务内容以及采用的技术方法等总体情况说明。文本要素至少包括编制主体、编制依据、编制原则、编制程序、编制方法与要求、完成和上报时间、审批单位等，以及其他应当说明的事项。

（二）"三年国防支出框架"

这是三年国防支出框架系列文本的核心和主体内容。与三年国防支出框架内容相对应，主要区分国防支出目标、国防支出政策内容和具体安排三个层面，对相关内容进行说明。

1. 国防支出目标

可以区分国家、军队甚至军队内部各层级系统等多个层面，描述国防支出的长期目标、规划期目标，以及年度甚至更短期目标。

2. 三年国防支出政策内容

文本基本要素包括国防费保障方针、国防拨款政策机制、国防投入增长方式、国防预算政策和相关管理制度内容。采取的形式主要是文字说明。

3. 三年国防支出具体安排

基本要素指标包括：三年国防收入来源及预测数、国防支出占GDP（或中央财政支出）比重、国防投入增长率、一系列重大结构比例关系（见前文）、经费总体保障标准水平及其调整增长率、重大项目及其投入情况、收支结余预测数，等等。采取的形式可以有文字、数字、公式、模型、图形、表格，甚至可以是多媒体。

（三）附件

主要包括三个。

附件1："重大政策制度变动与国防投入相关政策说明"。

主要是对国防投入有关政策的制定情况进行解释说明。重要政策制度变动，主要包括重要政策变更、重大制度改革、重要管理技术方法手段创新等，这些变动与国防投入管理运行及其保障绩效有着重要影响。从经济学的角度看，这些因素属于国防投入的外生变量。这些外生变量，可以来自国防投入系统内部，也可以来自国防投入系统外部；可以是军队层面的，也可以是国家政府层面的。国防投入系统内部的外生变量变化，比如近年来推行的一系列财经制度改革等。国防投入系统外部的外生变量变动，比如近年来积极推进的军事管理革命、军民融合改革、全面停止有偿服务，以及国家财政、税收、金融领域能够或者已经产生了重大影响的改革。附件1重点说明的主要内容有：一方面要列举这些外生变量及其变动情况，同时要研究分析这些外生变量变化对国防投入的影响，这些影响可以是对国防支出政策的影响，也可以是对国防支出政策具体安排的影响。描述这些影响可以是定性的，也可以是定量的，随着以后技术手段的不断发展变化，定量性描述将成为必不可少的重要内容。另一方面要重点说明三年国防支出框架中，相比上一规划期哪些属于政策调整，调整的主要原因，尤其是要重点说明相关重大政策制度（外生变量）变动与国防投入政策响应的关系及其响应程度；没有调整的，除简要说明以外，如果相关重大政策制度（外生变量）发生了重要变动，应当解释国防投入相关政策不予调整的具体原因。

附件2："国防投入政策评估（报告）备忘录"。

主要是对国防投入政策的科学性、合理性进行分析评估，为当期国防投入政策调整和未来政策走向提供意见建议。三年国防支出框架确定的重要意见参考。评估（报告）备忘录可以包括两个方面内容，一方面是对上一规划期或以往一个历史时期国防投入政策制度设计及其执行情况进行分析，即"国防投入政策后评估（报告）备忘录"，对国防投入政策目标与其执行结果之间的差距进行评估，剖析差距或偏移目标的主要成因，提供政策制度调整的改革意见建议。另一方面是对当期国防投入政策安排在实施或最终决策之前进行预评估，即"国防投入政策预评估（报告）备忘录"，包括分析评估国防政策目标和支出政策制度设计的科学性合理性、当前国防投入对未来年度影响、国防投入风险及可持续性等内容。目的是为当期国防投入的最终决策提供意见建议，为"国防投入政策后评估（报告）备忘录"提供参照，为后评估中的结果原因分析提供依据或线索。

附件3："国防收支预测分析报告"。

主要是对三年规划期国防预算收入与预算支出进行分析预测。三年国防支出框架确定的重要依据。主要内容包括两个方面：现行政策下的国防收支，以及政策制度改革后的国防收支。现行政策下的国防收支预测[①]，一方面是根据国民经济和社会发展规划纲要及年度计划，考虑国际国内发展环境重大变化，结合基期年的经济社会发展状况，预测未来三年经济社会发展状况及主要经济指标。在做好经济预测的基础上，按照现行宏观经济政策，预测未来国家财政收支情况，据此测定规划期国防预算收入，包括预算收入总额、各个来源渠道预算收入额度等。另一方面是考虑国际周边及国内安全形势，依据既定的军事战略方针、国防和军队建设发展规划计划，以基期年国防投入为基础，预测未来三年国防预算支出。政策制度改革后的国防收支预测，主要是根据国防投入相关政策制度改革方案，测算未来三年国防收支状况。预测的主要内容与现行政策下的国防收支预测相类似，同样是收入预测与支出预测两个方面。无论是哪一方面内容预测，都可以对经济运行前景按照乐观和谨慎两种可能性分别做出详细分析预测。此外，附件3还要说明预测所采取的技术方法。

三、三年国防支出框架的编制程序

三年国防支出框架与年度国防费总预算同步编制、一体形成。其编制程序具体如图5-4所示。

第一步，军事作战单位和国防规划主管部门联合提报规划期经费需求。国防规划主管部门和国防预算主管部门联合下达三年规划期经费需求提报通知。军事作战单位和国防规划主管部门根据国防和军队建设发展规划以及"国防和军队建设任务项目库与建设指导方案"，研究制定本系统本领域建设发展规划，并根据这一建设发展规划，研究确定计划建设项目，测算项目经费需求，结合军事作战单位和国防规划主管部门建设需求提出事业经费标准调整建议。军事作战单位和国防规划主管部门以上一规划期国防投入规划相关指标为基准，考

[①] 根据基线筹划法，现行政策下的国防收支预测主要是基于环境参数和预算进度变化；政策制度改革后的国防收支预测主要是基于政策变动。具体见后文。

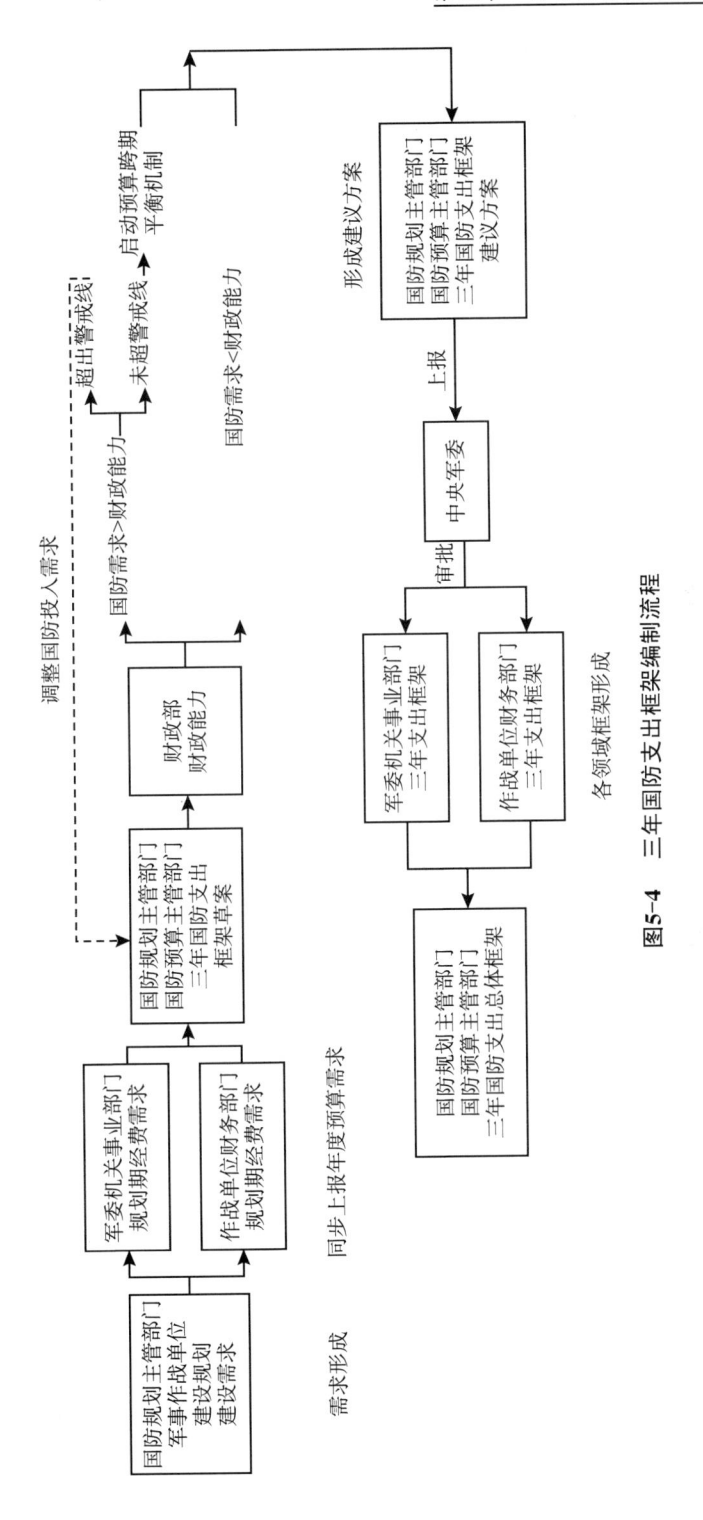

第五章 实行国防投入滚动规划管理

图5-4 三年国防支出框架编制流程

虑当年情况变化编制翌年（下一规划期基期年）预算建议方案，并基于未来三年情况变化预测，测算编报未来两年（下一规划期第二、三年）预算收支计划，分别经本级本部门主要领导批准后，报国防规划主管部门和国防预算主管部门。

第二步，国防规划主管部门和国防预算主管部门拟制三年国防支出框架草案。国防预算主管部门对经费需求进行汇总和统计分析，并将相关报告结果提交国防规划主管部门。国防规划主管部门会同国防预算主管部门，以上一规划期国防投入规划相关重要指标为基准，考虑当年并预测未来情况变化，根据国防和军队建设规划、建设项目备选库等，确定下一规划期国防支出目标、国防支出政策内容以及国防支出具体安排，重点明确国防费保障方针、国防拨款政策机制、国防投入增长方式，以及规划期国防预算经费需求总额和各年度国防预算经费需求额度、国防投入重大结构比例关系，以及必须纳入三年规划国防支出保障的重大项目等内容，形成三年国防支出框架草案。

第三步，国防投入重要指标确定后拟制三年国防支出框架建议方案。国防预算主管部门重点就规划期国防投入需求总额和年度拨款额与财政部等相关主管部门进行沟通，明确财政投入可能。在国防投入需求不超过财政投入可能的情况下，三年国防支出框架中的国防投入总额即可确定；如果国防投入需求超过财政投入可能，尤其是当年需求超出财政预算时，启动国防预算跨期平衡机制，确保国防投入需求得到满足；如果国防投入需求超出国家财政能力，并越过预算收支平衡余额控制区间警戒线时，规划主管部门与国防预算主管部门需要调整个别建设计划，或对某些计划项目进行重新排序，必要时还要调整国防费保障方针政策。在规定时限内形成三年国防支出框架建议方案，上报中央决策部门。

第四步，汇总形成三年国防支出框架。中央决策部门批准支出框架建议方案后，国防规划主管部门和国防预算主管部门应将三年国防支出框架按照不同领域不同部门分解，连同历年预算限额指标和相关意见建议尽快下达通知军委机关事业部门和军事作战单位。军委机关事业部门和军事作战单位依据三年国防支出框架、年度预算限额和相关审核意见，分别细化本部门本领域三年国防支出框架明细支出方案，包括编制基期年预算方案以及其后两年经费开支计划。在规定时限内上报国防规划主管部门和国防预算主管部门，经审核后，军委机关事业部门和军事作战单位三年支出框架方案按照一定程序上报审批。经审批上报国防规划主管部门和国防预算主管部门汇总，形成三年国防支出总体框架。

四、三年国防支出框架的编制方法

为了打通需求与资源之间的桥梁、建立预算与政策之间的联结、实现项目任务与经费支出之间的统一，自20世纪50年代以来，许多发达国家政府就已经开始寻求技术途径。从50年代的规划预算、60年代的PPBS、70年代的零基预算，到当前深受欢迎的绩效预算，甚至综合这些预算编制方法的分析技术也被吸收到预算过程中。但理论分析与实践证明，这些方法对预算资源配置决策的影响很小[1]。基线筹划（baseline projections），是在中期预算框架（Middle-term Budget Framework，MTBF）下支撑该制度运作的一种预算编制方法，主要用于预测政策制度等外生变量变化对预算收支的影响。这一方法自20世纪80年代以来就被世界许多国家广泛采用，并成为预算部门"最重要的任务"（Allen Schick，2002）。从实践效果和改革趋势来看，基线筹划法是目前联结需求与资源、政策与预算、任务与经费较为成功也较为有效的一种预算编制方法。建立具有中国特色的三年国防支出框架，进一步深化国防预算制度改革，应当积极借鉴这一技术方法。

（一）基线筹划法

基线筹划法的核心要义是，以政策为导向确定预算，保证资源向着任务目标实现聚焦。

1. 基线筹划法的基本原理

从基线筹划法的角度看，预算额度（即收支规模）是由客观因素决定的，预算额度的变动不取决于历史经验或支出习惯（如往年基数），一般是由环境

---

[1] Doug Goodman, Edward J. Clynch. Budgetary Decision Making by Executive and Legislative Budget Analysts: The Impact Of Political Cues and Analytical Information. *Public Budgeting & Finance*, 2004: 24.

参数、预算进度和政策变化三者共同决定。其中，环境参数，是刻画国防经济运行的经济社会环境指标，其变化一般会影响或带来国防投入变动，比如物价波动、利率变化、汇率波动等。预算进度，主要是指工程项目、事业任务完成进展情况。一般而言，任务项目在整个经费开支使用周期对经费保障需求是不同的，有的在头一年花费大一些，以后经费需求会少一些，因此随着事业任务的进行，在其他经费开支不变的情况下，第二年的预算开支就会少一些。政策变化，即国防投入政策变化，国防投入政策决定了国防投入的规模结构，其政策变化对规模结构变动具有重大影响。

如果以上三种要素不发生变化，当年预算与往年预算相同。但三种要素不变的可能性几乎为零，因此，历年预算额度是有变化的。如果仅仅是环境参数和预算进度发生变化，而政策不变，那么经科学预测得到的国防投入便形成预算的基线（baseline）。当国防需求发生波动，相应导致国防政策和军队建设规划计划发生调整变化时，一些旧的政策、任务和项目可能中止执行，一些新的政策提议可能会被采纳或新的项目工程会上马。这种纯粹由于政策性变动导致的国防投入变动，被称为基线筹划视角下的预算增量。收支基线部分一般被称作线下预算，收支增量部分一般被称作线上预算。

2. 国防收入预算的基线筹划法

比如，国防拨款与中央本级可支配收入挂钩机制不变的情况下，因环境参数（比如通货膨胀）和预算进度（比如某些地区财税优惠到期）的变动，中央本级可支配收入会发生增减，从而导致当年国防收入预测数较往年预算（如6 200亿元）增加800亿元，达到7 000亿元，则当年国防收入基线（线上预算）为7 000亿元，但如果国家层面的一些民生政策被人大采纳，转移支付比重加大，中央本级可支配收入减少，在采取挂钩机制的条件下，国防收入将会减少500亿元，则–500亿元为线下预算，线上预算与线下预算之和，即当年国防收入预算总额为6 500亿元。

3. 国防支出预算的基线筹划法

相比收入预算，支出预算的编制方法更为重要。国防和军队部门是通过特定规划的执行来提供国家安全产品。国防支出基线就是执行现行规划的支出需求。与国防收入基线一样，即使没有政策变动，环境参数与预算进度也会导致支出需求发生变化,前者如物价上升导致行政消耗性费用增加、节能技术的推广导致办公成本的降低,后者如某项国防科研计划顺利完成导致该项目预算支出完结、军事设施工程进入施工阶段经费支出大幅增加。这类变化形成的支出需求即为国防支出基线。政策变动,即国防政策和军事战略方针发生重大变化,相应的会导致规划计划的变更,由此导致支出需求的增减,即国防支出预算的线下部分。线下部分与线上部分之和即构成当期国防支出预算。

4. 基线筹划法的应用

基线筹划法主要用于区分因素变动与政策变动的资源含义,对政策项目的优先取舍进行辅助决策。实务操作中,基线筹划主要用于中期(包括下一预算年度的 3~5 年)收入预测和支出估计。假定当前预算年度为 T0,预算收支是平衡的;在中期(以 3 年为例)的收支预测结果见图 5-5,在 T0~T3 的三年里,国防收入线上预算与线下预算之和是逐年上升的;现行规划下,支出基线是下降的,其原因可能是现有规划的数量因执行进度延伸而减少了支出需求,技术改进与管理效率的提高节省了执行现行规划的资金。预算收入的上升与支出基线的下降在 T0~T3 的中期阶段里,形成了政策变动(新的项目上马)的财政空间(fiscal space),这一空间可以为新增需求提供可供支配的财力资源。在这一财政空间中,可以通过项目排序的方式确定项目的优先次序,为编制三年国防支出提供财力支持与资源约束。相反,如果财政空间是负值,如图 5-6 所示,即预算收入降低而支出基线上升,导致收入不能满足支出时,政策变动的指向只能是减少当前需求(一些项目可能得下马或中止)。

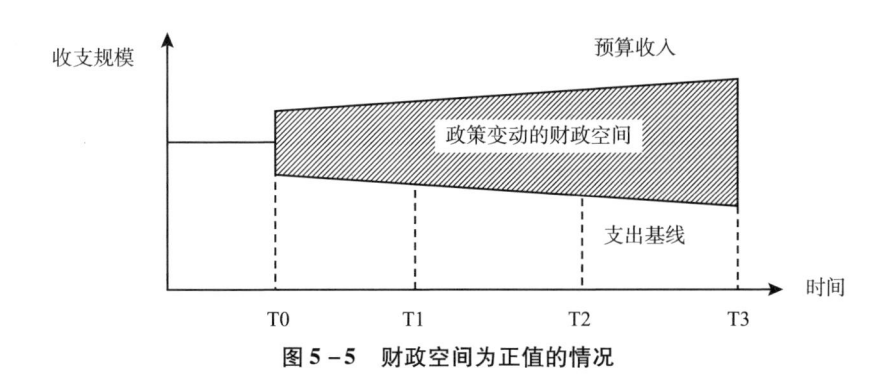

图 5-5 财政空间为正值的情况

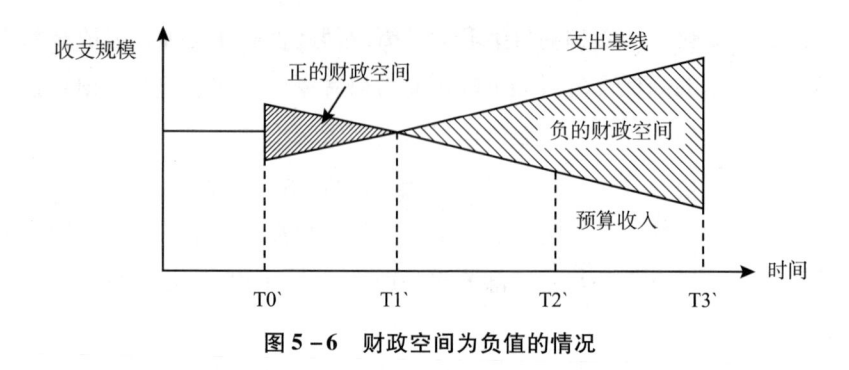

```
         收支规模 ↑                    支出基线
                         正的财政空间
                    ╱╲          负的财政空间
                  ╱    ╲    ╱
                ╱        ╳
                        ╱    ╲
                              预算收入
                                        → 时间
              T0`    T1`    T2`    T3`
```

图 5-6　财政空间为负值的情况

根据基线筹划法的技术路线，在不考虑存在跨期平衡机制的情况下，国防投入的最终规模由国防收入预算、国防支出基线和国防投入政策三个方面因素共同决定。其中，国防收入预算事实上属于国家财政支出预算，由国家财政支出基线和国家财政分配政策共同决定。理论上讲这些要素属于国防投入规模决定的外生变量，当然如果考虑国防部门和其他部门在财政分配中的相互影响，国防收入预算也不应完全视作外生因素，但相比其他两方面因素而言，其变动性或者说决定权更多不在国防部门手中，因此国防收入预算可以作为国防投入的资源约束项，亦可称为国防投入的供给侧。国防投入的最终规模应当在国防收入预算线的下方，国防支出基线附近。一方面，财政空间的或正或负在一定程度上决定了国防投入政策：当财政空间为正时，国防投入可以采取扩张性政策，当然也可以根据国防需求情况采取紧缩性政策，但如果财政空间为负时，国防投入政策只能是紧缩性的。另一方面，财政空间的大小决定了国防投入政策扩张程度，财政空间越大，国防投入政策的扩张程度越大，财政空间越小，国防投入政策的扩张程度越小。

上述表明，在基线筹划法下确定三年国防支出框架，一般分两步：第一步，首先确定财政空间，对国防收入预算和支出基线作出准确预测，在此基础上，第二步是确定国防投入政策，对项目任务进行调整和重新排序。

（二）国防收支的预测方法

基线筹划法的成功应用，依赖于预测的精准度。预测方法的科学合理性及其正确选择尤其重要。实际上，理论界学术界都非常重视预测方法的研究。据有关资料统计，自 20 世纪 60 年代到 21 世纪初，已经有 150 多种预测方法被研究出来。但是，绝大部分预测方法都有着严格的专业限制，只适用于专门领域，还有一些处于试验测试阶段。真正在实践中得到广泛应用的，只有 20 种左右。我们的研究表明，国防收支的预测可以借鉴以下 6 种方法。

1. 工程估算法

主要适用于国防支出需求预测。就是将整个国防部门看作一个大系统，将整个国防系统按照事业任务性质分解为若干个防御作战体系，将防御作战体系进一步细分为防御作战要素等子系统，这样自上而下逐层分解，直至任务单元；然后从系统最底层的任务单元开始，自下而上逐层逐项计算经费保障需求量，逐层汇总支出需求直至整个国防系统，从而得到国防支出经费需求总额。

根据工程估算法建立的国防支出需求预测的数学模型为：

$$ME_A = \sum_{i=1}^{n} S_i, \ S_i = \sum_{j=1}^{m} F_{ij}, \ F_{ij} = \sum_{k=1}^{p} C_{ijk}$$

其中，ME_A 表示某一规划阶段国防支出需求总量；S_i 表示第 i 个防御作战体系的经费需求量；n 表示防御作战体系数量；F_{ij} 表示第 i 个防御作战体系中的第 j 个防御作战要素的经费需求量，m 表示第 i 个防御作战体系包含的防御作战要素数量；C_{ijk} 表示第 i 个防御作战体系中第 j 个防御作战要素中的第 k 个防御作战单元的经费需求量，p 表示第 i 个防御作战体系中第 j 个防御作战要素包含的防御作战单元数量。事实上，随着防御作战系统的进一步细分，各个子项系统的经费需求量可以按照相同的原理继续利用上述表达式进行计算。

一方面，工程估算法预测国防支出经费需求精度高，能够清晰反映各个子项系统经费需求情况，可以独立地应用于各个需求环节、体系单元和保障阶段的经费需求量预测，为国防支出需求结构分析提供参考，为加强经费管理提供依据。但另一方面，利用工程关系建立起来的需求预测模型，其特点是只有对国防系统分解得越细，需求预测才越准，但由此建立起来的模型也会越来越庞大和复杂，这无疑增大了预测的工作量，同时需要对国防系统运转的全部过程有着详细的预测基础，要求掌握较为充分的信息，而这些要求在实践中很难达到。

2. 回归分析法

主要适用于国防收入预算和支出基线的预测。回归分析法，目前在各学科领域应用得较为广泛。该方法以被解释对象作为因变量，以被解释对象的影响因素或者说是相关因素作为自变量，通过建立数学模型进行拟合的方法研究因变量与自变量之间的线性关系，从而分析影响因素与被解释对象之间的定量关系。国防收入预算和支出基线预测中，收入与支出是因变量，而影响收支的因素一般是多个的。因此，国防收支预测的方法一般是多元线性回归法。

预测国防收入与支出时，主要根据国防收支的历史记录或统计数据，按照类似和相关的原则，将特定费用参数综合起来，通过统计回归建立费用预测关系式，以此预测下一规划阶段国防收支数值。采用多元线性回归法预测国防收支时，要先选择与国防收支有关联的因素作为自变量，分析各变量之间是否存在相关关系以及相关关系的密切程度，确定回归方程的具体形式，利用历史数据对回归模型进行回归分析计算参数值，并对回归模型的可信程度进行统计检验。在通过检验后，运用该回归方程预测因变量的取值，从而计算得到国防收入预计数与支出基线预测数。

根据回归分析建立的国防收支预测的数学模型为：

$$ME_j = a_0 + \sum_{i=1}^{n} a_i X_i$$

其中，ME_j 表示国防收入（支出）数量；X_i 表示影响国防收入（支出）的主要因素，它可以是经济因素，也可以是军事因素，还可以是社会政治因素等；a_i 表示参数。在掌握国防收入（支出）以及各主要影响因素的历史数据的基础上，运用 SPSS、EViews、Matlab 软件，将这些历史数据代入，通过检验后即可得到某一规划阶段国防投入（支出）的需求表达式。通过将预测期各主要影响因素数据代入该需求表达式，即可得到某一规划阶段国防收入（支出）数量。

总体而言，运用回归分析法进行预测的工作量较工程估算法要少一些。但回归分析法的预测精度取决于所选择的特征变量以及回归分析的统计样本数。前者主要取决于主观因素，取决于变量选取的科学性；后者主要取决于历史数据的丰欠程度，如果存在大量相关数据，预测精度就高一些，否则就低一些。因此，提高国防收入（支出）预测精度，需要在平时工作中注重数据信息的积累。

3. 类比估测法

类比估测法，也称类推法或模拟法，它是以已有准确数据的以往年份或规划阶段国防收入（支出）为基准，将待预测的下一规划阶段国防收入（支出）与之在经济运行、社会环境、军事威胁等因素进行全面比较，分析两者相关因素异同点及其对国防收支的影响，利用经验判断得到待预测规划阶段相对于基准比较阶段的收入（支出）修正方法，再计算预测下一规划阶段国防收入（支出）总量。

类比估测法是建立在待预测规划阶段国防收入（支出）与基准（或上一）规划阶段比较分析基础之上的。类比估测法的精度主要取决于待预测规划阶段与基准（或上一）规划阶段在环境参数等方面的相似程度，经济运行、军事威胁、社会环境等影响国防收入（支出）的因素越相似，预测的结果也越接近现实。同时，类比估测法在使用时需要具备必要的专门知识及专家的参与，也正因为如此，该方法存在较大的主观性，使得预测的结果不是偏高就是偏低，不容易修正，因此这一方法预测误差较大，较少单独使用。

4. 德尔菲法

德尔菲（Delphi）法是第二次世界大战以后发展起来一种预测方法。它主要利用专家专业知识与实践经验进行预测。利用德尔菲法评估某一规划阶段国防收入（支出）过程中，主要是组织与国防开支预测相关的专业技术领域，比如战略规划领域、军事经济领域、军队财务领域的专家，通过函询调查的方式向这些专家分别提出同样的问题，比如国防收入（支出）总额是多少，影响因素是怎样的，国防收入（支出）结构如何，分项收入（支出需求）是多少，等等。收到问卷后，专家们将充分收集与国防收支有关的过去与现在的信息资料，深入研究下一规划阶段经济社会发展特点规律以及国防安全威胁情况，全面考察遂行防御作战任务所依存的社会环境、自然环境等各种影响因素，通过系统全面的综合分析，对上述问题进行作答。组织者将这些书面回答综合、整理、归纳后，再分别反馈给应答的各位专家，再次请他们作答，尔后加以综合、整理再反馈给各位应答专家。照此经几轮反复循环，最后可以得到一个比较一致的意见。

德尔菲法原理非常简单，操作起来也很简便，主要适用于预测对象缺乏足够统计数据和原始资料的情况。正因为德尔菲法具有这样的优点，因此，它在整个预测方法系统中占有重要的地位，特别是在战略性预测中，其优势更为明显。但在运用德尔菲法预测国防收支时需要把握以下几点：一是专家的选择必须坚持审慎性原则，严格遴选条件；二是对征询的问题要明确具体，不能模棱两可、似是而非；三是备选答案可预期且利于资料处理。

5. 层次分析法

层次分析法，又称层次权重决策分析法，于 20 世纪 70 年代末发展起来。其基本原理是在确定总目标后，根据问题性质，将目标分解为不同构成要素，按照因素之间的并列或从属关系，将其逐层分解，形成一个多层次的分析结构模型，利用德尔菲法等专家打分方式确定各因素之间的重要性，从而最终得到最低层对目标层的相对重要权值，或是相对优劣次序。在国防收入（支出）预测中运用层次分析法，主要是用来预测国防收入（支出）各子项费用需求在总费用中的比重，为总量预测提供辅助。

预测的主要步骤：第一步，是确定总体目标，弄清规划决策所涉及的范围、目标、政策和方案，把复杂问题分解为若干元素和若干组。第二步，建立包括目标层、准则层和方案层等在内的递阶层次图，以期实现问题的系统化、条理化和层次化。第三步，确定递阶结构中相邻层次元素间相关程度，主要是构造两两比较判断矩阵，确定重要性排序。第四步，计算各层元素对系统目标的合成权重，进行总排序。第五步，是根据分析计算结果，预测各项经费收入（支出）占数量总额中的比重。上述步骤中，构造两两判断矩阵是权重排序的基础，对最终总排序具有决定性影响，因此该步骤是层次分析法中的关键一环。

层次分析法的主要特点是复杂问题简单化、定性问题定量化，从而实现思维过程的数学化，为科学决策提供精确依据。这一方法特别适合结构较为复杂、决策准则较多而且难于直接准确计量的国防收入（支出）结构预测问题。由于该方法模拟的是人的"分解—判断—综合"的决策思维过程，不仅具有科学性，而且定性与定量相结合，便于决策者之间互相沟通，是一种科学有效的系统分析方法。

6. 综合预测法

国防系统面临的内外环境非常复杂，国防收入（支出）既受国内经济环境影响，也取决于国际安全形势变化，在不同规划阶段，影响国防收入（支出）的各种因素还会发生重大变化。如果不考虑不同规划阶段的环境特点，仅仅使用单一的同一种预测模型和方法，得到的结果可能与实际将有较大出入，难以有效发挥预测的真正作用。因此，在不同的规划阶段，应依据其阶段特点与国防系统发展规律选择相应的预测方法。

（三）项目遴选与排序

在国防收入预算与国防支出基线预测的基础上，确定本轮规划国防投入，关键是确定国防投入政策，明确相应事业任务与建设项目；从滚动规划的角度看，上一阶段国防投入是下一阶段国防投入的前提和基础，因此，本轮规划国防投入政策的确定主要是对上一轮国防建设项目和事业任务进行调整和重新排序。

1. 项目排序原则

主要包括两个方面，从长期投入来看，应当遵循以下"三个有助于"，即有助于促进国防实力和战斗力生成模式转型、有助于促进新质战斗力生成、有助于促进国防费结构升级优化。由于国防费结构升级优化相比于年度性资源配置而言是一个长期的过程，而且结构升级优化的指向与国防投入政策调整是内在一致的，在国防投入规划中应当将这项投入列为优先重点予以确保。从短期来看，应当包括：军事战备项目优先于一般维持性项目；战斗力直接生成项目优先于间接项目；主要战略方向项目优先于其他方向项目；重要军事力量部队项目优先于其他部队项目；艰苦地区艰苦岗位生活保障项目优先于其他地区岗位项目；基层项目优先于机关项目；延续性项目优先于新增项目。

2. 项目遴选机制

建立项目库是从操作层面确立项目排序原则的一种制度安排。一般程序是，首先，由国防和军队系统各事业部门根据国防和军队建设发展规划计划和有关政策制度，对某一规划期工作任务进行合理分解，按照入库标准，提出建设项目并组织可行性论证，测算经费需求，建立部门规划项目库；其次，规划和预算管理部门汇总部门规划项目库，按规定权限审核对规划项目的必要性、可行性、预期效益进行综合论证，严格项目立项依据和准入条件，从而形成单位规划项目库，实行分类排序、动态管理。

第四节　国防投入政策评估

国防投入政策，是以满足国防需求为出发点，确定并实施的在某一特定历史时期包括目的原则、工作步骤、措施办法在内的关于国防投入分配与管理使用的一系列政策制度规定。国防投入政策评估，主要是按照一定评价标准和评估程序，考察国防投入政策运行全过程各阶段各环节，就国防投入政策实现国防需求，从科学性合理性等方面作出的全面评价，为政策调整和未来政策走向提供意见建议，为三年国防支出框架和年度预算提供决策咨询和科学依据。国防投入政策评估是实现国防需求与三年支出框架以及年度预算有机衔接的制度安排，是架设在需求与投入之间的桥梁。加强国防投入政策评估，有助于增强国防投入规划的"滚动性"和"适应性"，提高国防投入滚动规划的科学性。

一、国防投入政策评估的类别特点

根据不同的划分标准，国防投入政策评估可以分为不同类别。

(一) 国防投入政策预评估与国防投入政策后评估

国防投入政策运行可以划分为政策制定、政策执行、政策监控、政策终结等若干阶段。相应地，国防投入政策评估可以分为预评估与后评估。其中，国防投入政策预评估主要是在政策实施之前展开的；国防投入政策后评估主要是在政策执行终了或取得阶段性成果之后开展的。虽然两者评估对象都是国防投入政策，评估目的都是为提高国防投入政策的科学化合理化水平，但由于所处政策运行的不同阶段，评估可资利用的信息决定了两者评估侧重点有所差异。国防投入政策预评估，以政策本身作为主要信息源，重点考察国防投入政策对国防需求的满足程度，以及政策本身概念化与设计的科学性和完整性，为当期政策调整提供意见建议；国防投入政策后评估，可以全面收集政策运行整个过程信息，重点对国防投入政策产出及其影响进行检测和估计，判断国防投入政策结果对目标的实现程度，剖析查找政策结果偏离政策目标的制度性原因和环境因素，为下一轮国防投入政策继续、调整或是终结提供最终选项和意见建议。

（二）国防投入综合政策评估与国防投入专项政策评估

国防投入综合政策，是为满足国防需求、提高战斗力，加强国防投入管理，对涉及多个系统领域、多个单位部门、多个任务项目的经费分配与使用，或者涉及多种经费的分配与使用，确定的一系列管理准则与措施办法。比如近年来为推动国防建设和军队发展，实行积极的国防投入政策，一方面加大国防投入，国防费以年均两位数的速度快速增长；另一方面优化国防费结构，推动国防投入向着新质优质战斗力生成要素倾斜，这一系列国防投入政策为国防和军队建设的跨越式发展提供了有力支撑。

国防投入专项政策，是为达成军队建设或国防投入管理的某种特定目的，就某一系统领域、某一单位部门、某一任务项目的经费分配与使用，或就某一特定类别经费的分配与使用，确定的专门准则与措施办法。比如为提升某一系统领域作战能力确定的工程项目建设投入计划；再比如为推动军民融合发展确定的国防投入补助性政策等。

无论是国防投入专项政策评估，还是国防投入综合政策评估，评价的根本标准都是战斗力标准，评价的最终目的都是为了提高国防投入政策的科学性和有效性，所不同的是，专项政策评估涉及的评估范围较为狭窄、评估对象较为单一，而综合政策评估对象可能涉及多个层次、多个领域的国防投入政策或者是某种国防投入政策组合。

（三）国防投入宏观政策评估与国防投入微观政策评估

国防投入宏观政策，主要是指对国防和军队建设有着全局性、整体性影响的国防投入政策。比如军费保障方针，再比如与国民经济指标（如 GDP、中央财政支出、财政可支配收入等）相挂钩的国防投入增长政策。国防投入微观政策，主要是指对国防和军队建设的影响是局部的、微观层面的国防投入政策。比如停止或减少对落后或待淘汰装备的投入；再比如提高某一系列岗位津贴标准，或是加大某一类人员生活待遇投入。国防投入宏观政策评估与微观政策评估相比，两者最大的区别在于产出（影响）指标，前者主要选取能体现国防和军队建设情况的整体指标，后者主要选取能体现政策影响行业或领域建设发展情况的相关指标。

（四）国防投入长期政策评估、中期政策评估与短期政策评估

国防投入长期政策是在较长时期内发挥作用的政策；国防投入中短期政策是在一个特定时期内发挥作用的政策，其中短期政策一般是 1 年，中期政策一般是 3~5 年。国防投入长期、中期和短期政策评估，因为政策发挥效力的时间长短的不同，评估对象和评估内容有所差异。一般而言，长期政策是基于国防经济运行基本矛盾作出的，在一个较长时期起作用的国防投入基本政策，长期政策评估涉及的是军费保障方针原则等内容，而中短期政策是基于特定时期矛盾问题作出的应对性政策，中短期政策评估涉及的比如某一领域或方向的具体建设任务项目投入等内容。

这里需要说明的是，国防投入政策评估与国防支出绩效评估是不同的，两者既有联系，也有区别。这是因为，国防投入政策是国防支出绩效的原因，国防支出绩效是国防投入政策的结果，当然这只是一种逻辑上的因果关系，现实中并不完全一一对应。因此，国防支出绩效作为国防投入政策执行结果，国防支出绩效评估可以纳入国防投入政策评估指标体系中去。换言之，国防投入政策评估与国防支出绩效评估是包含与被包含的关系。

二、国防投入政策评估的主要内容

国防投入政策评估的对象是国防投入政策，国防投入政策评估的内容主要是国防投入政策的科学性合理性。

（一）法规维度评估

主要是判断和衡量国防投入政策的合法性，即国防投入政策设定的目标或执行结果是否符合国家和军队财经方针政策。判断与衡量的标准至少有：是否

符合国家和军队有关方针政策、法律法规、规章制度及其符合程度；是否符合国民经济社会发展五年规划和专项建设计划及其符合程度；是否符合军队建设发展规划及其符合程度，等等。

（二）需求维度评估

主要是判断和衡量国防投入政策的有效性，即国防投入政策设定的目标或执行结果能否满足国防需求及其满足程度。判断与衡量的标准至少有：能否满足国防安全需求与军队建设需求及其满足程度；是否符合决策层意图及其符合程度；能否提高作战能力及其提高程度，等等。

需要说明的是，需求维度评估是从国防需求的角度，对国防投入政策的产出目标或预期产出目标进行的评估。因此，战斗力是唯一的根本标准，换言之，国防投入政策的需求维度评估，理论上就是对战斗力产出的评估。但现实中，除了国防安全和战斗力以外，国防投入政策的实施还会带来经济效益和社会效益。这两个层面的产出结果是否需要纳入需求维度评估范围，需要具体问题具体分析，区分不同对象采取不同办法。

首先，经济效益属于国防投入政策实施的外部性，不应当纳入评估范围。所谓外部性，就是国防生产部门（军队是主体）在提供国防安全产品过程中，给经济社会带来的经济影响。国防投入政策实施的目的，是着眼国防安全提高作战能力，但结果不仅要满足国防需求，还要包括拉动经济增长等多方面目的。国防投入政策的实施对经济的拉动作用主要体现在三个方面：一是军事消费、军队采购以及军事基础设施投资形成的有效需求，可以拉动和刺激经济增长；二是国防投入用于边防落后地区驻军和特定区域的军工生产，有利于区域经济平衡；三是国防研发投资提升国家科技自主创新能力，助推战略性新兴产业发展。从外部性理论来看，国防投入政策实施的根本目的是满足国防需求，产生上述经济影响不是国防投入政策的本意，如果经济影响是正面的，对经济有拉动作用，那么国防投入政策就是幸运的；如果经济影响是负面的，国防投入政策是遗憾的。当然，为了拉动经济，国防投入政策可以在满足国防需求的前提下进行微调，但绝不能本末倒置——为了拉动经济影响作战能力的生成。因此，经济效益不能纳入需求维度评估范围。

其次,"为民服务"在当前一个历史时期可以纳入需求维度评估范畴。由于历史和现实等原因,国防和军队部门在提供国防安全的同时,被赋予了一些社会保障功能,比如科学研究、医疗卫生、幼儿教育、文化出版等。在军队全面停止有偿服务后,这部分任务在剥离经营收益权的前提下,属于"为民服务"范畴。简言之,"为民服务"成为军队的一项重要职能,虽然占军队职能任务的比重并不大。因此,在"为民服务"尚未退出历史舞台的一个较长的特殊时期,可以将相应的科教文卫等产出成果作为评估标准之一。

(三) 成本维度评估

主要是判断和衡量国防投入政策的经济性,即国防投入政策设定的目标(执行结果)与预期投入(或实际投入)相比,是否经济及其程度。判断与衡量的标准至少有:预计投入或实际投入是否符合国家经济建设与发展实际情况、是否符合国防和军队建设有机构成、是否满足国防和军队建设标准、是否符合经费供应管理保障标准。

(四) 风险维度评估

主要是判断和衡量国防投入政策的风险性。国防投入政策风险,是在规定的效能、成本和进度约束下,由于受组织管理、技术复杂性、外部客观因素及其他各种不确定性因素的影响,不能达到预期政策目标的可能性以及产生的后果。国防投入政策的风险维度评估在内容属性上属于可行性评估,主要用于判断和衡量国防投入政策是否可行及可行性程度,即通过考察政策方案规划、具体投入安排、保障措施方法以及相应的技术支撑等方面是否存在风险及风险高低来判断投入政策的可行性。判断与衡量标准包括:国防投入政策的技术储备是否成熟,能否支撑政策方案的实施;国防投入政策所需资金供应是否能够保障到位;国防投入政策的时间安排、计划进展设计是否科学合理;国防投入政策是否考虑到了国情军情以及当地社情民俗习惯等因素,方案是否存在阻碍,能否顺利实施。

(五) 匹配维度评估

主要是判断和衡量国防投入政策的协调性。即国防投入政策是否考虑到国防投入管理能力效率、是否考虑了国防和军队建设能力及其对资源的吸纳能力、是否考虑到与国家和军队其他相关建设规划进度的匹配协调。判断与衡量的标准至少有：国防投入管理能力效率匹配程度、国防和军队建设能力匹配程度、国防和军队建设资源吸纳能力、与国家经济社会发展规划以及各相关部门规划进度的匹配协调程度等。

三、国防投入政策评估的程序方法

根据国防投入政策评估内容，依据一定原则和程序，可以建立一个一般性的评估框架模型。这一基本框架模型在基本方法步骤、流程和技术手段上具有通用性，在运用时可以根据具体政策类型的不同调整相应指标。

（一）国防投入政策评估模型设计原则

国防投入政策评估模型设计必须着眼满足国防需求、立足当前我军建设实际，严格遵循国防和军队建设发展以及国防费管理特点规律，做到指标体系系统完整、评估方法科学高效、评估指标突出核心、评估系统简便实用，确保评估结果真实可信、客观准确。

一是指标体系系统完整。就是要建立一个能够系统评估国防投入政策设计情况、综合反映政策计划执行的，科学完备的多层次全要素评价指标体系。国防投入规划管理是一个大系统，国防投入政策的设计与执行是一个复杂过程。任何单一的指标或是评价标准都只能从单一角度、单一层面来解读和评判国防投入政策设计与执行情况，不可能独立承担系统评估责任。因此，全方位评价国防投入政策设计与执行情况，一方面要按照系统设计、系统评价的思路，多方采集信息，比较遴选关键指标，创建一个能够全方位评判规划计划合法性、有效性、经济性、风险性和协调性等多方面内容，从预计（实际）投入到产出影响，涉及人、财、物等多种资源要素，覆盖军事效益、经济效益和社会效益的多维立体全要素评价指标体系，以确保评估结果的客观性和合理性；另一方面要积极适应军队建设发展变化，保证指标体系的可拓展性，实现指标体系的动态优化。

二是评估方法科学高效。就是要用科学的精神与实事求是的态度,遵循战斗力标准,遵从国防和军队建设发展规律,立足国防投入规划管理客观实际创建评估指标体系。战斗力的生成与军事经济效益的显现不是一个随机过程,而是遵循国防和军队建设发展规律的客观过程。国防和军队建设与国防投入的顶层设计中,只有准确把握这一根本标准和客观规律,才能制定出符合国防和军队建设实际、有效促进战斗力生成的政策计划方案,对国防投入政策的评估才具有目标指向性和现实针对性。由此创建的评估指标体系不是空中楼阁,由此得来的评估指数能历史客观地反映国防投入政策设计与执行情况,也能为提高政策设计的科学合理性提供方向指引。要实现评估方法的科学高效,必须遵循资源要素聚合形成资源体系、资源体系集成战斗能力的从投入到产出一般规律,按照从资源投入决定战斗力产出、战斗力产出表现为战斗力要素的辩证关系,合理分解效果与效益、投入与产出指标;必须立足于国家和军队建设实际,按照可能可行的原则合理确定政策匹配评判指标,综合国情军情社情等多方面情况科学设计风险评判指标。

三是评估指标突出核心。就是要在全面梳理诸多评判要素的基础上,着眼投入政策的科学性,找准关键、扣住重点,围绕核心要素创建评估指标体系。"横看成岭侧成峰,远近高低各不同"。国防投入政策的评价指标要素众多,创建评估指标体系更是一个系统工程,只有围绕核心指标构建体系,才能简化评估工作,降低信息收集成本,提高评估效益;只有在评估体系中突出核心要素,才能有效引导评价主体客体重视投入政策设计的关键环节与关键点,为提高国防投入政策制定的科学性和有效性提供有力抓手。在评估过程中突出核心指标要素,就是要紧扣国防投入政策评估合法性、有效性、经济性、风险性和协调性的"五性"要求,重点抓住有效性、经济性、风险性与协调性四类指标,层层分解细化,不同类别不同层级指标抓住主要矛盾和关键环节,围绕核心要素建立评估指标体系、选定评估方法。

四是评估系统简便实用。就是要以用户需求为导向,本着指标简单、数据可得、方法简便、体系管用的原则,创建指标体系与评估指数。一套简明的评估指标体系有助于减少评估成本、提高决策效率,即使不如要素全面、指标复杂、计算精确的评估体系好看,但只要方便使用,能够最终解决现实问题,就具有较高的决策咨询价值。在国防投入政策评估中做到简便可操作,就是在充分考虑考评主体与客体的业务能力水平和现实管理水平的基础上,保证评估指标体系简便管用。在指标选取上,不宜过多,主要找准几个关键的核心指标,以能说明问题为原则,也不能太抽象,必须具有可衡量性,要有现实数据作支撑,或者信息数据的收集在难度和成本可接受的范围内。在评估方法上,要坚持定量分析与定性分析相结合,以定量分析为主。在评估体系的建立上,要确保各类要素在逐层分解细化后形成的各个评价点都能以数据形式衡量。

(二)国防投入政策评估模型设计程序

科学的程序决定合理的结果。构建科学合理的国防投入政策评估模型,必须有一套严密科学的程序。模型构建过程中将遵循以下程序设计:第一步,分析国防投入政策系统,确定该系统总体目标,弄清国防投入政策所涉及的范围、所要采取的措施办法和计划方案、实现目标的准则、策略和各种约束条件等信息,从而把复杂问题分解为若干元素,按属性将元素划分归入若干组,以形成不同层次结构。第二步,建立国防投入政策评估的多层次递阶结构。按目标和功能的不同或是差异,将国防投入政策系统逐层分解细化分为多个层次,建立递阶层次图,实现问题的系统化、条理化和层次化,并建立国防投入政策评价指标体系,对指标进行无量纲化处理。第三步,确定国防投入政策评估的多层次递阶结构中相邻层次元素间相关程度,构造两两比较判断矩阵,确定相关元素重要性排序,计算元素权重并排序。第四步,进行相容性检验。第五步,利用评价指标体系建立评估指数模型。

(三)国防投入政策评估指标体系构建

根据国防投入政策评估的五个维度,建立国防投入政策评估指标如下:

1. 合法性指标

合法性指标是根据法规维度评估需要确立的,与其他四个维度对应的有效性、经济性、风险性和协调性指标四类指标在性质上分属不同位次,前者位次要高于后者,即评估国防投入政策时,首先要采用合法性指标进行必要性评估,只有符合国家有关法律法规和财经方针政策,才能进入下一个环节,对需求、成本、风险等因素进行系统评估。在模型的量化方法上，合法类指标属于独立的一个评估子系统，有效性、经济性、风险性和协调性指标属于另一个独立的子系统。两个子系统既有联系，也有区别。根据法规维度评估确定的判断与衡量标准，可以采取如下方法将合法性指标分解并初步量化：

合法性指标 =（国家和军队有关方针政策符合情况/国家和军队有关方针政策）

×（国家和军队有关法律法规、规章制度符合情况/

国家和军队有关法律法规、规章制度）

×（社会发展五年规划符合情况/社会发展五年规划要求）

×（国家中期财政规划符合情况/国家中期财政规划要求）

×（国家和军队建设规划符合情况/国家和军队建设规划要求）

×（相关专项建设规划符合情况/相关专项建设规划要求）

合法性指标相关要素衡量主要采取专家打分法确定，如表 5-1 所示。

表 5-1　　　　　　　　国防投入政策评估指标衡量值

政策法规符合程度指标	符合程度	完全符合	较好符合	符合	一般	不完全符合	不符合
	衡量值（%）	100	80	60	40	20	0
需求紧迫程度指标	紧迫程度	十分紧迫	比较紧迫	紧迫	一般	不紧迫	不需要
	衡量值（%）	100	80	60	40	20	0
需求（决策层意图）符合程度指标	符合程度	完全符合	比较符合	符合	一般	不完全符合	不符合
	衡量值（%）	100	80	60	40	20	0
军事人员意志力指标	坚强程度	十分坚强	比较坚强	意志坚强	意志力一般	不够坚强	无意志力
	衡量值（%）	100	80	60	40	20	0
军事人员体能指标	体能状况	优秀	良好	及格	不及格		
	衡量值（%）	100	80	60	40		
军事人员信息技术能力指标	信息技术能力	优秀	良好	一般	及格	较差	
	衡量值（%）	100	80	60	40	20	
武器装备质量指标	技术含量与破坏能力	技术非常先进、破坏力巨大	技术较为先进、破坏力较大	技术先进、破坏力大	技术一般、破坏力一般	技术较落后、破坏力有限	技术落后、破坏力小
	衡量值（%）	100	80	60	40	20	0

续表

组织指挥指标	效率	非常有效	比较有效	有效	低效	无效
	衡量值（%）	100	75	50	25	0
技术成熟度指标	成熟度	十分成熟	比较成熟	成熟	不太成熟	不成熟
	衡量值（%）	100	80	60	40	20
政策目标可能达成程度	达成程度	完全达成	较好达成	达成	较难达成	难以达成	不能达成
	衡量值（%）	100	80	60	40	20	0
社会认可度指标	干扰民生程度	与民生无关	有关但解决成本低微	有关、需要着力解决	有关、能解决但较困难	有关、解决很困难	有关、无法解决
	衡量值（%）	100	80	60	40	20	0
相关规划匹配度	与其他规划衔接程度	不影响其他规划	有关但实现了无缝衔接	有关、衔接较好	有关、衔接一般	有关、衔接不好	有关、矛盾冲突
	衡量值（%）	100	80	60	40	20	0

2. 有效性指标

根据需求维度评估确定的判断与衡量标准，可以先将有效性指标分解为国防需求实现指标和战斗力生成指标，前者主要是评估对国防安全需求、军队建设需求以及决策层意图的满足程度；后者主要是看作战能力、产出效果。

国防需求实现指标＝[国防安全需求紧迫程度

×（国防安全需求符合(实现)情况/国防安全需求)]

×[军队建设需求的紧迫程度

×（军队建设需求符合(实现)情况/军队建设需求)]

×（决策层意图符合（实现）情况/决策层意图)

其中，需求紧迫程度×（需求符合（实现）情况/需求）衡量的是国防投入政策是否是国防安全和军队建设客观需要的，这一需要在国防安全和军队建设全局中的地位，以及最终需求实现的程度。国防需求实现指标的衡量主要采取专家打分法确定（见表5-1）。

战斗力生成指标。一般而言，战斗力的提升主要是靠军事人员的素质提升、武器装备的改进以及组织指挥体制机制的完善。相应的，战斗力生成指标可以分解为军事人力、武器装备和组织指挥三类指标。

(1) 军事人力。这主要体现在两个方面：军事人员数量和军事人员质量。

军事人员数量，可以分解为军官、士兵、文职和其他人员三类。军事人员数量 = 军官 + 士兵 + 文职和其他人员。

军事人员质量，即军事人员综合素养，主要体现在四个方面：军事人员意志力、军事人员体能、军事人员文化水平、军事人员信息技术能力。其中，军事人员意志力的衡量采取专家打分法确定（见表 5-1）；军事人员体能的衡量，分"优秀、良好、及格、不及格"四个档次，量化值如表 5-1 所示；军事人员文化水平 = 高中学历人数 × 10% + 大专学历人数 × 20% + 本科学历人数 × 30% + 研究生学历人数 × 40%；军事人员信息技术能力，可以参考计算机等级考试通过率等一些客观数据，以及专家考评等方式评定信息技术能力，量化值如表 5-1 所示。

(2) 武器装备。这主要体现在武器弹药、装备设施、战场设施和基础设施四个方面，诸方面指标可进一步分解为数量与质量两个方面。数量指标按照不同类别分类汇总确定指标值。

武器弹药数量 = 武器弹药$_1$ × n_1 + 武器弹药$_2$ × n_2 + … + 武器弹药$_i$ × n_i；

武器弹药质量由专家根据信息技术能力、破坏能力等因素综合评判，量化值如表 5-1 所示。

装备设施、战场设施和基础设施按照上述公式依次类推。

(3) 组织指挥。这主要体现在两个方面：体制编制与管理制度。采取专家打分法进行衡量，量化值如表 5-1 所示。

3. 经济性指标

根据成本维度评估确立的经济性指标，可以进一步分解为配置效率和使用效率两类指标。

(1) 配置效率。这主要包括两个方面，一方面，经费投入是否符合国民经济建设实际，这属于宏观配置效率，可以通过经费投入占国民经济比重来确定规模是否适度，衡量方法：

$$规模适度性 = [(国防投入/GDP)/2\%] \times 100\%$$

这里需要说明的是，2% 是世界平均水平，为简化模型，采用此指标作为适度规模衡量值。由于我国国防投入一直低于 2%，所以规模适度性指标 <

100%，该指标越接近100%表明适度性越强。

另一方面，国防投入结构是否符合国防和军队建设有机构成，这属于中微观配置效率，可以通过投入结构比率来确定结构是否优化，衡量方法：

$$结构优化度 = \{[生活费/(生活费+装备费)]/50\%\} \times 100\%$$

上述公式主要是在生活费规模不超过装备费规模时使用，该公式表明生活费比重越大，指标将越接近100%，结构越优化。

或者

$$结构优化度 = \{2-[生活费/(生活费+装备费)]/50\%\} \times 100\%$$

上述公式主要是在生活费规模超过装备费规模时使用，该公式表明生活费比重越小，指标将越接近100%，结构越优化。

需要说明的是，国防和军队有机构成理论是马克思主义经典理论中的资本有机构成学说在军事经济领域的拓展。国防和军队有机构成，指的是武器装备与军事人力资本之间的配比关系，一般可以通过生活费与装备费之间的比较来衡量国防和军队有机构成的优化程度。从国际经验比较看，生活费与装备费比重维持在1∶1之间是比较优化的，因此将［生活费/(生活费+装备费)］/50%作为衡量基准。当然，随着国防和军队有机构成的不断优化，未来结构比例将会发生变化，这里以1∶1作为最优比例只是一种示例。

(2) 使用效率。这主要是通过判断国防投入政策中有关经费预算是否符合经费开支标准，衡量方法：

$$使用效率 = [1-经费预算中列报的开支额度/经费开支限额（标准）] \times 100\%$$

上述公式在经费预算中列报的开支额度没有超过经费开支限额或经费支出标准时使用，该公式表明值越大，越接近100%，就越节约，经费开支使用效率越高。

或者

$$使用效率 = [经费预算中列报的开支额度/经费开支限额（标准）-1] \times 100\%$$

上述公式在经费预算中列报的开支额度超过了经费开支限额或经费支出标准时使用，该公式表明值越小，越接近100%，就越节约，经费开支使用效率越高。

4. 风险性指标

根据风险维度评估确立的风险性指标可进一步分解为技术成熟度、资源保障程度、计划安排合理度、社会认可度四类指标。

(1) 技术成熟度。技术成熟度,是为国防投入政策方案实施可能涉及或采用的技术能够达到预期目标的尺度。在国防投入政策实施过程中,对相关建设项目可能涉及的新技术、新工艺、新材料等未进行或未能通过初步的试验,对关键技术攻关情况说明不充分,以及对存在的薄弱环节说明不具体等因素都会对实现预期目标产生重要影响。技术成熟度采取专家打分法,量化结果如表5-1所示。

(2) 资源保障程度。资源保障度,是为国防投入政策方案实施所需筹措的资源能够达到预期目标或产生预期影响的尺度。资源保障可能出现的风险来源于两个方面:客观方面,由经济因素的不确定性、初始数据资料的准确性和可靠性差等因素造成估计不准确;主观方面,所使用的经费概算和预测方法、模型未经验证和确认,以及人为降低估值都会造成估计风险。资源保障度可进一步分解为三个指标:

$$资金保障度 = 预期到位资金/资金供应目标 \times 100\%$$
$$资产保障度 = 可动用资产/资产保障目标 \times 100\%$$
$$人力保障度 = 可动员人力/人力保障目标 \times 100\%$$

(3) 计划安排合理度(政策目标可能达成程度)。计划安排合理度,是国防投入政策在预期的时间节点和任务事项安排表中可能实现目标的程度。设立该指标主要是评估政策方案的预期执行情况,防止因目标定得过高、任务安排过满导致计划流产、政策目标难以达成。

$$计划安排合理度 = \prod(T_i 时间节点可能达成的政策效果 / T_i 时间节点要求达成的政策目标)$$

其中,T_i表示某一阶段时间节点,T表示整个计划时间,$\sum T_i = T$。衡量T_i时间节点可能达成的政策效果,采取专家打分法,量化值如表5-1所示。

(4) 社会认可度。社会认可度,是为国防投入政策涉及的一些项目建设实施需要社会认同能够达到预期目标的尺度。社会认可方面可能出现的风险来源于一些社会民风民俗、地域性生活习惯、民生要求等与国防投入政策设计方案的不一致性，从而可能导致方案实施受阻。采取专家打分法确定社会认可度，量化值如表 5-1 所示。

5. 协调性指标

根据匹配维度确立的协调性指标可以进一步分解为建设能力匹配度、管理能力效率匹配度、资源吸纳能力匹配度、相关规划计划匹配度四类指标。

(1) 建设能力匹配度。该指标主要考察国防投入政策目标与国防和军队建设能力的契合度。科学合理的国防投入政策设计，应以国防和军队建设能力为边界，其政策目标越接近能力边界对应实现的目标，政策设计越科学；一旦超出能力边界则不科学，超出能力边界越多，政策设计的不合理因素就越多。衡量方法主要用"国防投入政策目标（产出效果）"作为指标，以"国防和军队建设能力边界范围"为尺度进行评判，采取专家打分法，在此范围内越接近能力边界，匹配程度越高，越接近100%，越小于这一能力边界，结果越接近0，超出能力边界则为0。

(2) 管理能力效率匹配度。该指标主要考察国防投入政策与国防费管理能力效率的契合度。其衡量原理与方法同"建设能力匹配度"。

(3) 资源吸纳能力匹配度。该指标主要考察国防投入政策与国防和军队建设对资源吸纳能力的契合度。国防和军队建设存在资源吸纳能力问题，正如人存在营养吸收问题一样，如果资源投入过多，超过资源消耗能力，将会产生大量资源沉淀，比如军事训练投入，在训练标准频率一定的情况下，即使投入再多，对于训练水平的提升毫无帮助，钱也花不出去，结果形成大量资金结余。换言之，某一时期国防和军队建设的资源吸纳能力是一定的，国防投入政策不应该超出这一范围。资源吸纳能力匹配度衡量原理与方法同"建设能力匹配度"。

(4) 相关规划计划匹配度。该指标主要是将国防投入政策与相关建设发展规划进行比较，看国防投入政策的措施办法、进度设计是否考虑了相关规划计划。比如是否考虑国家财政规划投入，有无超出国家财政供给能力；再比如国防投入政策目标任务的实现能否确保相关建设规划计划的实施，能否做到无缝衔接、有机一体，如果国防投入政策目标任务的推迟实现将影响其他建设规划计划的实施进度，那么相关规划匹配程度就是较差的。衡量方法主要采用专家打分法,量化值见表 5-1 所示。

(四)国防投入政策评估模型基本框架

依据上述指标体系,经过无量纲化处理、建立层次分析模型、构造比较判断矩阵、一致性检验和确定指标权重五个步骤,可以得到评估模型。

1. 无量纲化处理

需要进行无量纲化的指标如表 5-2 "绝对值"栏中标明"是"的部分。采用直接极值法:

$$x_{ij}^* = \frac{x_{ij} - m_j}{M_j - m_j}$$

其中,$M_j = \max_i \{x_{ij}\}$,$m_j = \min_i \{x_{ij}\}$。对于指标为负值的情况,则:

$$x_{ij}^* = \frac{M_j - x_{ij}}{M_j - m_j}$$

表 5-2　　　　国防投入政策评估指标体系

一级指标	二级指标	三级指标	四级指标	五级指标	绝对值	权重(%)
合法性指标(L)	方针政策符合度(L_1)					100
	法律规章符合度(L_2)					
	五年规划符合度(L_3)					
	财政规划符合度(L_4)					
	建设规划符合度(L_5)					
	专项规划符合度(L_6)					
有效性指标(A)	国防需求实现指标(A_1)	国防安全需求紧迫性与符合度(A_{11})				33.2
		军队建设需求紧迫性与符合度(A_{12})				
		决策层意图符合度(A_{13})				

续表

一级指标	二级指标	三级指标	四级指标	五级指标	绝对值	权重（%）
有效性指标（A）	战斗力生成指标（A_2）	军事人力（A_{21}）	军事人员数量（A_{211}）	军官（A_{2111}）	是	0.34
				士兵（A_{2112}）	是	0.08
				文职人员与其他（A_{2113}）	是	0.04
			军事人员质量（A_{212}）	军事人员意志力（A_{2121}）		0.22
				军事人员体能（A_{2122}）		0.13
				军事人员文化水平（A_{2123}）	是	0.38
				军事人员信息技术能力（A_{2124}）		0.64
		武器装备（A_{22}）	武器弹药（A_{221}）	武器弹药数量（A_{2211}）	是	0.24
				武器弹药质量（A_{2212}）		1.18
			装备设施（A_{222}）	装备设施数量（A_{2221}）	是	0.44
				装备设施质量（A_{2222}）		2.19
			战场设施（A_{223}）	战场设施数量（A_{2231}）	是	0.12
				战场设施质量（A_{2232}）		0.59
			基础设施（A_{224}）	基础设施数量（A_{2241}）	是	0.19
				基础设施质量（A_{2242}）		0.19
		组织指挥（A_{23}）	体制编制（A_{231}）			8.05
			管理制度（A_{232}）			1.61
经济性指标（B）	配置效率（B_1）	规模适度性（B_{11}）				11.74
		结构优化度（B_{12}）				11.74
	使用效率（B_2）					7.83
风险性指标（C）	技术成熟度（C_1）					3.48
	资源保障度（C_2）	资金保障度（C_{21}）				3.6

续表

一级指标	二级指标	三级指标	四级指标	五级指标	绝对值	权重(%)
风险性指标（C）	资源保障度（C$_2$）	资产保障度（C$_{22}$）				1.37
		人力保障度（C$_{23}$）				0.79
	计划合理度（C$_3$）					1.87
	社会认可度（C$_4$）					0.98
协调性指标（D）	建设能力匹配度（D$_1$）					2.27
	管理能力效率匹配度（D$_2$）					1.13
	资源吸纳能力匹配度（D$_3$）					1.13
	相关规划匹配度（D$_4$）					2.27

注：表中"绝对值"一栏标明"是"的指标，是需要进行无量纲化处理的指标。

2. 建立层次分析模型

根据表5-2建立的国防投入政策评估指标体系，构建层次分析模型。将系统目标确定为国防投入政策的科学性合理性，这就成为层次分析模型的目标层（O）。A、B、C、D依次成为方案层，底层成为备选方案层，其余指标构成中间要素层（见图5-7）。

3. 构造比较判断矩阵

比较结果用a_{ij}表示，这意味着当以国防投入政策评估系统中上一层某一因素作为比较准则时，该层次中第i个因素相对第j个因素的重要性。这里的评价方法采取专家法，选取国防费管理决策分析领域专家n（n=20）名，打分的结果为：

$$\frac{第i个因素的重要性}{第j个因素的重要性} = a_k$$

其中k=1, 2, …, n; n=20。则：

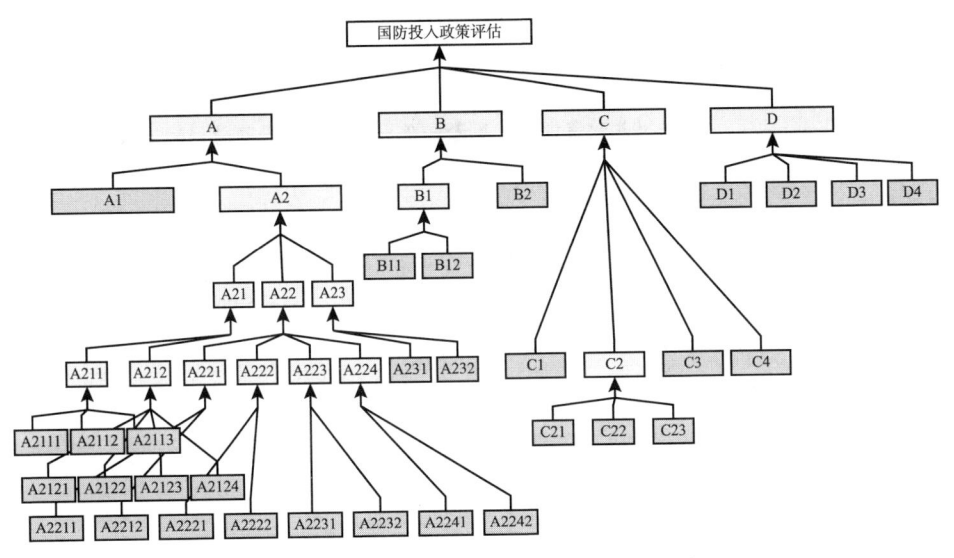

图 5-7　国防投入政策评估层次分析模型

$$a_{ij} = \frac{1}{n}\sum_{k=1}^{n} a_k$$

评分的标准采取 1~9 标度法，见表 5-3：

表 5-3　　　　　　　　　判断矩阵标度值及其含义

标度	含义	
1	以上一层次某因素为准则，本层次因素 i 与因素 j 相比	同等重要（Equal）
3		稍微重要（Moderate）
5		明显重要（Strong）
7		强烈重要（Very Strong）
9		极端重要（Extreme）
2、4、6、8	上述两两相邻判断的中间值	
倒数	因素 i 与 j 比较得 a_{ij}，则因素 j 与 i 比较得 a_{ji}，$a_{ij} = \frac{1}{a_{ji}}$	

4. 一致性检验

判断矩阵一致性比例均小于 0.1，表明可以接受该结果。具体结果如

表5-4所示：

表5-4-1 "国防投入政策评估"判断矩阵一致性比例及对总目标的权重

结论：国防投入政策评估判断矩阵一致性比例：0.0127；对总目标的权重：1.0000；λ_{max}：4.0339

国防投入政策评估	A	B	C	D	Wi
A	1.0000	2.0000	4.0000	6.0000	0.4980
B	0.5000	1.0000	3.0000	5.0000	0.3131
C	0.2500	0.3333	1.0000	2.0000	0.1209
D	0.1667	0.2000	0.5000	1.0000	0.0680

表5-4-2 "A"判断矩阵一致性比例及对总目标的权重

结论：判断矩阵一致性比例：0.0000；对总目标的权重：0.4980；λ_{max}：2.0000

A	A2	A1	Wi
A2	1.0000	0.5000	0.3333
A1	2.0000	1.0000	0.6667

表5-4-3 "B"判断矩阵一致性比例及对总目标的权重

结论：判断矩阵一致性比例：0.0000；对总目标的权重：0.3131；λ_{max}：2.0000

B	B1	B2	Wi
B1	1.0000	3.0000	0.7500
B2	0.3333	1.0000	0.2500

表5-4-4 "C"判断矩阵一致性比例及对总目标的权重

结论：判断矩阵一致性比例：0.0079；对总目标的权重：0.1209；λ_{max}：4.0211

C	C2	C1	C3	C4	Wi
C2	1.0000	2.0000	3.0000	5.0000	0.4765
C1	0.5000	1.0000	2.0000	4.0000	0.2879
C3	0.3333	0.5000	1.0000	2.0000	0.1547
C4	0.2000	0.2500	0.5000	1.0000	0.0810

表 5-4-5　"D" 判断矩阵一致性比例及对总目标的权重

结论：判断矩阵一致性比例：0.0000；对总目标的权重：0.0680；λ_{max}：4.0000

D	D1	D2	D3	D4	Wi
D1	1.0000	2.0000	2.0000	1.0000	0.3333
D2	0.5000	1.0000	1.0000	0.5000	0.1667
D3	0.5000	1.0000	1.0000	0.5000	0.1667
D4	1.0000	2.0000	2.0000	1.0000	0.3333

表 5-4-6　"A2" 判断矩阵一致性比例及对总目标的权重

结论：判断矩阵一致性比例：0.0036；对总目标的权重：0.1660；λ_{max}：3.0037

A2	A21	A22	A23	Wi
A21	1.0000	0.3333	0.2000	0.1095
A22	3.0000	1.0000	0.5000	0.3090
A23	5.0000	2.0000	1.0000	0.5816

表 5-4-7　"B1" 判断矩阵一致性比例及对总目标的权重

结论：判断矩阵一致性比例：0.0000；对总目标的权重：0.2348；λ_{max}：2.0000

B1	B11	B12	Wi
B11	1.0000	1.0000	0.5000
B12	1.0000	1.0000	0.5000

表 5-4-8　"C2" 判断矩阵一致性比例及对总目标的权重

结论：判断矩阵一致性比例：0.0176；对总目标的权重：0.0576；λ_{max}：3.0183

C2	C21	C23	C22	Wi
C21	1.0000	4.0000	3.0000	0.6250
C23	0.2500	1.0000	0.5000	0.1365
C22	0.3333	2.0000	1.0000	0.2385

表 5-4-9　　"A21"判断矩阵一致性比例及对总目标的权重

结论：判断矩阵一致性比例：0.0000；对总目标的权重：0.0182；\ lambda_ {max}：2.0000

A21	A211	A212	Wi
A211	1.0000	0.3333	0.2500
A212	3.0000	1.0000	0.7500

表 5-4-10　　"A22"判断矩阵一致性比例及对总目标的权重

结论：判断矩阵一致性比例：0.0039；对总目标的权重：0.0513；\ lambda_ {max}：4.0104

A22	A221	A222	A223	A224	Wi
A221	1.0000	0.5000	2.0000	4.0000	0.2755
A222	2.0000	1.0000	4.0000	6.0000	0.5128
A223	0.5000	0.2500	1.0000	2.0000	0.1377
A224	0.2500	0.1667	0.5000	1.0000	0.0740

表 5-4-11　　"A23"判断矩阵一致性比例及对总目标的权重

结论：判断矩阵一致性比例：0.0000；对总目标的权重：0.0965；\ lambda_ {max}：2.0000

A23	A231	A232	Wi
A231	1.0000	5.0000	0.8333
A232	0.2000	1.0000	0.1667

表 5-4-12　　"A211"判断矩阵一致性比例及对总目标的权重

结论：判断矩阵一致性比例：0.0136；对总目标的权重：0.0045；\ lambda_ {max}：3.0142

A211	A2111	A2112	A2113	Wi
A2111	1.0000	5.0000	7.0000	0.7396
A2112	0.2000	1.0000	2.0000	0.1666
A2113	0.1429	0.5000	1.0000	0.0938

表5-4-13 "A212"判断矩阵一致性比例及对总目标的权重

结论：判断矩阵一致性比例：0.0116；对总目标的权重：0.0136；λ_{max}：4.0310

A212	A2121	A2122	A2123	A2124	Wi
A2121	1.0000	2.0000	0.5000	0.3333	0.1603
A2122	0.5000	1.0000	0.3333	0.2500	0.0953
A2123	2.0000	3.0000	1.0000	0.5000	0.2776
A2124	3.0000	4.0000	2.0000	1.0000	0.4668

表5-4-14 "A221"判断矩阵一致性比例及对总目标的权重

结论：判断矩阵一致性比例：0.0000；对总目标的权重：0.0141；λ_{max}：2.0000

A221	A2211	A2212	Wi
A2211	1.0000	0.2000	0.1667
A2212	5.0000	1.0000	0.8333

表5-4-15 "A222"判断矩阵一致性比例及对总目标的权重

结论：判断矩阵一致性比例：0.0000；对总目标的权重：0.0263；λ_{max}：2.0000

A222	A2221	A2222	Wi
A2221	1.0000	0.2000	0.1667
A2222	5.0000	1.0000	0.8333

表5-4-16 "A223"判断矩阵一致性比例及对总目标的权重

结论：判断矩阵一致性比例：0.0000；对总目标的权重：0.0071；λ_{max}：2.0000

A223	A2231	A2232	Wi
A2231	1.0000	0.2000	0.1667
A2232	5.0000	1.0000	0.8333

表 5-4-17　"A224" 判断矩阵一致性比例及对总目标的权重

结论：判断矩阵一致性比例：0.0000；对总目标的权重：0.0038；λ_{max}：2.0000

A224	A2241	A2242	Wi
A2241	1.0000	1.0000	0.5000
A2242	1.0000	1.0000	0.5000

5. 确定指标权重

由此得到各指标权重，如表 5-2 所示。

6. 评估指数模型。

(1) 模型第Ⅰ阶段：合法性评价。

L =（国家和军队有关方针政策符合情况/国家和军队有关方针政策）×（国家和军队有关法律法规、规章制度符合情况/国家和军队有关法律法规、规章制度）×（社会发展五年规划符合情况/社会发展五年规划要求）×（国家中期财政规划符合情况/国家中期财政规划要求）×（国家和军队建设规划符合情况/国家和军队建设规划要求）×（相关专项建设规划符合情况/相关专项建设规划要求）

(2) 模型第Ⅱ阶段：有效性-经济性-风险性-协调性评价。

$$\begin{aligned}ABCD = & [33.2\%(A_{11} \times A_{12} \times A_{13}) + (0.34\% A_{2111} + 0.08\% A_{2112} + 0.04\% A_{2113}) \\ & + (0.22\% A_{2121} + 0.13\% A_{2122} + 0.38\% A_{2123} + 0.64\% A_{2124}) \\ & + (0.24\% A_{2211} + 1.18\% A_{2212}) + (0.44\% A_{2221} + 2.19\% A_{2222}) \\ & + (0.12\% A_{2231} + 0.59\% A_{2232}) + (0.19\% A_{2241} + 0.19\% A_{2242}) \\ & + (8.05\% A_{231} + 1.61\% A_{232})] + [(11.74\% B_{11} + 11.74\% B_{12}) \\ & + 7.83\% B_2] + [3.48\% C_1 + (3.6\% C_{21} + 1.37\% C_{22} + 0.79\% C_{23}) \\ & + 1.87\% C_3 + 0.98\% C_4] + [2.27\% D_1 + 1.13\% D_2 + 1.13\% D_3 + 2.27\% D_4]\end{aligned}$$

(3) 综合评价模型。

$$国防投入政策科学性合理性 = L \times ABCD$$

模型值一般在 [0, 100%]，模型值越高越接近于 100%，说明该项投入政策的科学性合理性越强。

第五节 年度国防费总预算

根据三年国防支出框架，第一年属于基期年，需要编制年度总预算，第二年和第三年则要求在明确预算限额与重大比例关系的基础上，对未来两年国防费投向投量进行概略估计。在这一制度安排下，国防投入规划对年度国防费总预算起着战略指导和宏观调控作用，后者根据前者确定的当年国防费资源配置总体框架统筹细化国防费在各单位各部门的投向投量。从当前制度安排情况来看，国防费总预算是不符合需求主导的资源配置要求的，必然与三年国防支出框架的制度设计要求存在差距。深化国防预算制度改革，建立具有中国特色的结果导向型国防预算制度，必须根据国防投入滚动规划的制度安排要求，在新的国防和军队体制下[①]，对国防费预算管理体系进行科学筹划、总体设计。只有在对国防费预算管理体系科学设计的基础上，才能对国防费总预算有一个准确的定位和完整的解释。

一、年度国防费预算体系创新思路

推动国防预算由供应控制型转变为结果导向型，必须确立需求在资源配置中的主导作用，在国防和军队新体制下，根据需求形成机制，建立相应的预算组织体系。根据"军委管总、战区主战、军种主建"总原则，军委决策部门主要负责制定国家安全与军事战略方针，诸战区应当根据军委决策部署和担负的使命任务提报作战能力指标在内的作战需求，各军种应当依据战区联合作战需求结合现有保障基础测算确定建设需求，军委机关决策部门在审核作战需求的前提下汇总平衡各军种建设需求，从而形成国防总需求。在这一需求生成链中，军种通过确定建设需求起着将作战任务转化为财力资源的承前启后的关键性枢纽作用。显然，确立需求的主导地位，必须首先把军种在资源配置中的关

---

① 本书制度设计基于2016年以后国防和军队改革确立的新的国防和军队领导指挥体制。相关资料来自《解放军报》、中国国防部网站、人民网等公开报道。

键作用突出出来,把军种在预算管理中的能动性调动起来,强调军种在本系统本领域建设发展规划、任务项目提报、预算编制执行中的主体责任,赋予军种建设必需的资源使用权,要求各军种根据建设任务合理配置使用财力资源,科学编报军种预算,实现军种财权与事权相统一,从而逐步实现以军种为主的国防费预算组织形式,形成基于军种的国防费预算体系。在这一新的预算组织体系中,军委机关的主要作用是"管总",即从微观具体的管理事务中抽离出来,把传统体制下由相关职能部门提报建设需求的权限下放到军种,一方面进一步增强宏观调控职能,加强军种经费需求审核论证,另一方面搞好跨军种跨领域任务项目统筹,协调联合建设需求,促进诸军兵种建设协调发展。

二、基于军种的国防预算体系框架

基于军种的国防费预算体系,分国防费总预算与军种部队预算两级,其中国防费总预算由军委机关部门预算与军种机关预算构成。

(一) 军委机关部门预算

涉及中央军委机关7个部(厅)、3个委员会和5个直属机构。主要包括军委办公厅预算、军委联合参谋部预算、军委政治工作部预算、军委后勤保障部预算、军委装备发展部预算、军委训练管理部预算、军委国防部动员部预算、军委纪律检查委员会预算、军委政法委员会预算、军委科学技术委员会预算、军委战略规划办公室预算、军委改革和编制办公室预算、军委国际军事合作办公室预算、军委审计署预算和军委机关事业管理总局预算。这15个部门预算,主要是军委机关部门事业任务直接支出预算,作为国防费总预算的一级预算管理单位,由国防预算主管部门归口管理。

(二) 军种机关预算

涉及7个军种,主要包括海军预算、陆军预算、空军预算、火箭军预算、战略支援部队预算、联勤部队预算以及武警部队预算。7个军种机关预算主要由军种机关各事业部门预算汇总而成,作为国防费总预算的一级预算管理单位，由国防预算主管部门归口管理。

(三) 军种部队预算

按照不同级别区分为不同层级预算。比如战区军种级单位预算、军级单位预算、旅级单位预算，相对应的分别是二级预算管理单位、三级预算管理单位、四级预算管理单位。各级预算均由本级事业部门分项预算构成，由本级单位预算主管部门归口管理。

根据"军委管总"，军委机关事业部门主要负责编制与本级职责有关的事业任务经费直接支出预算，对军种相关事业任务建设需求仅具有审核建议权；根据"军种主建"，军种全面负责本系统相关领域资源配置，负责提报本系统事业任务建设需求，归口编制本军种各项事业经费分项预算。

基于军种的国防预算，如果按照收支分类和经费用途，还可以分为国防收入预算与国防支出预算。其中，收入预算按照收入来源、支出预算按照经费用途还可以分别进一步逐层细分。

三、年度国防费总预算的编制方法

年度国防费总预算采取基线筹划法进行编制，即不仅要在基期年采取类似基数预算的方法编制年度预算，同时还要对未来两年预算收支总额和分项收支进行测算，即每年还要滚动编制其后两年预算。

2001年以前，国防预算编制方法采取的是基数法。这一方法的基本原理，是以上一年预算编制数额为基数，考虑当年经费需求变动数，有新增加的项目或任务就在上一年预算数额的基础上进行调增；原有项目或任务撤销或者经费需求减少，就在上一年预算数额的基础上进行调减。从原理上讲，基数法简便易行，制度执行成本较低。但这一制度有效执行的前提，是上一年预算编制的科学性。换言之，基数法主要考虑当年预算新增新减的情况，而不考虑上一年预算编制是否科学是否合理。事实上，有两种因素会导致这种方法下编制的预算出现问题并使问题不断放大。其一，预算极大化倾向会导致编制的预算规模就像"滚雪球"一样越滚越大。预算极大化，又称"官僚预算极大化"，这是公共经济学里的一个重要理论模型,即作为经济理性人,官僚总希望所掌握的资源(包括办公条件、掌握的人事权等)越来越多、越来越好,用货币衡量这些资源就是预算经费,因此预算规模会越来越大。采取基数法编制预算时,理论上虽然有增有减,但实际上因为上下级之间(委托方和受托方)的信息不对称,预算项目只会增而不会减。其二,由于基数法默认上一年预算基数的科学性合理性,编制当年只考虑当年因素,上一年预算编制如果存在问题将被新的预算所掩盖,即使上一年预算编制是科学合理的,但由于环境发生变化,也会存在不合理因素或者变得不再科学。基于这两方面因素,基数法编制的预算将会像滚雪球一样,规模越滚越大、问题越积越多。

2001年以后,国防预算编制改革采取了零基法,即一切从零开始,所有项目在新的预算年度统一清零,在新的一个预算年度根据新的环境因素重新测算每一项经费需求,把关闭了一年的"暗箱"重新打开。理论上讲,零基法可以较为完美地解决基数法带来的所有问题。但现实中,由于零基法要将历年延续的所有项目连同当年新增需求重新测算一遍,制度执行成本太高。预算部门本身就存在人少事多的矛盾,在实际执行过程中就容易走样,而且预算编制的层级越高,事业任务需求就越大,项目也就越来越多,随着制度执行成本的不断高企,预算编制实行零基法难度也越来越大。

年度国防费总预算采取基线筹划法进行编制,似乎制度执行成本会更高。因为,从原理上看,基线筹划法与零基法一样,都必须对每个项目在新的一个预算执行周期进行重新测算,而且表面上看,基线筹划法是对未来三年预算收支情况进行测算,工作量是零基法的三倍甚至更多。但两者的区别是,基线筹划法区分了环境参数、预算进度和政策变化三个维度,对经费需求进行了测算,而零基法则不作区分一体测算。区分维度表面上看进一步增加了工作的复杂性,但实际上利用了分类系统管理的优势,反而有助于节约制度执行成本;同时借助现代信息技术手段,有助于提高预算编制效率。具体而言,预算编制前的准备工作,主要是将所有项目纳入"环境参数—预算进度—政策变化"三维坐标系,建立项目经费需求与维度要素关系;预算编制时,主要考察三维参数的变动,采用系统动力学方法(Forrester,1956),借助Vensim软件,即可模拟测算未来三年预算收支额度。显然,采用基线筹划法的优势在于信息技术手段的引入可以节约大量的制度执行成本。

第六节 国防费预算审核

国防费预算审核，是以战斗力为唯一的根本标准，根据有关规程规定明确的审核任务、程序和方法，依据规划计划，依托专家力量，运用现代方法手段，就国防费年度总预算、有关专项经费预算以及分项预算贯彻落实规划计划等情况进行综合性审核。作为衔接规划与预算之间的重要桥梁，实行国防费预算审核对于进一步强化国防部门战略管理职能、更好地发挥规划计划主导资源配置作用、科学分配使用国防费具有重要作用。

一、国防费预算审核的指导原则

搞好国防费预算审核工作，必须着眼促进年度国防预算与国防和军队建设规划计划的紧密衔接，实现国防投入重点与战斗力增长点的有机统一，从战略管理视角审核论证和调整优化国防费资源配置，从而促进国防和军队建设实现更高质量、更高效益、更可持续的发展。

一是要坚持系统筹划、科学论证。紧紧围绕国防和军队建设规划部署的建设任务，依据三年国防支出框架明确的经费控制指标，着眼体系建设和全局发展，精准调控、科学统筹各系统各领域年度预算安排，确保规划有效执行、计划落地见效。

二是要坚持突出重点、讲求绩效。坚持战斗力标准，突出主要方向、关键领域和重大项目经费审核论证，确保经费资源向国防建设和作战准备急需倾斜，使有限财力取得最大军事效果、发挥最佳经济效益。

三是要坚持协调配合、严格组织。以规划部门为主导，加强与预算、审计主管部门，以及各事业部门之间的协调配合，严格按照职责分工和工作流程组织实施，各司其职，形成合力。

四是要坚持客观公正、以审促建。坚持从国防和军队建设大局出发，公平公正、客观审慎地提出国防费投向投量调整优化意见,更好地保障国防和军队建设科学发展。

二、国防费预算审核的目标任务

关于年度预算审核,尽管最终目的是为了提高战斗力,但不同部门因为使命任务不同,审核角度与审核重点也不一样。比如预算部门对国防预算的审查,关心的是预算编制本身,强调细化预算、综合预算等业务要求;审计部门对国防预算的审计,强调的是经费投向投量是否符合政策,有无违反规章制度,主要进行合规性审计。国防费预算审核主要由规划部门负责组织,更加关注规划计划、能力任务与国防费资源配置的关系。

(一)国防费预算审核的主要目标

在搞清国防费资源总体配置格局的基础上,坚持需求牵引、规划主导,着眼促进规划计划、项目和预算紧密衔接,研究提出建设性的审核意见,实现国防费总预算由注重需求保障、支出控制向落实建设任务、解决短板弱项拓展延伸,进一步优化国防费投向投量,实现国防费投入重点与战斗力增长点有机统一,进一步提升国防费资源整体保障绩效,为国防和军队全面建设和军事斗争准备提供有力保障。

(二)国防费预算审核的主要任务

在掌握包括国防投入总体规模、增长比例及其在国民经济中的比重,以及可持续增长情况等国防费资源配置总体格局的基础上,重点围绕以下三个方面,抓大放小、以点带面,推动整个审核工作高效有序展开:

一是与规划计划衔接是否紧密。主要审查三年国防支出框架中明确的国防支出目标是否有坚实的财力支撑;国防费保障方针能否得到贯彻;年度预算安排是否符合国防投入增长方式;国防投入各科目、各项目三年期经费指标和预期绩效是否得到合理细化和逐年落实。

二是国防财力资源配置是否优化。主要审核国防投入的总体规模是否合理，不同领域、不同部门、不同作战方向年度经费投入总量是否布局均衡、比例协调，行政办公费用、人员生活投入与武器装备建设投入、科学技术研发投入等重大结构比例是否合理。

三是重点建设任务有无财力支撑。主要审核国防和军队建设规划明确的建设任务，特别是重大工程项目是否得到优先保障，年度经费安排与国防和军队建设规划明确的建设任务及进度是否相适应；国防和军队建设任务项目库与建设指导方案以及三年国防支出框架中明确的国防预算重大政策及重要领域、重点项目是否有安排相应经费保障，比如军事斗争准备、重大改革任务、新型作战力量建设、新型军事人才培养等方面经费安排的合理性、可行性、协调性；调整经费供应标准是否合理必要；经费投入重点与军事能力增长点是否一致。

(三) 国防费预算审核的主要依据

扎实有效推进国防费预算审核工作，必须有科学的理论依据，并以权威的政策制度为支撑。国防费预算审核工作的主要依据，包括党中央、中央军委的决策部署；国家安全战略、军事战略方针、国防和军队建设发展总体规划和有关专项建设执行计划；国防需求分析评估情况、三年国防支出框架与年度国防预算；国家和军队相关政策法规、标准制度、定额规范，以及国防投入政策评估情况等。

三、国防费预算审核的职责分工

根据制度设计，在国防资源配置机制运行的整个流程中，规划主管部门负责制定国防和军队建设发展规划以及三年国防支出框架，因此属于规划向预算传导的上游部门，掌握着较为充分的信息，拥有科学决策的优势条件。据此，为牢固确立需求在资源配置中的主导地位，将国防费预算审核的组织协调工作交由规划主管部门负责比较合适，其他相关部门按照职责分工，搞好配合。具体职责分工如下：

规划主管部门主要负责审核年度国防费总预算（建议）方案和各部门分项预算（建议）方案，并提出调整意见建议；编报年度国防费总预算（建议）

方案和分项预算（建议）方案审核情况报告，并督导落实；遴选国防费预算审核专家，建立审核专家库；建立健全预算审核相关规章制度，搞好预算审核信息化建设。

预算主管部门主要负责向规划主管部门提供年度国防费总预算编制有关文件资料，并配合预算审核；根据审核意见，调整国防预算，并对有关情况作出说明；定期向规划主管部门报送预算执行情况。

各级预算单位主要负责向规划主管部门提供本系统、本领域、本部门预算编制有关文件资料，配合搞好预算审核；根据审核意见，调整分项预算，并对有关情况作出说明。

四、国防费预算审核的工作流程

为减少制度执行成本，国防费预算审核作为国防投入滚动规划的重要内容，应当嵌入年度国防费总预算编制执行全过程，并与国防费总预算编制"二上二下"协调同步。具体划分如下。

（一）预算审核准备

规划主管部门，首先应当科学分析军事战略与作战能力目标，并在对国防和军队建设情况进行检验评估的基础上，拟制并发布《国防和军队建设任务项目库与建设指导方案》，明确重大项目优先顺序、资源投入时序和配套要求等，就相关国防费资源配置问题与分项预算有关部门交换意见，并将国防和军队建设总体规划和建设任务项目库与指导方案等情况及时通报预算主管部门，为各级各部门筹划编制年度建设计划和经费预算提供指导。然后，从预算审核专家库中随机抽选人员成立国防费预算审核专家组。入库专家必须党性原则强、政策水平高、实践经验丰富，具有国防和军队建设规划计划拟制、项目设计论证、装备技术研究、科研技术攻关、建设施工管理和军事财经管理等工作经历。最后，部署年度国防费预算审核任务，明确任务分工、时间安排和实施步骤等，并将相关事项提前预告相关部门。预算主管部门，主要是通知相关部门编制预算建议方案，并会同规划主管部门协商确定年度国防费总预算编制政策要点和有关要求等。一级预算单位，应当分别组织拟制分项预算建议方案，上报预算主管部门和规划主管部门，并提供预算评审数据资料。

（二）审核国防费总预算草案

主要是在"一上"阶段。规划主管部门应当根据预算主管部门提供的相关文件资料，集中审核国防费总预算草案和有关情况报告，并提出意见建议，形成年度国防费总预算建议方案审核情况报告。预算主管部门主要根据预算建议方案审核意见对预算进行调整，及时向规划主管部门反馈预算修改情况，并报送最终的年度国防费总预算建议方案。一级预算单位主要根据审核意见及时修改完善分项预算建议方案。

（三）审核明细预算方案

主要是在"二上"阶段。年度国防费总预算草案批准后，预算主管部门将预算控制指标下达给一级预算单位，并组织相关部门拟制分项预算明细方案。规划主管部门主要根据预算控制指标，审核分项预算明细方案，提出分项预算明细方案审核意见。

（四）分析报告国防费配置情况

主要是在"二下"阶段。年度国防费总预算方案批准后，预算主管部门应当将预算控制指标和分项预算报送规划主管部门。规划主管部门应当根据预算方案，综合分析拟制上报年度国防费资源配置情况分析报告。

（五）跟踪掌握预算执行情况

主要是国防费总预算执行阶段。预算主管部门应当及时通报年度国防费总预算执行情况，尤其是重大项目实施过程中确需调整预算的，应及时将有关情况通报规划主管部门，并根据规划主管部门和有关部门经费调控意见，调整国防费总预算方案。规划主管部门应当及时跟踪了解年度国防费总预算批复下达与执行情况，掌握重大项目进度与经费保障情况，视情提出国防费资源调控意见。

五、国防费预算审核的方式方法

搞好国防费预算审核,必须采取科学的方式方法。积极借鉴全国人大审核中央预算、外军议会审核国防预算经验做法,根据我国国防预算审核主体与对象的特点要求,国防费预算审核可以采取如下方式方法。

(一)国防费预算审核的形式

主要有两种。一种是书面审核。主要从政策、程序、技术、经济等方面,对有关草案方案的完整性、科学性、合规性、可行性、准确性等进行书面审查。另一种是座谈交流。主要是针对一些难以有效地在书面资料中反映的,或是受文本格式限制等原因无法在书面资料中反映的情况,进行面对面的交流,更深入地了解真实情况。

(二)国防费预算审核的组织方式

主要有三种。一是专家评审。主要由专家对预算编制有关问题进行质疑问答、综合评议和定向评审。二是联合审议。主要是结合实际需要,由相关部门共同组织对有关分项预算进行穿透式审查评议。三是小组终审。主要由相关人员组成终审小组,对国防费总预算方案实施审核。

(三)国防费预算审核的方法

主要有五种。一是政策性审核。主要审核国防费总体资源配置状况,保证其符合军事战略方针和军委决策意图。二是业务性审核。主要审核国防费投向投量与国防和军队建设规划、三年国防支出框架衔接的紧密性。三是重要性审核。主要审核重点领域重大项目的资源匹配性,保证重大任务、重大项目立项的合规性、经济性和科学性,经费安排的合理性等。四是敏感性审核。主要审核热点领域、敏感项目相关预算安排情况,以及关系国防和军队建设大局的重大任务、专项任务的经费安排情况。五是动态性审核。主要审核规划计划重大调整、项目撤销等预算调整变化情况,动态跟踪重大项目预算执行情况,并就其预算调整、经费调控提出审核意见,加强资源统筹动态管控,维护预算执行的严肃性。

第六章

建立国防预算跨期平衡机制

随着现代化战争形态的深刻变化，战斗力生成模式发生了根本性转变，许多军事建设项目都是跨多个年度持续进行的，国防需求的波动性特征导致国防经济建设呈现一定的寿命周期性特征，只有保持国防投入的周期波动适应性和适度弹性，才能保证国防资源配置的动态有效性。基于动态平衡视角建立的国防预算跨期平衡机制，不仅有助于纠正年度预算的短期化、静态化和不连续性问题，更为重要的是作为具有中国特色的结果导向型国防预算制度的重要内容，与国防投入滚动规划管理有机联系、相互配合，对于加强国防和军队建设资源的宏观调控、推动规划计划与预算的紧密衔接具有重要作用。

第一节　国防预算跨期平衡机制的内涵特征

跨年度预算平衡，是近年来人们普遍关注的一个热词。目前学术界和决策部门对其含义特征都缺乏统一认识和权威界定。因此，国防预算跨年度平衡机制设计之前，有必要对这一概念做一简要梳理和清晰界定。

一、基本内涵

跨年度预算平衡的概念，最早是在党的十八届三中全会上正式提出来的。2013 年 11 月，党的十八届三中全会通过了《中共中央关于全面深化改革若干重大问题的决定》（以下简称《决定》）。《决定》第一次明确了实行跨年度预算平衡的政府预算管理制度改革。2014年8月审议通过的新《预算法》明确，"各级政府应当建立跨年度预算平衡机制"，这为构建跨年度预算平衡机制提供了法律依据。2014年9月发布的《关于深化预算管理制度改革的决定》，对跨年度预算平衡机制的政策实施内容作出了具体说明，指出为适应经济形势发展变化、实施财政政策逆周期调节，应当建立跨年度预算平衡机制。具体而言，当"中央一般公共预算执行中如出现超收，超收收入用于冲减赤字、补充预算稳定调节基金；如出现短收，通过调入预算稳定调节基金、削减支出或增列赤字并在经全国人大或其常委会批准的国债余额限额内发债平衡"。

国防预算跨期平衡机制与国家财政跨年度预算平衡机制相比，虽然在基本原理上大体类似，但由于在解决问题、解决方法和实现目标上有所差异，国防预算跨期平衡机制内涵上有独特规定性。具体而言，国防预算跨期平衡机制，是保证国防财政资源可持续性的前提下，以国防和军队建设需求为主导，着眼解决国防投入稳定性问题，在预算编制、执行等环节建立的滚动的、跨年度的、总量式的、预算收支余额在风险可控区间的一种动态平衡机制。

二、主要特征

（一）平衡的性质：以国防需求满足为中心

目前来看，国防预算主要有两种平衡机制，一种是当期平衡，这种平衡机制是供应控制型国防预算制度的典型特征；另一种是跨期平衡，与结果导向型国防预算制度相对应。从性质上比较，前者主要强调资源约束，后者主要强调国防需求。两种平衡机制的不同，其实是两种预算制度的根本区别。

国防预算当期平衡机制，即年度平衡，强调以收定支的编制原则，即根据收入多少决定支出规模，不允许入不敷出。判断平衡实现的标准，就是收支平衡、略有节余。因此，国防投入的决定因素中，供给与需求对比，资源供给因素占主导甚至是支配地位，对国防需求任务项目享有否决权。因此，资源供给是预算平衡的中心，国防支出需求"服从并服务于"这个中心。

国防预算跨期平衡机制，主要是跨年度预算平衡，虽然收支平衡也是这一机制运行所追求的目标，但显然它更关注的是基于国防和军队建设生命周期的国防需求波动特征，放松了以年度收入决定军事支出的这种依据社会制度性因素来决定具有系统工程特点的国防和军队建设进度的限制条件，将国防需求置于资源保障的中心，平衡机制偏重于解决资源供给不确定性问题。

当期平衡原则强调以收定支，当入不敷出时，首先牺牲的就是国防支出需求，通过减少国防开支以保证收支平衡。而跨期平衡原则将当期一期改为多期，其目的就是通过利用多个期间收入延展收入约束，为国防支出需求的满足提供更为宽松的环境，只有在这种情况不能满足的情况下，才考虑削减国防支出需求问题。换言之，在跨期平衡机制当中，国防需求的满足是中心，是第一位的。

（二）平衡的对象：国防投入流量

首先，国防预算跨期平衡机制平衡的是国防投入。国防投入这一概念主要有两层指代，在不同环境下指代有所不同。其一，是指国家对国防和军队建设的预算投入。从政策操作层面上看，主要是中央财政对国防和军队的拨款；从中央预算编制的角度看，就是国防部门的预算支出；但从国防和军队的角度看，其实是国防费总预算收入。其二，是国防和军队建设的实际投入，从预算编制的角度看，主要是预算主管部门编制的国防费总预算支出。国防预算跨期平衡机制平衡的是国防投入流量，其实指的是从国防和军队建设角度来看的国防预算收入与国防预算支出。

其次，国防预算跨期平衡机制平衡的对象仅限国防投入流量。流量是时点概念，与之相对应的存量是一个时期概念。当期平衡机制中强调的年度收支平衡其实是一个存量的平衡。2001年预算编制改革明确，国防预算实行综合预算制度，要求将包括预算收入、预算外收入在内的各种渠道收入全部纳入预算管理。因此，预算编制与执行过程中的收支平衡，其实是所有收入与所有支出之间的平衡，而不是上级财政拨款与本级支出的平衡。跨期平衡机制则不应当将存量概念纳入平衡范围。这是因为，每一个时期的存量资金都是某一年或若干年的结余资金，跨期平衡是多个时期国防投入（预算收入与预算支出）的平衡，如果将平衡周期中每一时期的存量资源全部纳入平衡范畴，很有可能出现重复计算的问题，从而导致平衡失准，平衡机制的作用则难以发挥。

（三）平衡的方式：跨期平衡

国防预算跨期平衡是多个年度之间的平衡。根据目前的国防预算制度安排，当期平衡机制指的主要是当年度的预算平衡，即当年的预算支出不超过当年的预算收入。随着国防和军队建设中一些大型项目周期的拓展延长，国防需求呈现出一些跨年度的周期性变化，为保证国防投入的稳定性，在一个稳定性框架中实现国防资源配置的优化，建立的跨期平衡机制就是将平衡周期延长到多个年度，综合考虑并力求实现多个年度的预算收入与预算支出之间的平衡。也就是说，可以是某个年度或某几个年度预算超支，但可以通过其后一个年度的预算超收收入实现平衡。

这里需要说明的是，跨期平衡并不意味着周期式平衡。这是因为，从理论上来讲，如果预算收支存在周期性平衡，即预算收入与预算支出存在周期性波动，从而预算收支在某一周期总体上呈现出平衡态，那么这一周期长短将由经济周期和军事需求波动周期共同决定，理论上说预算收支的平衡周期是上述两者周期的公倍数，但从制度运行层面看，国防投入滚动规划是逐年滚动的，要求国防预算跨期平衡机制也是逐年滚动式的，即预算平衡状态是逐年滚动式的平衡。因此，跨期平衡的时期可能在某一时点与预算收支平衡的周期重叠，也可能在某一时点不与其重叠。

（四）平衡的结果：实质性收支平衡

在中央财政预算框架下，国防预算超收，意味着以牺牲其他公共部门预算投入为代价换来的国防建设投入形成了资金沉淀，没有发挥出效益，从总体来看没有国家安全产出的"得"，而只有国家安全生产机会成本的"失"；国防预算超支，意味着必须的国防需求缺乏必要的经济资源保障，其他公共部门预算投入过多，其所"得"未必能够弥补国防建设所"失"；国防预算收支平衡，意味着国防需求与其他非国防公共需求得到了较好协调，至少在某种程度上实现了国防建设与经济建设协调发展。这是国家预算管理所追求实现的理想状态。但现实管理过程中，在当期平衡机制框架下，迫于种种压力，容易出现人为操纵预算平衡的情况，比如"年底突击花钱"或是推迟支出，从而就有可能较为轻易地实现年度预算账面平衡。跨期平衡机制框架下，由于当期平衡压力解除，国防预算管理的重心更多的朝着国防需求的满足倾斜，从而有可能将更多的精力放在规划前期科学编制预算、规划中期严格执行预算上，最终实现预算收支的实质性平衡。从这个角度看，跨期平衡机制相较当期平衡机制，平衡的实质性程度会更多一些。

（五）平衡的状态：总量动态平衡

首先，国防预算跨期平衡机制实现的是总量平衡。从国防费的角度看，就是国防费总体规模的平衡。也就是说，它不是哪一项子项经费的平衡，也不是某几项子项经费的平衡，比如不是维持性经费预算收支平衡，也不是科学研究费预算收支平衡，等等。从预算管理的角度看，就是国防费总预算的平衡。也就是说，不是某一领域、某个部门的预算平衡，比如既不是哪一个军种经费预算收支平衡，也不是某一战区经费预算收支平衡，等等。

其次，国防预算跨期平衡机制实现的是总量动态平衡。与国防投入滚动规划中国防预算逐年滚动编制的制度要求相适应，国防预算跨期平衡机制也是逐年滚动平衡的，即按照"以丰补歉"的思路，在允许存在一定幅度的结余率或超支率的前提下，如果 T_0 年国防预算超收，而进入（T_0+1）年国防预算是超支的，若 T_0 年国防预算的超收收入能够弥补（T_0+1）年的预算超支数，那么从动态的视角来看，预算就是平衡的。同理，（T_0+1）年国防预算经弥补仍有超支数，但进入（T_0+2）年国防预算是超收的，用（T_0+2）年国防预算的超收收入能够完全弥补（T_0+1）年的国防预算，那么（T_0+2）年的国防预算就是平衡的。

第二节　国防预算跨期平衡机制的目标功能

长期以来，我国国防投入是以供给驱动的，即以中央财政经济资源的多寡来决定国防投入的多少；在以收定支、当期平衡的原则下，当期的资源供给量决定了国防和军队建设规模。这是一切以经济建设为中心，国防建设服从并服务于经济建设的重要体现，也是在我国经济建设处于爬坡上坎的关键时期、经济资源约束是主要矛盾的情况下的正确抉择。但随着经济社会的发展，矛盾逐渐发生了根本性转化。一方面，国民经济稳定增长，社会发展持续向上向好，国防投入有了更为坚实的物质支撑；但另一方面，当前国际国内安全形势比较严峻，各战略方向军事斗争准备加速进行，传统安全领域与新型安全领域军事斗争准备统筹推进，国防需求在供求矛盾中的地位日益突显。如果仍然采取紧盯机制的方式，根据国民经济发展和中央财政经济状况确定国防投入规模，按照经济发展好坏决定国防和军队建设快慢，显然不符全当前环境形势，不利于解决当前的突出矛盾问题。

党的十八届三中全会提出，要清理规范重点支出同财政收支增幅或生产总值挂钩事项，并明确一般不采取挂钩方式。根据这一政策要求与公共支出管理改革发展趋势，国防费紧盯国民经济指标的拨款方式也将逐渐退出。国防拨款与经济指标脱钩有助于放松国防投入的资源约束程度，为确立国防需求在资源配置中的主导地位创造条件。然而随之产生了一个问题。在当期平衡原则下，中央财政拨款是国防预算支出的依据，预算收入与预算支出平衡的重点主要放在国防需求的形成与支出预算的调整上，而且调整的方向是以预算收入为依据，因此整个平衡过程是国防支出预算朝着预算收入的单向相对运动。脱钩以后，中央财政拨款与国防预算支出之间的数量对应关系变得松散，国防预算支出更多的将由国防需求因素主导，国防预算收入则由国民经济和中央财政状况决定，收支平衡的努力方向是收入预算与支出预算的某一均衡点，整个平衡过程将是支出预算向着预算收入，以及预算收入向着支出预算调整的相向相对运动，但这种相向相对运动在国防需求刚性和经济发展变量外生性的情况下，"运动"的弹性空间很小，收支平衡的难度将远大于前期资源配置框架下的收支平衡。

在需求牵引、规划主导的资源配置框架下，协调国防供给与国防需求、实现预算收支平衡，理论上有如下几条途径：

其一，自动调节。即不人为干预预算收入与预算支出，实现预算收支自行平衡。但这种"自由放任"式的管理，预算收支平衡是不确定的。因为，经济发展是周期性的，国防需求也是有波动的，实现收支平衡，意味着经济周期性波动与国防需求波动的"同频共振"。但事实上，实现两者完全契合几乎是不可能的。因为，经济运行虽然有周期性特征，但也并不完全是规律的；国防需求有波动，但也并不完全是周期性的。更何况即使有周期性，两者的波幅、波长都不一致。因此，自由放任下的管理，预算收支不平衡是常态。

其二，沟通协调。即在支出预算由国防需求决定的前提下，从国防资源供给侧协调中央财政经济资源投入。但沟通协调的方式是不可持续的，也不利于国防投入的长期稳定性。主要原因，一是当前国民经济产业结构面临深度调整，民生财政刚性需求持续增大，土地财政不可持续，国家财政存在一定累积性风险，国防部门通过沟通协调的方式获得中央财政大力支持的意愿和可能性降低。二是沟通协调的作法与现代国家治理理念不一致。党的十八大以来，党中央强调依法治国，崇尚制度建设，着重强调依靠制度机制解决现实矛盾问题。沟通协调在纳入规范化的制度轨道后，虽然可以作为一种解决问题的方式，但已然不是解决问题的主要手段。事实上，建立制度机制的方式相比沟通协调将有助于节约交易成本。三是沟通协调具有不确定性，协调的最终结果取决于信息传递、"院外游说"，甚至需要国防部门与其他非国防公共部门之间的利益协调，如果将资源供给建立在不确定性投入的基础上，国防支出预算将出现不确定性，国防需求将难以保证。显然，沟通协调这一方式是可以采取的一种补充手段，但不能作为平衡预算收支的主要方式，更不可能完全依赖它。

其三，制度机制。即通过制度建设与管理机制实现收支平衡。目前比较可行和较为直接的手段，就是建立国防预算跨期平衡机制。当然，目前国防和军队系统自身通过加强相关管理和制度建设，开源节流，为预算收支平衡提供了一些现实基础。比如厉行节约、加强财经监管，从管理层面提高经费使用绩效，再比如理论界提出的"国防金融"，通过创新制度建设拓展经费来源渠道。但需要说明的是，这些制度机制建设并不是平衡预算收支的直接手段，只是体现了平衡预算收支来自制度建设层面的努力。

上述表明，在解决预算收支平衡的可能途径中，自动调节不可行，沟通协调只能作为一种可选的辅助方式，只有通过创新制度机制才是解决问题的直接有效手段。国防预算跨期平衡机制就是制度机制构建的重要内容。建立国防预算跨期平衡机制的根本目的，就是在军事需求存在波动性特征、国民经济运行存在周期性特征，同时军事支出需求刚性特征明显的情况下，通过延展预算收支平衡周期、设立预算平衡调节基金、建立超额预警机制等方式，以承担一定财政风险为代价，实现预算收支总量动态平衡，为国防投入滚动规划的稳定性和可实现性提供制度支撑和辅助条件，促进国防投入滚动规划作用的发挥，最终实现国防投入稳定性与财政经济可持续性发展的双赢局面。因此，从某种意义上讲，国防预算跨期平衡机制是从国防投入层面实现国防建设与经济建设协调发展的重要制度安排。

第三节 国防预算跨期平衡机制的主要内容

为有效发挥国防预算跨期平衡机制作用，为国防投入滚动规划的稳定性和可实现性提供重要制度支撑，必须从机制运行模式、预算平衡标准、预算平衡周期、余额控制区间、平衡调节基金以及平衡机制实施的时机等若干方面作出具体设计。

一、机制运行前提

建立国防预算跨期平衡机制在理论上有两个假设前提，事实上这也是平衡机制正常运转的重要条件。

其一，国防预算收支当期难以平衡。如果国防预算当期能够实现自动平衡，那么也就没有必要构建国防预算跨期平衡机制。事实上，国防预算收入与支出是不可能自动平衡的。我们的研究表明，经济发展状况与国家安全形势在短期内没有直接相关关系，因此基于经济发展和中央财政状况确定的国防预算拨款和基于国防需求确定的国防支出预算，两者在缺少制度干预的情况下是不可能自动平衡的。大多数情况下，国防预算收支总是存在差额。

其二，长期中，国防预算收支可以实现均衡。短期中，社会经济发展变化弹性较国家安全形势变化要大,因此国家安全形势与经济发展状况之间的函数关系不明显,但从长期来看国家安全为经济社会发展提供了稳定的外部环境,安全环境越稳定,经济社会才可能越稳定,经济发展才可能越快,因此国家安全与经济发展在长期中存在一定相关性。正因为如此,基于经济状况确定的国防投入与基于国防需求确定的国防支出预算,两者才能实现大体平衡。正是因为在一个较长的时间阶段,国防预算投入与国防支出是总体均衡的,才有可能将某一年份国防预算超收用于弥补另一个年份的国防预算超支,从而建立跨期平衡机制,达到"以丰补歉"的目的。

二、基本运行模式

国防预算跨期平衡机制的运行模式,简单地讲就是"以丰补歉、动态平衡、余额可控"。

具体而言,如图 6-1 所示。图中的收入线表示(可)获得的国防费资源,也可称国防预算收入,这是基于财政经济状况的国防预算收入。图 6-1 表明,由于经济周期等方面原因,国防预算收入可能呈现上下波动特征。支出线在基线筹划中指的是(国防部门)支出限额。这里假定国防需求稳定,不存在波动,相应的要求国防投入稳定增长,因此图 6-1 中支出线是一条直线。当然,现实情况中,国防需求是有波动的,国防经济运行也可能呈现周期性状态,这里只是为了便于对平衡机制基本运行模式的说明,在模型上进行了抽象简化。

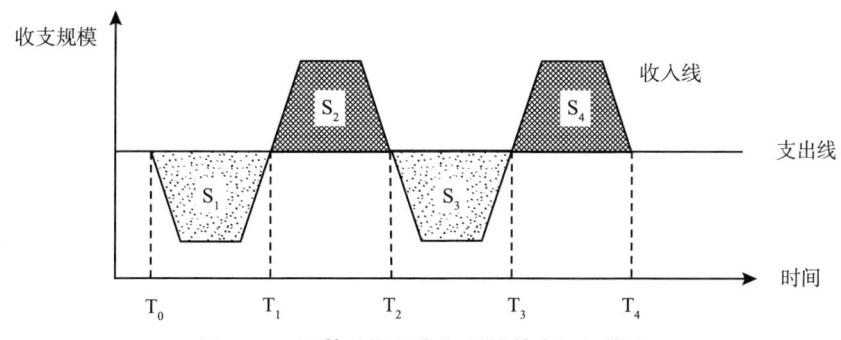

图 6-1 预算跨期平衡机制的基本运行模式

建立国防预算跨期平衡，不是单纯地强调以收定支的年度预算平衡，而是以支出政策确定支出预算，追求中期的预算平衡。在这种平衡机制下，年度内可能会出现预算收入与预算支出不相匹配的情况，即允许支出线（支出限额）突破可得资源（预算收入）。在国防需求一定，支出预算给定的前提下，当预算收入大于预算支出时，不强求超收部分在当年全部安排支出，而是将超收部分结转下年使用，或用于削减往期超额支出、化解国防财政风险；当预算收入不足当年预算支出，不强求大幅度削减当年支出，而是在精准预测、科学分析形势的情况下，对超额支出分年度弥补。具体而言 $T_0 \sim T_1$ 时期（第一个预算年度），经济周期处于下行区间，财政收入下滑，国防预算收入减少，为了保证满足国防需求，国防费投入一定，因此预算收支出现了负数，即超额支出（财政经济中被称为赤字）S_1。$T_1 \sim T_2$ 时期（第二个预算年度），经济周期上行，财政收入大幅增加，国防预算收入可以得到一定增长，国防预算收入超过国防预算支出，出现了盈余，即超额收入 S_2。此时，$S_1 + S_2 = 0$。显然，尽管在某一个预算年度来看，预算收支是不平衡的，但从多个预算年度来看，收支是平衡的。这是跨期平衡机制的基本运行模式。

三、预算平衡标准

预算平衡标准，即评判国防预算收支平衡的标准或尺度。其实，预算平衡标准早已有之。在较早的古典经济学中有一种叫作"健全财政"的思想。根据这一思想，预算平衡就是"收支平衡、略有结余"，用现代经济学语言表达，即"预算收入 = 预算支出"。而且这一恒等式，无论是在年度之内，还是跨越多个时期或是某个经济周期内，都是成立的。但从理论发展和制度设计的角度讲，为实现跨期平衡，预算平衡的标准应有所放松：第一，当年度预算收入 ≠ 当年度预算支出。因为如果基期年要求预算收支相等，从国防投入"滚动"规划的角度看，就意味着往后推的每一个年度预算收支都要求相等。这在现实中难以实现，也违背跨期平衡机制设计的初衷，不符合机制运行的基本前提。第二，也不是某一阶段（多个时期）预算收入 = 某一阶段（多个时期）预算支出。因为，长期来看，国防预算收入与国防预算支出只能是总体均衡，无论将该阶段时期数设定为三年规划期,还是设定为某一经济周期,或者是国防需求波动周期,甚至是经济周期与国防需求波动周期的公倍数,都难以出现绝对的收支相等,即使出现了也是偶然现象。

由跨期平衡机制总量动态平衡特征决定,跨期平衡机制中预算收支平衡标准如式(6.1)所示:

$$\mathrm{MBRE}_i = \sum_{t=1}^{i}(\mathrm{MBR}_t - \mathrm{MBE}_t) \leq \Delta_0 \quad (6.1)$$

其中,MBRE_i 表示第 i 时期国防预算收支余额,MBR_t 表示第 t 时期国防预算收入,MBE_t 表示第 t 时期国防预算支出,Δ_0 表示设定的余额控制数。根据式(6.1),应当有:$S_1 < \Delta_0$,$S_1 + S_2 < \Delta_0$,$S_1 + S_2 + S_3 < \Delta_0$,$S_1 + S_2 + S_3 + S_4 < \Delta_0$,等等(见图6-1)。式(6.1)表明,国防预算跨期平衡机制中预算平衡标准,是以国防投入滚动规划滚动到的基数年国防预算收支余额加上历史余额不超过设定的某个警戒区,即余额控制数,这意味着每一年预算收支在考虑历年超支结余数后的余额都处于可控区间。

四、余额控制区间

(一)余额控制区间的内涵

余额控制区间,准确地讲,其实是预算收支平衡余额控制区间。它是指预算收入与预算支出相抵后的结余或超支逐年滚动累积形成的余额的合理变动范围。累积余额可以是结余,也可以是超支,在数量关系上可正可负,但要求在数量大小上不得超过某一区间,如式(6.1)中的 Δ_0 设定余额控制区间的目的,是为了防止预算收支结超过大,难以控制从而造成收支失衡。如果余额为正,且超出区间范围,即结余过多,则意味着国防拨款过高,造成了资金沉淀和资源浪费,不利于国防建设可持续发展;如果余额为负,且超出了区间范围,即严重超支,则意味着国防建设发展"过速",国防需求超出了财政可承受能力范围,不利于国家经济建设。显然,无论是余额为正还是为负,只要是超出了控制区间,就意味着有可能损害了国防建设与经济建设的协调发展。

（二）余额区间边界的确定

预算收支平衡余额控制区间大小与财政经济风险度呈正比、与国防建设发展自由度呈反比：一方面，余额控制区间设定得越大，国防需求波动接受的程度也越高，需求得到满足的可能性也越大，相应的国防建设发展自由度也越高；但另一方面，财政兜底的压力也越大，财政经济面临的风险也越高。相反，余额控制区间设定得越小，对收支平衡标准"卡"得越严格，只要中央财政拨款充分考虑了各项公共支出需求，财政拨款就是科学合理的，相应的财政经济面临的风险也就越低，国防需求获得满足的概率将降低，提出的任务需求受到的牵制将更大。因此，能否科学设定预算收支平衡余额控制区间边界，取决于财政经济风险与国防建设发展自由度的对比。理论上讲，区间边界应当设定在财政经济风险上升带来的成本与国防建设发展自由度提高带来的收益相等的位置，如图 6-2 所示。从实践角度看，这一位置的测定需要采取渐进的方式，综合财政经济状况和国防建设发展等多方面现实因素，对合理区间进行不断探索。但作为一种制度安排，余额控制区间一经确定不应随意变动，保持跨期平衡机制运行的稳定性。但同时也应注意，由于制度环境不可能一成不变，余额控制区间范围也不可能永远静止不动，它将根据实际情况适时进行动态调整。这里还需要说明的是，区间边界的设定应当区分预算收入超过预算支出的"结余警戒线"以及预算支出超过预算收入的"超支警戒线"，两条线因为制度环境决定因素及其决定机理的不同，在绝对值上并不一定完全相等。

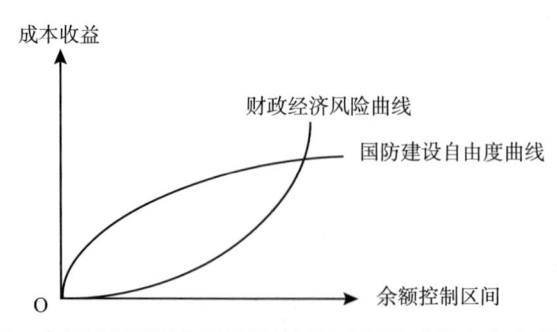

图 6-2　余额控制区间与财政经济风险和国防建设自由度之间关系

（三）区间超出部分的处理

预算收支平衡余额控制区间边界其实就是一条警戒线，超出部分是不被允许的。对于超支部分，即预算支出超出预算收入的余额超过"超支警戒线"部分，意味着国防建设这一超额需求部分所带来的国防安全收益已经不能抵补国民经济发展的机会成本，得不偿失，除非情况特殊，一般必须调整国防需求，重新调整任务项目排序，并撤销相关任务项目，将国防预算支出超过预算收入的部分控制在警戒线以内。这里的特殊情况主要是指应急应战状态下的急速膨胀的必须开支。事实上，战时情况下，国防投入的相关制度建设应当纳入战时体制，整个国防投入滚动规划制度建设都会有一个大的调整。此外，设置"超支警戒线"还有助于防止道德风险。因为，当预算收入超出预算支出的余额纳入跨期平衡机制予以制度化确认后，容易引发国防和军队建设部门的"道德风险"，因为允许存在一定超支余额，跨期平衡机制成为扩大开支、增列项目、调整预算的制度借口，国防和军队建设部门将为追求军事能力的提升而盲目扩张国防需求，大上快上任务项目，搞"政绩"工程，产生不必要的预算支出，这一行为常态化后将逐步推动超支额的扩大。对于结余部分，即预算收入超出预算支出的余额超过"结余警戒线"部分，意味着预算资源投入过多，沉积下来的资金已经超出了作为准备弥补未来预算超支的机动部分。因此，必须将超过"结余警戒线"部分返回中央财政，重新调整中央财政预算。

五、预算平衡周期

国防预算跨期平衡周期，是指国防预算收支余额在控制区间内的变化周期。理论上讲，经济增长是周期性的，国防需求因为一些武器装备、大型工程建设项目具有寿命周期性从而国防需求波动也具有一定的周期性特征，但由于经济增长与国防需求波动两种波的频率、波长都不一样，因此两者不可能完全契合，但两种波的叠加确会产生一种新的波动，这种波动在满足一定条件时具有一定周期性。因此，理论上看，国防预算的收支余额会出现规律性变化，如图6-3所示。余额波动在 $0 \sim T_1$、$T_1 \sim T_2$、$T_2 \sim T_3$ 三个时期表现出明显的周期性波动特征。因此,这种时期阶段就被称作预算平衡周期。当然,实践中余额波动不可能表现得如此完美,上述模型只是一种理论抽象甚至是理论假设,是否存在及其特征刻画还有待实证检验。其理论意义和实践价值在于为我们的制度设计(比如预算稳定调节基金)提供帮助。

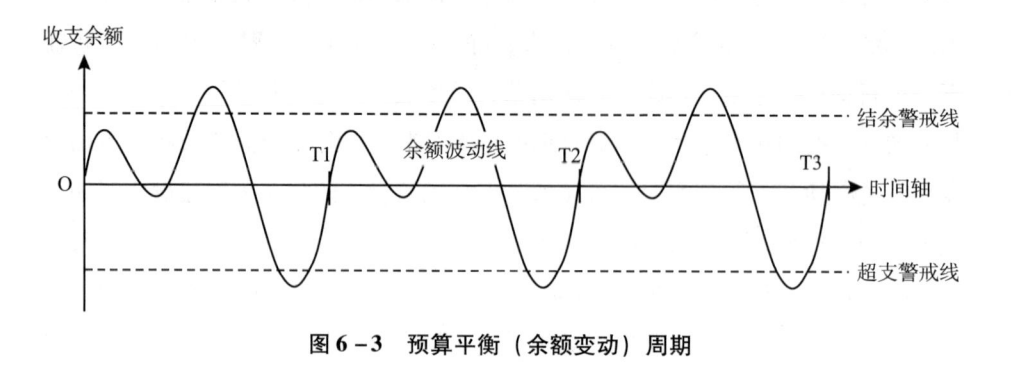

图 6-3 预算平衡(余额变动)周期

六、平衡调节基金

我国政府早在 2007 年就已经开始借鉴国外政府经验设立了用于平衡预算收支的储备性基金,即预算稳定调节基金(Budget Stabilization Fund)。经过多年的运行和不断的调整完善,预算稳定调节基金功能不断健全。尤其是 2014 年发布的《国务院关于深化预算管理制度改革的决定》,以及 2015 年开始实施的新的《预算法》将这一制度以法规的形式确定下来。这对于构建国防预算平衡调节基金具有重要借鉴意义。

(一)平衡调节基金的概念

国防预算平衡调节基金,是用于解决国防预算超支或结余的储备性基金。其运行机理是,当预算收支余额是超支,可以调用国防预算平衡调节基金用以弥补,当预算收支余额是结余时,可将结余部分调入用于补充国防预算平衡调节基金。

(二)平衡调节基金的功能

根据新《预算法》第四十一条规定,"各级一般公共预算按照国务院的规定可以设置预算稳定调节基金,用于弥补以后年度预算资金的不足"。相似的,国防预算平衡调节基金主要是在资源供给不能满足国防支出需求时,能够保证国防支出"不少支";在国防拨款过多时,能够吸纳留存适当资源。显然,国防预算平衡调节基金就像一个自动稳定器,不仅可以有效调节国防预算收支余额波动,起到稳定国防投入的作用,更重要的是有助于缓解中央财政压力、降低财政经济风险,稳定国防支出需求,保证国防和军队建设始终处在稳定可持续的发展环境。

这里还要说明的是,国防预算平衡调节基金与预备机动资金,虽然在形式上看,都属于储备性经费,但其功能定位是不同的。预备机动资金,主要用于当年预算开支过程中不确定性的突发性事件,是机动预留性、以备不时之需解决具体问题的经费,属于短期性临时性的在预算执行过程中的预算调节工具;而国防预算平衡调节基金,是在总预算编制过程中,保证国防支出需求,保证国防投入滚动规划能够正常"滚动"的制度安排,属于长期性的财政储备手段。

(三) 平衡调节基金的规模

平衡调节基金的性质是储备基金,规模过小不足以有效发挥平衡基金的调节作用;规模过大,因为平衡调节基金本身来源于财政拨款,却没有用于公共服务,存在着经济建设的机会成本,同时这部分资源没有在当期用于国防和军队建设,存在着当期国防和军队建设的机会成本,事实上,规模过大还容易引发国防和军队建设部门的道德风险,刺激预算资金的低效使用冲动从而造成国防支出需求的不合理扩张。正因为如此,《国务院办公厅关于进一步做好盘活财政存量资金工作的通知》中对预算稳定调节基金规模作出明确规定,"预算稳定调节基金编制年度预算调入后的规模一般不超过当年本级一般公共预算支出总额的5%。超过5%的,各级政府应加大冲减赤字或化解政府债务支出力度"。

我们的研究表明,科学合理确定国防预算平衡调节基金规模,应使其保持在预算收支平衡余额控制区间最高警戒线的两倍,如图6-4所示:

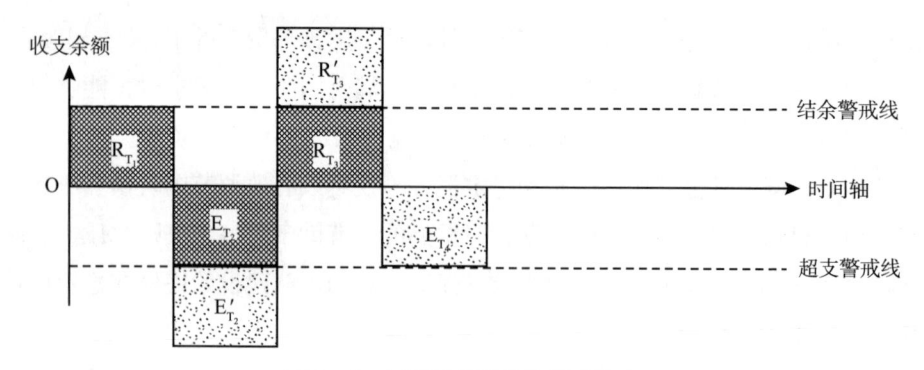

国防需求波动、投入滚动规划与预算跨期平衡机制研究

图 6-4 平衡调节基金规模的确定

其中，R_{T_1} 代表 T_1 时期预算收支结余，且在结余控制区间，未超结余警戒线①；$E_{T_2} + E'_{T_2}$ 代表 T_2 时期预算收支超支，其中 $R_{T_1} = E'_{T_2}$，表示在 T_2 时期进行了余额累积相抵，因此 $(E_{T_2} + E'_{T_2}) - R_{T_1} = E_{T_2}$，$E_{T_2}$ 在超支警戒线内；$R_{T_3} + R'_{T_3}$ 代表 T_3 时期预算收支结余，其中 $R'_{T_3} = E_{T_2}$，表示在 T_3 时期进行了余额累积相抵，因此 $(R_{T_3} + R'_{T_3}) - E_{T_2} = R_{T_3}$，$R_{T_3}$ 在超支警戒线内；$R_{T_3} = E_{T_4}$，表示在 T_4 期累积余额相抵，此时的余额 = 0（曲线与时间轴重合）。据此，实际余额变动曲线是图中实阴影部分。显然，余额均在控制区间内，预算收支处于动态平衡。而实现这一平衡的机制即为平衡调节基金，其运行过程如根据图 6-4 所示：假设平衡调节基金起始规模为 X，以 T_1 时期为跨期平衡机制运行的起始点，将该时期的结余 R_{T_1} 调入平衡调节基金，此时平衡调节基金规模为 $X + R_{T_1}$；进入 T_2 时期，弥补超支 $E_{T_2} + E'_{T_2}$ 后，国防支出在控制区间的超额需求有了经费保障，即 $E_{T_2} + E'_{T_2} = X + R_{T_1}$，则要求 $X = E_{T_2}$；进入 T_3 时期，结余 R_{T_3} 调入平衡调节基金，此时平衡调节基金规模为 $E_{T_2} + R_{T_3}$；进入 T_4 时期，国防预算超支部分 E_{T_4} 被累积余额 R_{T_3} 弥补，此时平衡调节基金规模为 E_{T_2}，即回到开始设定的参数 X。显然，此过程中，平衡调节基金的规模最高时达到 $(E_{T_2} + R_{T_1})$ 或者 $(E_{T_2} + R_{T_3})$。由于结余警戒线和超支警戒线大小并不完全相等，根据平衡基金运行过程不难发现，只有当平衡调节基金规模设定在最高警戒线数值的 2 倍时，平衡调节基金才能顺畅有效运行。

---

① 前文述及，超出警戒线部分要求重新调整收支预算，因此这里不考虑超出警戒线部分，下同。

(四) 平衡调节基金的来源

根据国家新修订的《预算法》，政府预算稳定调节基金主要有两个来源渠道，一是"各级一般公共预算年度执行中有超收收入的，只能用于冲减赤字或者补充预算稳定调节基金"；二是"各级一般公共预算的结余资金，应当补充预算稳定调节基金"。国防预算平衡调节基金，一方面来自国防预算收支累积余额，另一方面来自专门调入资金。其中，前者来源属于动态的年度性的，后者来源属于基金启动性的，既可以是中央财政拨给，也可以来源于国防和军队内部，比如历年结余经费。

七、机制作用环节

国防预算跨期平衡机制在整个国防投入滚动规划运行过程中主要在两个阶段发挥作用：一是在国防投入滚动规划的编制过程中，从三年国防支出框架草案到三年国防支出框架建议方案的形成环节（见图5-4），通过国防预算收支平衡余额控制区间的警戒线，引导规范国防投入，为科学形成三年国防支出框架提供支撑；二是在国防投入滚动规划的执行过程中，通过国防预算跨期平衡机制从总量上实现国防供求的动态平衡，比如当发生预算超支时，通过调入平衡基金稳定国防支出需求，如果超支额超出了警戒线，则要求缩减不合理的国防支出需求，甚至调整国防投入政策。

第四节 机制运行过程中应当把握的几个问题

推动国防预算跨期平衡机制有效运转，必须搞准其制度定位、作用范围以及实施的重要前提。

一、跨期平衡机制是国防投入滚动规划的重要辅助

国防投入滚动规划是国防预算跨期平衡机制的制度基础，国防预算跨期平

衡机制是国防投入滚动规划的重要辅助。国防预算跨期平衡机制嵌入国防投入滚动规划制度框架，两者互为补充、一体运行。国防投入滚动规划一方面要协调确定国防预算收入，另一方面要根据国防需求确定国防预算支出。但两方面在缺乏制度干预的情况下是不可能做到完全吻合、供求一致的。国防预算跨期平衡机制的制度设计，为国防供给与国防需求之间搭建了一座制度桥梁，为实现预算收支平衡提供了平台机制。这就为国防需求的实现、国防投入的稳定以及国防和军队建设的可持续发展提供了重要制度支撑。事实上，由于放松了经济资源约束，国防投入滚动规划制定有了更多自主权，规划设计制定并成功实施的可能性加大，部门之间的协调将大量减少，规划制度实施的交易成本显著下降。对于国防预算跨期平衡机制而言，国防投入滚动规划收支预测得越科学越精确，不仅有助于更加合理准确地使用跨期平衡调节基金，而且有助于增强年度预算的约束作用，从而使国防预算跨期平衡机制更加平稳地发挥调控作用。

二、跨期平衡机制主要是用于平衡国防费总预算

国防预算跨期平衡机制，在本书设计的预算体系中，作用的范围是国防费总预算，军种以下预算仍然遵循当期平衡原则。其主要理由如下：

从制度层面来讲，国防财政是国家财政在国防领域的延伸。相关制度建设应当协调一致。根据新《预算法》第十二条、第三十五条规定，"各级预算应当遵循统筹兼顾、勤俭节约、量力而行、讲求绩效和收支平衡的原则""地方各级预算按照量入为出、收支平衡的原则编制，除本法另有规定外，不列赤字"。上述规定表明，在新《预算法》明确建立跨年度预算平衡机制的同时，仍然强调各级遵循"量入为出、收支平衡"的当期平衡原则，这就意味着，跨期平衡原则的实施并没有否定当期平衡原则的应用，只是作用的范围不同。相对应的，国防和军队建设领域，跨期平衡原则适用的是宏观层面，即国防费总预算的编制与执行；当期平衡原则适用的是中微观层面，即军种以下预算的编制与执行。

从理论层面来讲，国防费总预算收入来自国家财政，随经济周期波动，国

防费总预算支出由国防需求主导和决定,具有一定刚性特征,跨期平衡机制就是用于解决需求与供给、国防费总预算支出与收入之间的不一致性。而军种以下预算收入(上级拨款)对应的是国防费总预算支出(对下供应),从总预算编制程序看,国防需求是由下至上汇总、自上而下确定,军种以下预算收入事实上决定着预算支出。换言之,需求牵引、规划主导资源配置机制框架相对于以往而言,改动最大的主要在宏观层面,体现在国防费总预算上。

从体系创新角度来讲,根据我们的制度设计,国防投入滚动规划运行的位次与国防费总预算处于同一制度层面。相应的,创新设计的基于军种的国防预算体系框架中军种以下预算编制的流程、方式方法与改革前相比变化不大,变化的内容仍然是国防费总预算层面。国防预算跨期平衡机制与上述制度机制是相互耦合、一体设计的重要制度安排,目标功能的作用领域是一致的。

三、跨期平衡机制功能有效发挥的前提是精准预测

必须走出这样一个思想误区:只要有了国防预算跨期平衡机制,就不用在提高国防投入规划设计精准性上下功夫了,因为即使有预测不精确的情况,通过跨期平衡机制也可以实现国防预算收支平衡,自动解决预测粗放的问题。国防投入滚动规划确定的是国防投入总体规模、重大结构比例等宏观指标,但这并不意味着对指标的确定就可以简单粗放,恰恰相反,国防投入预测得越精准,才能更多地减少不确定性,从而更加有效地发挥跨期平衡机制功能作用,国防投入预测得越粗放,不确定性因素越多,跨期平衡机制解决真正问题的作用就会打更多折扣。这是因为,跨期平衡机制功能作用发挥取决于两个方面,一方面是因客观原因导致投入不足而需求刚性的问题,另一方面是预测不精准问题。在制度功能作用一定的情况下,预测得越不精确,解决国防需求刚性问题可用的制度资源就会越少,或者说,国防预算跨期平衡机制目标功能就会被弱化。上述表明,搞好国防投入的精准预测是有效发挥国防预算跨期平衡机制目标功能的重要前提。

根据对经济预测的相关研究,经济变量预测评估不准的根源一般来自两个方面:一种是技术性失误(Wildavsky,1978;Rodgers and Joyce,1996),另一

种是基于财政保护主义的故意失误,其目的是争取更多的预算。同样的,国防投入预测不准也来自主观和客观方面的原因。客观的自不必言,主观的主要来自国防和军队建设部门的"道德风险"。因此,加强国防预算跨期平衡机制运行监督成为必要。这就需要跨期平衡机制与国防投入滚动规划相配合,动态更新制度环境、国防和军队建设以及经济社会发展的信息数据,及时对相关数据进行调整、修改和更新,最大限度地降低人为因素对国防投入预测的影响,不断提高预测精度。

第七章

推进国防预算改革相关制度建设

第一节 建立健全集中统一、分权制衡的管理组织体制

管理组织体制是预算管理运行的组织框架,是决定预算管理效益的根本性因素。

一、健全集中统一的经费管理体制

国防资源配置机制运行顺畅的制度前提是必须有一个高度集中统一的经费管理体制。

首先要统一经费拨款渠道与预算管理。着眼强化财力资源集中统管,结合国防和军队领导管理体制改革,协调财政部和有关部委,把拨给国防和军队有关部门用于国防和军队建设的经费,统一拨款渠道、统一预算编制、统一核算监督。归并拨款渠道,就是在经费来源和计划权使用权不变的情况下,将所有来源经费纳入国防和军队资金统一拨付体系,使国防部门全面掌握国家对国防和军队系统的投入情况。统一预算编制,待所有来源经费能够在预算中反映后,逐步收归经费计划权使用权,做到统一编制预算,使国防和军队部门能够统筹使用所有经费资源。统一核算监督,就是待所有拨款渠道归并收口、所有经费统一掌握使用后,由预算主管部门通过委托或特派的方式对各事业部门经

费进行核算实施监督。

其次，要实现财会业务集中统管。与国家对军队拨款实行"一个口子""一条渠道"相对应，国防和军队内部系统经费管理要做到一个单位只编制"一本预算"、建立"一套账表"，实现多个部门财会业务的合并、财务供应管理体系的统一。使军队财务部门成为负责全军各级财务保障、财务管理与财务监督，归口办理所属单位和本级业务部门的经费划拨、结算报销，以及相关业务等的勤务部门。考虑到有些经费管理的特殊性，可以制定专门法规予以明确。

第二，加强各级部队经费收支管控。对于各种渠道拨给的经费，采取统一管理渠道、严格综合预算的方法。根据国防和军队改革部署，全面停止并取消有偿服务。

二、建立分权制衡的预算管理体制

针对目前宏观层面规划计划与资源配置相分离的二元格局，以及微观层面"要钱预算""分钱预算""花钱预算"三本预算的现实问题，必须在拓展预算管理宏观调控权能的基础上，实现宏观调控与供应管理两种权能的相对独立与相互制约，逐步探索以军种预算为主要特征的预算编制体系、以资金集中收付为手段的预算执行体系、以绩效评价为依据的预算考核监督体系，形成三种职能相互分离又相互制衡的"三权分离"格局。

具体构想，是将当前的军队财务职能按照业务整合，分为预算业务与会计业务，并成立预算主管部门与会计主管部门。预算主管部门，主要负责总预算的编制、审核、批复，建立起以任务规划为牵引、以结果为导向的分配格局。根据这一制度设计，战区主要负责提报作战需求，军种和军委机关事业部门主要负责提报建设需求，进行经费需求论证，以及经费开支使用。会计主管部门属于预算执行机构，履行会计与资金集中收付职能，其主要职能一方面负责预算执行的合规性审查，搞好预算监督与执行控制，另一方面通过建立科学合理、简明实用的绩效评价指标体系对预算支出进行绩效评价。

根据这一体制设计，预算编制过程中，军种和军委机关事业部门将主要提出建设需求，预算主管部门统筹考虑规划计划与资源约束，审核确定任务项目，并同步确定军种预算。预算执行期间，军种和军委机关事业部门根据军种预算和经费开支计划向会计主管部门提出经费开支申请。会计主管部门根据预算、经费开支计划、合同以及有关规定，经审核同意后将资金拨付给国防供应商，国防供应商收到资金后根据合同将物资集中配送到国防部门。整个过程预算主管部门主要负责配置资源、编制预算；会计主管部门主要负责监督预算执行情况，并对经费支出绩效进行评价。

第二节 实行功能与经济分类相结合的收支分类体系

收支分类体系既是国防投入政策制定与国防预算编制的基础性制度框架，也是反映国防财力资源配置情况、提供国防支出绩效问责的规范性制度框架。现行按部门设置的预算科目体系主要是与预算管理的供应保障权能相适应的。随着预算管理权能由供应保障向着宏观调控领域拓展延伸，必须建立体现国防需求、匹配国防投入需求的牵引机制，在结果导向型国防预算制度下运作的收支分类科目体系，实现"吃饭"型预算向"建设"型预算的最终转变。

一、健全完善收支分类体系的目标思路

健全完善收支分类科目体系，必须以需求为牵引，适应国防需求波动特点与战斗力生成规律，立足当前国防和军队建设与改革实际，着眼中国特色新军事变革和未来信息化战争要求，按照前瞻性与可操作性相结合、完整性与明晰性相结合、可比性与适应性相结合的原则调整完善，逐步形成一套既符合国防和军队建设实际，又适应国家财政通行做法的，科学合理、体系完善、反映全面、分类明细、规范严谨、便于操作的国防预算收支分类科目体系，为深化国防预算制度改革，提高资源配置效率、提升预算透明度、建立绩效评估体系、强化财务监督创造制度条件。

二、健全完善收支分类体系的基本原则

一是坚持前瞻性与可操作性相结合。国防预算收支分类科目体系框架的设计以需求为牵引,既要着眼长远,能够适应未来作战样式转变,符合未来战斗力生成模式下的资源配置要求,同时又要立足当前,满足国防和军队建设实际需要,使收支分类科目体系既能充分发挥供应保障职能,又能通过资源调控,推动国防和军队建设朝着战斗力生成、实现国防需求的方向发展。

二是坚持完整性与明晰性相结合。国防预算收支分类科目体系框架涵盖的范围应比较全面,不仅能够反映预算支出情况,还要能反映预算外收入等信息,以便于对经费收入与支出情况进行全面反映、总量控制和结构调整。同时,收支分类科目体系中的支出项目要能直观、清晰、准确地反映国防需求的子项需求,即每一战斗力生成要素上的资源配置状况,反映国防和军队履行职能任务的经费开支状况,反映国防和军队建设项目需求,反映党和国家关于国防和军队建设的政策精神和决策意图。

三是坚持可比性与适应性相结合。收支分类科目体系的统计口径要尽量实现与会计科目、资产科目的协调一致,减少不同科目体系的口径调整和数据转换工作,增加决策信息的可比性与可用性。同时,收支分类科目体系的设计要适应政府收支分类体系改革趋势,积极借鉴其先进经验与做法,根据国防部门实际,建立健全收支分类科目体系。

三、国防预算收支分类体系的主要内容

收支分类体系改革的目标框架是实行收入与支出分类、功能分类与经济分类相结合,形成由"收入分类""支出功能分类""支出经济分类"三部分组成的科目体系。收入分类与支出分类反映的是经费的来源与去向,而支出功能分类和支出经济分类则是从不同侧面、用不同方式反映经费支出活动,它们既是两个相对独立的分类体系,能够分别使用,同时又相互联系,可以结合使用。具体设置如下:

（一）收入分类

收入分类主要用于全面反映各项收入的来源与性质，说明国防和军队系统各级单位和部门的钱具体从哪里来。根据收支分类科目改革的总体思路与基本原则，收入分类科目体系的设置必须满足以下四项基本设置要求：

一是涵盖范围要全面。要将中央财政拨款收入、历年结余结转经费、预算外收入等全部纳入收入分类体系。

二是范围界限要清晰。纳入收入分类体系的收入只能是国防和军队具有使用权或可支配权的收入，而不包括如个人所得税、代地方收缴的水电费等代收代缴收入。2016年"全面停止有偿服务"后，有偿服务收入属于明令禁止性收入，不得纳入收入范畴。

三是收入分类要综合考虑来源与性质。要区分清楚财政性拨款收入与非财政性拨款收入，后者如历年结余结转经费收入、预算外收入等；财政性拨款收入要分清经常性收入和专项收入。

四是收入分类科目要保持通用性，即尽量是国防和军队诸领域诸系统通用的。

（二）支出分类

支出分类，主要用于全面反映各项国防支出情况，与收入分类相对应，说明钱的去向。支出分类实行功能分类与经济分类相结合，相应的国防支出分类体系划分为国防支出功能分类体系与国防支出经济分类体系。

1. 支出功能分类体系

支出功能分类，主要是按照战斗力要素分类，用于反映国防和军队相关部门履行职能任务、实现政策目标等情况，说清楚国防费"干什么"了。根据国防预算收支分类科目改革的总体思路与基本原则，支出功能分类科目体系的设置必须满足以下几项基本要求：

其一，要处理好履行任务与支出责任的关系。功能分类是按国家安全产品生产和战斗力生成（即履行任务的情况）来分类的，但安全产品生产和战斗力生成是现有体制编制的结果，因此功能分类不是部门分类，而是职能分类，是以部门分类为基础的职能分类。换言之，单纯按部门分类只是明确了经费支出责任，功能分类必须在此基础上对部门分类进行整合，进行战斗力要素的分类，功能分类的结果不应当也不可能与部门存在严格的一一对应关系。

其二，功能分类虽是对部门分类的整合，也就是说某项功能的实现可能需要多个部门共同参与，形成合力，但无论有多少部门联合参与，总会存在一个至多两个的核心部门来组织协调。因此各项经费的支出责任要落到这一两个核心部门上。

其三，支出功能分类的各个层次应能反映不同功能。总休上看，支出功能分类是反映战斗力要素上的资源配置情况。具体而言，支出分类是根据母系统到子系统、从大系统到小系统的逻辑，按照"作战体系→作战系统→作战单元→作战要素"的顺序逐层分解细化，并依次对应"类、款、项、目"四个级次设置科目，最终形成支出功能分类体系。其中，类级科目根据不同的作战体系设置，主要用于反映根据社会发展的长远目标和国家安全形态确定的军事能力目标框架；款级科目根据不同的作战系统设置，主要用于反映军事能力生成诸系统，在业务层面上可以反映军队建设发展的资源配置规划计划，在资源配置上可以是跨组织、跨部门的，不需要考虑与部门机构相对应；项级科目主要根据既定作战系统下的不同作战单元设置，用于反映国防费保障权力与职责的区分，该层次必须根据生成战斗力的核心作战单元确定经费支出责任，从而与现行实体组织结构相对应；目级科目在款级科目下根据某一作战单元的不同作战要素设置。

在具体科目设置中，贯彻如下思路：军队职能包括战争军事行动能力和非战争军事行动能力两个方面，前者是应对传统安全威胁，后者是应对非传统安全威胁。此外，军队还受地方政府委托执行提供国防安全产品生产的部分职能。因此，按支出功能军队支出可分为三大类：战争军事行动能力、非战争军事行动能力和受托的部分国防职能。其中战争军事行动能力可以按照空间领域、攻防转换等标准区分，由以下若干作战体系生成：陆地进攻联合作战体系、海上进攻联合作战体系、空中进攻联合作战体系、陆地防御联合作战体系、海上防御联合作战体系、空中防御联合作战体系、太空联合作战体系、网络电子信息作战体系、特种作战体系等。每一作战体系的基本作战系统大体相同，可以包括指挥控制系统、侦查预警系统、作战武器装备系统、战场建设系统、教育训练系统、政治工作系统、综合保障系统等。每一系统作战单元和作战要素根据实际情况各不相同。非战争军事行动能力主要由抢险救灾行动能力体系、处突维稳行动能力体系、军援维和行动能力体系等组成，每一体系的基本作战系统与战争军事行动能力相比，相对简单，主要是指挥协作系统和后勤保障系统。受托的部分国防职能主要由国防后备力量体系和国防动员体系生成。

2. 支出经济分类体系

支出经济分类，主要是按照各项支出的经济性质和具体用途分类，反映着眼生成战斗力、发挥各个作战体系的作战能力或者是保障体系的保障能力，国防和军队部门具体是"怎么干"的。比如为生成陆地进攻联合作战体系的作战能力，钱是花在了办公维持、装备维修保养，还是花在了武器购置，或是科学研究上了。根据预算收支分类科目改革的总体目标与基本原则，支出经济分类科目体系的设置可以遵循以下思路。能力的生成包括两个方面：一是维持，即保证既有水平不降低；二是提升，即提高现有水平。从经费投入来看，可以划分为维持性经费投入和建设性经费投入。因此支出经济分类可以分为维持性经费和建设性经费两大类。

3. 支出功能分类与经济分类的组合使用

功能分类与经济分类是通过不同角度审视国防支出从而作出的分类。因此，这两个体系是相对独立的。但如果采用单一分类、从一个角度审视国防支出，得到的信息只能是一维的。而将两个支出体系耦合使用，实现每一项功能支出在经济分类中的细化，每一项经济分类的支出包含在某项或多项具体的功能分类中，得到的信息不是信息维的简单相加，而是可以综合立体地反映国防支出全貌。

为便于理解，这里举例说明。假定支出功能分类中有如下科目设置："战争军事行动能力"—"陆地进攻联合作战体系"—"侦查预警系统"。其中，"陆地进攻联合作战体系"属于"类"级科目，"侦查预警系统"属于"款"级科目，"侦查预警系统"其下的各作战单元（设定为项级科目）反映的基本支出，可以在经济分类中设置"行政运转经费""装备维修管理费"以及"装备订购费""科学研究费"科目反映，如表7-1所示。由此可见，功能分类与经济分类体系的耦合使用可以实现对国防支出的立体多维反映，任何一笔资金的使用情况都能得到清楚反映，从而为提高国防部门的宏观决策能力提供有力的信息保障。

表7-1　　　　支出功能分类与经济分类的组合使用举例　　　单位：元

功能分类	合计	维持性经费		建设性经费	
		行政运转经费	装备维修管理费	装备订购费	科学研究费
侦查预警系统	2 000	300	400	700	600
情报单元	500	100	200	100	100
技侦单元	300	50	50	200	—
测绘导航单元	200	50	100	50	—
气象水文单元	600	100	—	300	200
预警单元	400	—	50	50	300

（三）科目编码及使用

1. 科目编码设置方法

收入分类科目体系设为 A 类科目编码，支出分类科目体系设为 B 类科目编码，其中支出功能分类科目体系设为 BI 类科目编码，支出经济分类科目体系设为 BII 类科目编码。

每类科目根据类、款、项、目不同级次的科目设置不同位数编码。类级科目在 A（BI 或 BII）后缀一个数字以示区分，如可以将"收入分类"中的"拨款收入"设为 A1，"本级补入"设为 A2。款级科目再后缀一个数字，如"支出功能分类"中的"某某作战体系"设为 BI1，其中的"某某作战系统"设为 BI11。

2. 附加代码设置方法

为便于提供决策参考与统计分析，在设置科目编码的同时，还要给各个科目附加不同代码，比如附设代码 L、H、K、HJ、ZZ、LQ、WJ，分别表示陆军、海军、空军、火箭军、战略支援部队、联勤保障部队以及武警部队。这样做的好处是，在不增加科目体系复杂性的前提下可以增加一个角度反映各项经费投向投量。比如在编制预算时，某几个科目在附加代码中选择的都是H，依据这个关键词索引，通过信息管理系统就可以将海军经费汇总出来，相应的不同军种部队预算就编制出来了，而不用各级各部门重新编制、重新汇总。

根据这一设置原理，还可以增设一些代码以丰富预算信息，如设置J、Y，可以分别代表应急机动部队和一般部队，这样HY就表示海军一般部队，KJ代表空军应急机动部队。经过复选附加代码，可以实现信息数据的有效挖掘，进一步增强预算管理功能。

第三节 搞好其他相关制度的配套完善

一、着力推进资源配置标准体系建设

国防和军队建设资源配置标准，是指在国防和军队建设过程中，着眼战斗力这个唯一的根本标准，在解析战斗力生成要素、明确战斗力生成机理的基础上，科学合理、统一确定各战斗力系统和要素单元需要投入的资源规模大小、结构比例、供应消耗标准等。国防和军队建设资源配置标准体系的构成，从资源配置领域来看，覆盖不同作战任务部队标准；从资源要素形态来看，可以包括军事人力资源配置标准、武器装备配置标准、设施器材配置标准、经费配置标准、物资配置标准、信息资源配置标准等；从资源配置属性来看，应当涉及生活维持类标准、教育训练类标准、设施建设类标准、行政消耗类标准、科学研究类标准、战备类标准等部队建设各个领域；从资源配置运行环节来看，可以贯穿供应标准、消耗标准与管理标准。搞好国防和军队建设资源配置标准体系建设，就国防预算改革而言，有助于实现国防资源的精确配置，为国防投入滚动规划的科学预测和精准投入提供重要制度条件。着力推进国防和军队建设资源配置标准体系建设的总体思路，是以保障需求为牵引，根据连续消耗或支出规模确定配置标准，将消耗或支出波动较小、保障规模较为稳定，或者具有

一定支出规律的,先纳入配置标准体系,成熟一项纳入一项,逐步实现配置标准体系的全面覆盖、分级分类和动态调整。

二、加快建立滚动的国防预算项目库

预算项目库是制定投入规划的重要制度基础。建立滚动预算项目库,推进预算项目全周期滚动管理,首先,要依据党赋予的国防和军队使命任务,科学确定职能任务和能力建设目标,全面清理现有预算项目,加强资源配置统筹、调整优化国防支出结构,通过分类归并整合,重新梳理建设需求、合理设置预算项目。其次,要加强跨年度预算项目库的储备建设。基本原则,是将关系国防和军队长远建设发展的重大项目纳入预算项目库。具体办法,是依据预算项目战略优先顺序,在需求分析的前提下,对项目目标、功能、规模、内容,以及必要性、可行性和综合效益等进行研究论证和绩效评估的基础上,将符合条件的项目列入跨年度预算项目库。必要情况下,可以建立项目审核制度,明确审核机制职责,规范审核内容与要求,充分发挥预算评审专家作用。对于未纳入预算项目库存的备选项目,加强后续考核评估,滚动进入以后年度项目库。再次,搞好跨年度预算项目库的库存管理。预算项目入库后应当区分不同级别不同类别实行项目周期登记制。目前重点要搞好项目管理信息系统建设,对项目管理涉及的经济、技术、管理等多方面指标进行登记统计和汇总。最后,加强跨年度预算项目库的提取出库管理。预算项目原则上应当全部从滚动项目库中提取。提取过程中,应当综合考虑项目支出额度、项目支出波动规律以及周期跨度等因素,科学设计项目纳入滚动规划的时机。在上一年度终了时,应当及时测算项目支出变动,修正支出基线。

三、强化支出监管并提高预算执行率

国防投入滚动规划的成败,很大程度上取决于国防和军队建设部门对中期财政经济、国防建设资源的估计能力。国防投入估测得越准确,当期预算才能编制得越科学,未来年度的若干指标才能具有指导约束作用。为此,要强化支出监管，提高预算执行率。一方面，加强预算执行监控，做到该花的钱、一分不少，不该花的钱、一分不给；另一方面，要严格预算执行，该办的事一定办、该花的钱花到位。只有两方面结合，才能挤掉经费开支中的水分，提高预算支出的真实性，从宏观层面上形成真实合理的国防支出需求，才能为准确地测定国防投入提供真实有效的信息数据。

四、搞好国防预算经费支出绩效评价

搞好国防预算支出绩效评价，不仅有助于提高国防支出绩效，对于国防预算制度改革而言，主要是有助于防止国防和军队建设部门以跨期平衡为制度借口，盲目扩张国防支出需求的"道德风险"。建立适应滚动规划和跨期平衡管理的国防支出绩效评价管理体系，就是要以绩效为导向，强化国防支出责任，实施国防支出绩效目标管理，开展国防支出绩效运行监控，推进国防投入政策制度、国防费投向投量、国防支出项目等多层次多维度的绩效评价，探索中期评估机制，开展多年度绩效评价，建立国防支出绩效问责和激励机制，推进国防支出绩效评价结果与国防预算安排有机结合。

五、充实国防预算管理人员队伍力量

现代预算管理是一个知识密集型和技术密集型工作。国防投入滚动规划和国防预算跨期平衡机制又是国防预算管理领域的重大制度创新，内容丰富、技术含量高。推进制度建设、有效发挥制度优势，必须建设和匹配与履行职能任务能力相适应的组织机构和编制员额。然而，目前国防和军队预算管理人员不足，人少事多的矛盾较为突出。推进国防预算管理制度创新，必须加紧充实国防预算管理力量，着眼中国特色军事管理革命，适应现代信息网络技术发展，大力培养战略型国防费管理人才和专业型国防经济分析人才。

参 考 文 献

[1] Keith Hartley et al. The handbook of defense economics I and II, Elsevier, 1986, 2007.

[2] 杰里·L. 麦卡菲等：《国防预算与财政管理》，经济科学出版社 2010 年版。

[3] 罗恩·史密斯：《军事经济学》，新华出版社 2010 年版。

[4] 雷蒙德·E. 沙利文：《资源配置正式程序》，蓝天出版社 2017 年版。

[5] 小罗伯特·D. 李等：《公共预算制度》，上海财经大学出版社 2010 年版。

[6] 财政部财政科学研究所：《地方公共财政预算管理改革与实践》，中国财政经济出版社 2012 年版。

[7] 财政部预算司：《中央部门预算编制指南（2014－2017）》，中国财政经济出版社 2013～2016 年版。

[8] 王朝才、刘尚希：《战时财政动员论》，中国财政经济出版社 2007 年版。

[9] 马骏：《公共预算：比较研究》，中央编译出版社 2011 年版。

[10] 王雍君：《中国公共预算改革：从年度到中期基础》，经济科学出版社 2011 年版。

[11] 白彦锋：《中期预算改革与我国现代财政制度构建》，中国财政经济出版社 2015 年版。

[12] 王其藩：《系统动力学》，上海财经大学出版社 2009 年版。

[13] 陈波：《国防供给的经济学研究》，军事科学出版社 2008 年版。

[14] 库桂生：《国防经济学说史》，高等教育出版社 2003 年版。

[15] 姜鲁鸣：《中国国防预算制度的创新》，经济科学出版社 2004 年版。

[16] 卢周来：《现代国防经济学教程》，国防大学出版社2006年版。

[17] 卢周来：《军费开支决定的新古典模型及对中国大陆的经验研究》工作论文，http://idem.cufe.edu.cn/xsyj/gzlw/59560.htm。

[18] 郝万禄：《国防费配置理论研究》，解放军出版社2012年版。

[19] 顾建一：《现代国防经济前沿问题研究》，解放军出版社2009年版。

[20] 万东铖：《经济增长与国防费规模》，中国经济出版社1998年版。

[21] 万东铖：《结构效应：国防费结构关联分析》，载《军事经济研究》2002年第1期。

[22] 周炎明：《紧扣使命任务强化军费战略管理》，载《解放军报》2018年3月21日。

[23] 李英成：《国防预算系统研究》，海潮出版社2001年版。

[24] 李英成等：《军费怎样才能更好转化为战斗力》，载《解放军报》2018年3月21日。

[25] 陈炳福：《中国国防支出经济效应研究》，中国经济出版社2010年版。

[26] 赵黎明、陈炳福：《军民融合框架下中国国防支出与经济发展研究》，中国经济出版社2017年版。

[27] 黄瑞新：《我国财政的战争承受力研究》，载《军事经济研究》2003年第1期。

[28] 黄瑞新：《国防支出增长的决定因素及综合模型分析》，载《军事经济研究》2008年第8期。

[29] 朱庆林：《国防需求论》，军事科学出版社1999年版。

[30] 杜为公：《战争的经济承受力研究——基于临界理论的分析》，载《军事经济研究》2004年第6期。

[31] 付义清：《论多种安全威胁环境下军费资源配置》，载《军事经济研究》2012年第1期。

[32] 孙兆斌：《基于主成分分析法的中国国防支出考察》，载《军事经济研究》2012年第2期。

[33] 闫仲勇：《国防支出、产业结构与最优防务负担》，载《中国国防经济》2008年第4期。

[34] 林晖:《国防费最优规模研究》,载《中国国防经济》2008 年第 5 期。

[35] 陈晓静:《需求主导的我国国防费规模预测系统动力学模型及应用》,载《中国国防经济》2009 年第 4 期。

[36] 翟钢:《美国国防费管理概况》,国防工业出版社 2007 年版。

[37] 张玉华等:《2014 年世界国防费发展报告》,国防工业出版社 2015 年版。

[38] 方正起、毛飞等:《军费运行论》,解放军出版社 2017 年版。

[39] 毛飞:《中国公务员工资制度改革研究》,中国社会科学出版社 2008 年版。

[40] 毛飞、王梅:《逆向财政动员——应对非传统安全威胁的军费保障问题研究》,军事科学出版社 2013 年版。

[41] 毛飞、王梅:《深化军队预算制度改革研究》,载《军事经济研究》2017 年第 7 期。

[42] 毛飞等:《基于军事管理革命的军费管理制度》,载《国防科技》2019 年第 5 期。

[43] 王梅、毛飞:《基于军事需求的军费适度规模定量分析》,载《军事经济研究》2015 年第 6 期。

[44] 武希志:《国防建设资源配置制度研究》,军事科学出版社 2013 年版。

[45] 郝智慧:《世界智库战略观察报告》,军事科学出版社 2015 年版。

[46] 于淑杰:《世界主要国家国家安全战略及评析》,军事科学出版社 2014 年版。

[47] 马亚龙等:《评估理论和方法及其军事应用》,国防工业出版社 2013 年版。

后 记

2020年，是极不平凡的一年。

2020年初，新冠肺炎疫情暴发，武汉受到很大影响。面对这场突如其来的重大灾难，我看到的却是一个个勇不屈服、与新冠恶魔坚决抗争的英雄身影。我的家深陷疫情中心，母亲不幸感染成为危重病例。虽然隔着屏幕都能明显感受母亲急促呼吸，但母亲在镜头前永远面含微笑，鼓励我们做好防护，在隔离中别忘工作，甚至还督促我完成书稿……可谁曾想到昨夜她刚经历生死。面对死亡这个恶魔，人的那种坚忍不拔敢于向死神挑战的精神力量竟是如此强大！死神也会变得渺小！母亲终于康复出院，我的武汉也终于疫情清零，我爱的祖国也终将取得抗疫的最终胜利！

2020年上半年，武汉疫情刚一结束，我接到命令赴军委机关承担一项重大任务。放下手中书稿，甫一进入"战位"，我立刻明白身处实现强国梦强军梦"最开始的地方"。我深感使命光荣、责任重大！在全封闭的200个日日夜夜里，我和我的战友并肩战斗，没有白天黑夜、没有假期周末，无法与亲人团聚、无法与友人联络。尽管时间紧、任务重、要求高、困难多，但大家锐意拼搏、毫不懈怠。待任务顺利达成的那一刻，我轻了整整20斤。但内心的愉悦已经完全超越褒扬嘉奖，那种满足感也完全弥补了身形消瘦。我深深知道，这份愉悦这份满足这种坚忍不拔，其实来源于一种理想一种信念！有了它，就绝不会向任何困难低头，更不会以个人得失或喜或悲！

2020年的最后一天，我结束任务又回到了熟悉而又陌生的城市。根据国防和军队改革统一部署，我所在单位两年前从武汉搬迁到了重庆。说她熟悉，是因为这个城市是我的故乡；说她陌生，是因为长年生活在武汉，早已不熟悉在重庆的生活方式。换一座城市，继续分居两地的生活。爱妻毫无怨言，一个人默默撑起这个家，服侍两位老人、照顾两个幼孩，还一再叮嘱我："家里有我，安心工作"。爱人曾是一名优秀军官，两年前服从军改需要，选择脱下军装、自主择业。当她决定创业的那一天起，一切从零开始，其中艰难、个中滋味，绝不比部队摸爬滚打来得半点轻松！一手要支撑住这个家、一手要推动事业发展，但她从未抱怨，电话里永远都只报喜不报忧。凭着她开拓进取的闯劲和坚忍不拔的韧劲，如今她在那个行当已小有所成！

2020年很艰难。这一年有对父母的思念，有对妻儿的不舍，这一年有事业发展的起伏，有个人荣辱的进退。整本书的写作，就是在这样一个背景和心境下完成的。从这个角度讲，这本书能够成稿出版实属不易。它不仅是个人坚忍不拔、砥砺前行的结果，更是饱含了多少人在精神上的馈赠与给予。感谢所有我给压力、不断鞭策我前行的人，感恩所有给我动力、不断推动我前行的人，感激所有支持我鼓励我、给我关心给我关爱、扶持我不断前行的人。最后我要感谢的，是我的健健、壮壮，你们赋予了我生命全新的意义，你们短短的成长经历已经教授我太多太多，让我知道了生命原来可以如此美丽！

毛飞于嘉陵江边

2021年3月26日